VIE

DE LA RÉVÉRENDE MÈRE

TÉRÈSE DE ST-AUGUSTIN

MADAME LOUISE DE FRANCE.

AUTUN, IMPRIMERIE DE MICHEL DEJUSSIEU.

VIE

DE LA RÉVÉRENDE MÈRE

TÉRÈSE DE S^T AUGUSTIN

MADAME LOUISE DE FRANCE

FILLE DE LOUIS XV

RELIGIEUSE CARMÉLITE DU MONASTÈRE DE ST-DENIS DE PARIS

PAR UNE RELIGIEUSE

De sa communauté rétablie à Paris en 1807 et transférée à Autun en 1838.

TOME SECOND.

Melior est dies una in atriis tuis, Domine, super millia ! *Ps.* 83, *v.* 10.

Oh ! qu'il est bien vrai qu'un jour passé dans la maison du Seigneur vaut mieux que mille dans le palais que j'habitais ! (La M. T. de St-Aug.)

SE VEND
AU PROFIT DU RÉTABLISSEMENT DU CARMEL DE SAINT-DENIS.
1857.

J. M. J.

VIE DE LA RÉVÉRENDE MÈRE
TÉRÈSE DE St AUGUSTIN

LOUISE-MARIE DE FRANCE

RELIGIEUSE CARMÉLITE DU MONASTÈRE

DE SAINT-DENIS DE PARIS.

CHAPITRE XX.

Visites du roi à St-Denis. — La sœur Térèse de St-Augustin est élue prieure. — Elle perd une de ses novices. — Elle fait réparer les infirmeries du monastère. — Maladie et mort de Louis XV. Admirable conduite de notre vénérée Mère dans cette cruelle épreuve. — Louis XVI et Marie-Antoinette lui donnent des marques d'affection et de dévouement. — Maladie des trois princesses ses sœurs ; sentiments de notre vénérée Mère dans cette circonstance. — Elle projette de rebâtir l'église du monastère ; le Pape lui envoie des chandeliers pour le maître-autel. — Elle achète la chapelle du saint évêque d'Amiens et lui en laisse la jouissance jusqu'à sa mort. — Sa joie à l'avènement de Pie VI au Saint-Siége.

La tendre affection que Louis XV portait à son auguste fille ne lui permettait pas de passer un mois sans venir à St-Denis. Il paraissait goûter un vrai bonheur dans sa société, et cette joie si pure et si sincère qu'elle laissait paraître au sein des plus rigoureuses austérités, excitait au plus haut point son étonnement et son admiration. Souvent il sondait ses sentiments à ce sujet, et les aveux de la Princesse pouvaient seuls le convaincre. C'était l'objet le plus fréquent de leurs entretiens, et sur cet article ils les prolongeaient de telle sorte que le monarque, s'en apercevant, se hâtait de se retirer en disant : « On pensera que nous traitons ici des affaires de l'Etat. » En considération de sa fille, il aimait à donner des marques de bienveillance à la communauté. Il respectait tous les usages de la vie religieuse, et afin de ne troubler en rien l'ordre et les exercices de la maison, il choisissait, pour faire ses visites, les heures laissées libres par la règle. C'était pour ne pas interrompre le silence qu'il entrait seul et qu'il défendait toute cérémonie ; il arrivait de là qu'il se trouvait dans le monastère et qu'il en sortait à l'insu de la plupart des religieuses. Si les vêpres venaient à sonner pendant sa visite, il y assistait ordinairement. Pour le salut il se rendait à l'église : « Il ne faut pas distraire la communauté, disait-il, et d'ailleurs j'obligerai ainsi mon monde à s'y trouver. » Messieurs nos Supérieurs avaient fait construire un appartement pour le Roi dans l'intérieur du couvent ; il était petit, mais convenable. Quelquefois Louis XV demandait à être reçu dans la cellule de sa fille ; on y portait alors un fauteuil dont Madame Louise se débarrassait aussitôt après la visite. Souvent il ne s'en servait pas et s'asseyait sur la paillasse de l'auguste Carmélite : il la trouvait dure et l'entretien s'engageait sur la vie austère du Carmel.

En carême, lorsqu'il devait aller à Saint-Denis, il faisait mettre à part le plus beau poisson destiné à sa table, et le réclamait lorsqu'il montait en carrosse. Arrivé au monastère : « Tenez, chère fille, disait-il à la Princesse, je vous apporte mon poisson. Je n'ai pas voulu le confier à d'autres ; il ne vous serait peut-être pas parvenu. » Diverses provisions arrivaient ainsi dans la voiture du Roi ; c'était, soit-disant, pour lui faire prendre un rafraîchissement, et il se plaisait à s'annoncer de la sorte : « J'apporte mon goûter, afin de n'être pas à charge à la maison. » Lorsqu'il se mettait à table : « Ouvrez les portes, disait-il à Madame Louise, vos religieuses seront bien aises de voir manger le Roi. » Il ne soupçonnait pas à quel point les religieuses sont affranchies d'un semblable désir. Une fois, prenant du café qu'il avait fait lui-même dans son appartement, il dit en s'adressant à sa fille : « Vos sœurs seraient peut-être bien aises d'en avoir ? » Madame Louise lui répondit que le café étant prohibé parmi nous, aucune dans la maison ne l'accepterait, pas même de la main du Roi, ce qui lui causa une étrange surprise. Une autre fois, voulant découvrir un pot de confitures qu'on lui avait servi, il tira de sa poche un petit couteau pour couper la ficelle; la Mère St-Alexis qui était présente ne put voir tranquillement l'infraction d'une vertu qui lui était chère, et faisant un mouvement comme pour arrêter le Roi, elle s'écria : « Sire! et la sainte pauvreté! » Louis XV, interdit, demeure en suspens et attend une explication : on lui dit que la ficelle sera perdue s'il la coupe, au lieu qu'en la déliant elle servira de nouveau. Edifié autant que surpris de la sainte liberté et de la perfection de cette grande religieuse, il sentit croître pour elle l'estime et la vénération que ses vertus lui avaient déjà inspirées, et dans une autre circonstance il dit à sa fille : « Louise, votre prieure est une sainte. »

Ce prince éprouvait du plaisir lorsqu'il entendait louer, dans le monastère, la ferveur et la régularité de la sœur Térèse de St-Augustin, qui, de son côté, se plaisait à voir les sœurs agir devant Sa Majesté comme de vraies religieuses, sans égard au cérémonial, auquel elle-même se voyait contrainte de se conformer. Elle s'entretenait un jour avec le Roi, lorsqu'à trois heures la cloche vint à sonner; il demanda ce qu'elle annonçait : « A ce signe, répondit la Princesse, toutes les Carmélites se prosternent pour adorer Notre-Seigneur agonisant et mourant sur la croix. » Sachant que plusieurs sœurs entouraient alors son appartement, il s'empressa d'ouvrir la porte pour s'assurer du fait, et il les trouva en prières.

Dans ces entretiens, la pieuse Carmélite songeait toujours au salut de son père bien-aimé. Tout lui servait de prétexte ou d'occasion pour amener là ses pensées, et elle était consolée lorsqu'il paraissait l'écouter volontiers, ou donner quelques marques de sa foi vive et de son respect pour les choses de la religion. Elle saisissait l'expression de ces sentiments jusque dans son attitude ou sa physionomie. En le quittant, un jour, elle rapportait à ses compagnes le récit qu'il lui avait fait des indignes procédés de quelques hérétiques profanateurs de la Sainte-Eucharistie, ajoutant qu'il avait témoigné tant d'indignation, que les veines de son front avaient paru aussi grosses que le petit doigt.

Elle comptait peu sur ses œuvres pour le salut du Roi; toutes ses pénitences, toutes les austérités de sa vie, offertes à cette intention, lui paraissaient dépourvues des mérites qui attirent les bénédictions du ciel : sa confiance était dans la prière, et elle priait incessamment à cette fin. Elle sollicitait surtout les suffrages de la communauté, et l'une de ses grandes consolations était de penser que le Roi avait part à toutes les oraisons et bonnes œuvres de ses filles. Les lettres qu'elle adressait aux personnes pieuses renfermaient presque toutes des recommandations de prier pour le Roi ; on aurait dit qu'elle pressentait l'approche du moment où le Seigneur, après avoir fait éclater ses miséricordes sur ce père bien-aimé, devait le ravir à son amour filial. Néanmoins, elle devait d'abord accepter d'autres croix et faire un sacrifice moins douloureux à la nature, mais qui coûta extrêmement à son humble vertu.

La Révérende Mère Saint-Alexis terminait la sixième année de sa charge de prieure. Il y avait vingt-huit ans que la communauté recueillait le fruit de ses travaux si laborieux, et elle lui avait voué une reconnaissance proportionnée aux bienfaits qu'elle en avait reçus. C'était elle, comme on l'a vu dans sa notice, qui avait été associée à la Révérende Mère Catherine Dorothée (Dillon), pour rétablir dans le monastère, avec la pureté de la foi, la régularité primitive par laquelle il s'était toujours rendu recommandable. Victime pour un temps des erreurs du Jansénisme, où l'avaient malheureusement entraînée ceux-là même qui avaient reçu des supérieurs la mission de la diriger paternellement, cette communauté avait, depuis vingt-huit ans, reconquis ses anciens privilèges ; et l'esprit de ses vénérées fondatrices, les Mères Anne du Saint-Sacrement et Angélique de Jésus, l'animait alors comme aux beaux jours de son établissement. Vouée par son instituteur [1] à honorer les anéantissements du Fils de Dieu, ce fut pour elle une faveur insigne d'admettre dans son sein une Princesse de France, destinée à reproduire, avec tant d'édification pour le cloître et d'étonnement pour le monde, les prodigieux abaissements de ce Dieu-Sauveur. Dès son entrée dans la sainte carrière, Madame Louise avait pu servir de modèle aux ames les plus exercées dans l'abnégation de soi-même. Appelée, après sa profession, à l'emploi de maîtresse des novices, elle avait su introduire ses élèves dans les sentiers étroits de l'humilité, où elles marchaient généreuses et satisfaites. Aujourd'hui la communauté avait besoin d'un guide; il fallait remplacer une prieure accomplie, vivement regrettée. L'humble sœur Térèse de St-Augustin était, aux yeux des religieuses, plus propre que toute autre à remplir ce vide, et à s'acquitter de ces importantes fonctions. Dieu sans doute inspirait ce choix, et notre vénérée Mère fut élue le 27 novembre 1773.

Rien n'aurait affligé plus sensiblement une ame

---

[1] Mgr de Bérulle.

si pénétrée de bas sentiments d'elle-même; son obéissance, qui ne le cédait pas à son humilité, lui inspira la soumission et la générosité dans ce nouveau sacrifice. Elle garda un profond silence, et Dieu seul connut bien ce qu'elle eut alors à immoler à sa volonté sainte. Dans l'épanchement de la confiance, elle disait à l'un de nos visiteurs : « Lorsqu'on est élue prieure au bout de deux ans de profession, on a de grands sujets de trembler. Ma confiance est dans l'obéissance que j'ai vouée à Dieu et à mes supérieurs; j'espère, aidée de la grâce, ne m'en écarter jamais, en sorte que vous trouverez toujours en moi, mon très honoré Père, une fille soumise. »

Louis XV, informé que les élections avaient lieu à St-Denis, envoya un courrier pour en savoir le résultat. Mgr de Dax [1] et M. l'abbé Bertin, supérieur du monastère, se disputèrent un instant l'honneur d'aller apprendre à Sa Majesté un évènement qui devait lui être agréable. Mgr de Dax eut l'avantage, et s'étant présenté devant le Roi: « Sire, lui dit-il, Madame Louise vient d'être élue prieure de sa communauté, et une seule voix a manqué aux suffrages réunis en sa faveur. — Voyez un peu, reprit vivement le monarque, elle a eu une

---

[1] Mgr Lequien de la Neuville.

CHAPITRE XX.

voix contre elle ! Il faut toujours dans les couvents que quelqu'une se distingue des autres. — Sire, répondit le prélat, c'est Madame qui s'est distinguée, et cette voix qui a manqué, c'était la sienne. » Alors le Roi, prenant une expression toute joyeuse, se tourna vers les seigneurs qui l'environnaient et leur dit : « Je vous apprends, Messieurs, que Madame Louise vient d'être élue prieure de sa communauté, et ce qui me fait plaisir, c'est que ç'a été sûrement sans cabale, car elle craignait de l'être. »

Cet évènement combla de joie toutes les religieuses, mais les novices en étaient, en un sens, fort affligées. Objet, pendant deux années, du zèle et de l'affection d'une maîtresse incomparable, elles pleuraient sa perte comme celle de la plus tendre des mères. La nouvelle prieure les aimait aussi comme des enfants chéries; elle voulut les consoler et leur donner un gage de cet amour maternel, en établissant maîtresse des novices la sœur Julie qui possédait toute sa confiance, et était pour ainsi dire une autre elle-même. Les novices comprirent cet acte de leur bonne Mère, et la communauté ne put qu'y applaudir.

Le Roi voulut aller lui-même voir et féliciter sa fille de sa nouvelle position. Lui ayant témoigné sa satisfaction de ce qu'elle avait su renoncer à ses goûts pour acquiescer aux désirs de ses compagnes, il ajouta qu'il la voyait avec plaisir posséder assez l'esprit de sa vocation pour être élevée à la supériorité. « Il est vrai, cher papa, répondit-elle, que j'aimerais mieux n'avoir à m'occuper que de ma propre sanctification : car, quoique mes Etats soient bien bornés, je sens que c'est une grande charge devant Dieu d'avoir à gouverner. »

Voilà comme elle savait donner des avis, sans s'écarter des bornes de la plus respectueuse soumission. Le Roi, en sortant du monastère, fit approcher les seigneurs de sa suite qui l'attendaient dans la cour : « Venez tous, leur dit-il, saluer Madame la prieure. »

De jour en jour nos mères s'applaudissaient de leur élection, et s'entre-disaient que notre sainte Réformatrice n'aurait pas fait un meilleur choix. Mais l'humble prieure nourrissait au contraire des sentiments de compassion pour ses filles, et, convaincue qu'elle allait faire du tort à leurs ames, elle jetait déjà ses regards sur le terme des trois années de sa charge : « Après lesquelles, disait-elle, j'espère bien qu'on ne recommencera pas pareille sottise. » Ces sentiments de peine n'affaiblirent pas le zèle qu'elle avait toujours fait paraître pour l'accomplissement de ses devoirs. Ce qui lui coûtait surtout dans sa nouvelle position, c'était d'exercer l'autorité ; quand venait le moment de reprendre les fautes, de donner des conseils, elle éprouvait une sorte d'agonie intérieure dont on voyait les marques sur sa physionomie. Ses luttes et son recours à Dieu étaient, en ces circonstances, pleins d'énergie, et cependant, elle se voyait quelquefois tout près de succomber. Sur le point, un jour, de paraître devant la communauté assemblée pour écouter ses avis, elle ressentit une telle appréhension, que le cœur lui manquait presque; ayant fait appeler la Mère Saint-Alexis et la sœur Julie, elle leur confia sa peine, les priant de juger de son état et de lui dire ce qu'elle avait à faire. Nos Mères lui ayant conseillé de se surmonter, elle s'y détermina sur-le-champ : « Il est vrai, dit-elle, que si je m'en exemptais aujourd'hui, ce me serait plus pénible encore dans huit jours, et enfin cela me deviendrait tout-à-fait impossible. » C'est ainsi qu'elle demeurait sous la lourde croix que le bon Maître lui avait imposée, ne songeant qu'à se servir des nouveaux moyens mis à sa disposition pour lui attacher les ames et le faire glorifier.

Au début de ses fonctions de prieure, elle eut à offrir au Seigneur une victime qu'il se choisit parmi les novices. Cette chère sœur avait toujours été, par sa vertu et ses autres qualités, un sujet de consolation pour sa maîtresse et pour la communauté qui reposait sur elle des regards d'espérance.

Notre vénérée Mère, qui s'attendait à recevoir ses vœux six semaines plus tard, se vit alors appelée à recueillir sa dernière parole qui fut celle-ci : « J'aime mon Dieu de tout mon cœur. » Du moins elle eut la consolation de voir accomplis les désirs de sa fille bien-aimée qui demandait à Notre-Seigneur la grâce de ne pas quitter le Carmel, mais d'y mourir, si la maladie dont elle était atteinte l'empêchait d'y vivre. Après avoir reçu son dernier soupir, la digne prieure voulut réclamer en sa faveur les suffrages de l'Ordre, et écrivit elle-même la lettre circulaire qu'elle adressa à cet effet à tous nos monastères.

Depuis l'entrée de l'auguste Princesse à Saint-Denis, on avait plusieurs fois mis la main à la réparation des bâtiments presque tous en ruine. Mais ce travail n'était pas achevé ; les infirmeries paraissaient en si mauvais état qu'il était impossible d'ajourner leur reconstruction. On se mit donc à l'œuvre, et alors on vit la Princesse suivre une foule de détails, faire les calculs les plus minimes pour ménager et concilier les droits de la pauvreté et de la régularité. Elle ne comptait ni ses peines, ni ses fatigues, et, ainsi qu'elle en fit l'aveu plus tard, ce ne fut que par une grâce toute spéciale qu'elle soutint ces travaux incessants, contraires à ses goûts ou étrangers à ses habitudes.

Cette vie de renoncement acceptée avec générosité, n'était cependant que comme un intervalle entre les épreuves et les sacrifices au moyen desquels elle donnait à Dieu de si touchantes marques de sa fidélité. Quelques mois à peine s'étaient écoulés depuis son élection, lorsque Louis XV fut atteint d'une maladie grave, dont les caractères pernicieux firent prévoir bientôt les plus graves et les plus tristes effets. Ce fut un coup bien affligeant pour cette ame si sensible à l'affection filiale, et qui se consumait en désirs pour le salut de son père bien-aimé. Sans s'arrêter à considérer sa propre douleur, elle s'occupa activement à procurer au Roi tous les secours spirituels dont il pouvait profiter. Elle obtint de Mgr l'Archevêque de Paris la permission de faire exposer le Saint-Sacrement dans l'église du monastère, et pendant dix jours elle se tint à ses pieds, ne cessant de solliciter pour le monarque les dispositions qui rendent la mort précieuse devant Dieu. Si les occupations de sa charge l'arrachaient souvent du sanctuaire durant la journée, elle s'en dédommageait la nuit en ne le quittant presque pas. Elle réclama, non-seulement les prières de la communauté, mais encore celles de toutes les religieuses du royaume, et des personnes pieuses avec lesquelles elle était en relation.

A la prière, elle joignait toutes les rigueurs de

la pénitence. Ses filles, qui remarquèrent bientôt l'altération de ses traits, s'alarmèrent avec raison, dans la crainte du dépérissement de sa santé, et recoururent à l'autorité des supérieurs pour arrêter les pieux excès de son zèle. L'un d'eux lui ayant adressé des reproches à ce sujet, elle se jeta à ses pieds et lui dit : « J'obéirai, mon Père, à tout ce que vous me prescrirez ; mais songez, je vous prie, que le Roi se meurt, songez, que je suis venue ici pour son salut comme pour le mien, et dites-moi si je puis en trop faire pour une ame qui m'est si chère? » Le digne supérieur, admirant un tel courage, n'eut pas celui de lutter plus longtemps, et abandonna cette ame généreuse à l'Esprit divin qui l'avait conduite si avant dans la voie de l'abnégation.

On s'étonnait de voir qu'étant plongée dans une si cruelle angoisse, elle pût se rendre aussi exactement qu'à l'ordinaire à tous les actes de communauté, et s'occuper des soins détaillés de son emploi avec autant de présence d'esprit que si rien ne l'eût affectée. Cette fidélité était à ses yeux le moyen le plus puissant pour toucher le cœur de Dieu et attirer l'effusion de ses miséricordes infinies. Elle ne fut point trompée dans son attente ; bientôt le monarque, animé du plus sincère repentir, demanda avec humilité la grâce des sacrements, et, voulant que son regret fût connu de tous, comme l'avaient été les égarements de sa vie, il rédigea lui-même la formule par laquelle il demandait pardon à Dieu et à son peuple d'une conduite si peu conforme aux sentiments de foi qui l'avaient toujours animé, et ordonna que cet acte fût publié par toute la France.

Cette faveur insigne était, dans le sentiment général, le fruit des prières et des sacrifices de la Princesse Carmélite. Sans sortir de ses humbles dispositions, cette vénérée Mère rendit à Dieu les plus touchantes actions de grâces, et se crut au comble du bonheur : « Il nous a exaucés, ce bon Maître, écrivait-elle : ma joie est complète. J'espère même que nous le conserverons longtemps parfait chrétien. Oui, je compte bien plus sur la vie de mon pauvre père depuis que le bon Dieu possède son cœur. » Cependant, toujours parfaitement résignée à la volonté divine, elle fit, peu après, cette réponse à la personne qui lui rendait compte des progrès de la maladie et des dispositions si édifiantes du monarque : « Quelle consolation n'avons-nous pas dans cette affligeante situation ! Je suis préparée à tout : le bon Dieu est le maître, je ne veux pas revenir sur le sacrifice que je lui ai fait. Néanmoins, je ne désespère pas, parce que je ne désespèrerai jamais des miséricordes du Seigneur. Mais *Fiat voluntas* par-dessus tout. »

Afin que rien ne manquât à son tendre père, pour obtenir, selon qu'il le désirait, l'entière purification de son ame, elle lui envoya un crucifix sur lequel le Pape avait appliqué les indulgences *in articulo mortis*, et un reliquaire. Louis XV reçut ces objets avec piété, et fut attendri de l'attention de sa fille : « Je la reconnais bien là, dit-il ; qu'on lui fasse mes remercîments. » Il tint ce crucifix dans ses mains jusqu'à son dernier soupir. Sa foi et ses autres sentiments chrétiens paraissaient se ranimer chaque fois qu'il exprimait les actes pieux qu'on lui suggérait, et Mgr de Senlis, qui l'assista à la mort, apprit lui-même à notre vénérée Mère, qu'à peine pouvait-il suffire à seconder l'ardeur que manifestait ce prince mourant pour témoigner à Dieu ses regrets, sa confiance et son amour. Le digne prélat ajouta qu'ayant proposé au Roi de faire au Seigneur le sacrifice de sa couronne et de ses enfants, il avait répondu : « Le premier n'est rien ; mais pour le second, il faut toute ma résignation. »

Ce fut donc dans ces dispositions si consolantes que Louis XV rendit son dernier soupir. Les princesses ses filles, trop affligées pour apprendre elles-mêmes cet évènement à leur auguste sœur, chargèrent la duchesse de Beauvilliers de le lui annoncer par l'abbé du Ternay. Le comte de Provence recommanda aussi au confesseur de Madame Louise les plus sages précautions pour adoucir à sa tante la peine que devait lui causer une semblable nouvelle. Il était environ huit heures du soir lorsqu'on la lui apporta. Après de courts instants donnés à sa douleur, voulant continuer à s'immoler devant Dieu pour l'avantage spirituel de ce père bien-aimé, elle projeta, l'heure du silence étant sonnée, de cacher son affliction à ses filles, et d'attendre au lendemain pour leur apprendre la mort du Roi, tandis qu'elle allait passer la nuit en prières. Mais la Mère sous-prieure prévint la communauté qui partagea les angoisses de sa bonne Mère, et s'unit à sa piété pour solliciter le soulagement de l'auguste défunt. Les prières et les œuvres satisfactoires se prolongèrent jusqu'au lendemain dans la matinée, où l'Office des morts fut récité en chœur. La pieuse Princesse y assista et officia en sa qualité de prieure. A la vue de leur Mère si affligée, mais si forte dans sa douleur, les religieuses fondaient en larmes, et suspendaient parfois la psalmodie; mais alors l'héroïque prieure la continuait seule, et empêchait ainsi une complète interruption. Après l'Office on lui remit une lettre de Louis XVI, conçue en ces termes : « Plongés dans la douleur comme nous le sommes, je n'ai pu vous écrire hier. C'était un terrible moment! Mais en même temps, les grâces que Dieu lui a faites étaient bien consolantes : il est mort tenant son crucifix et récitant lui-même les prières. Je ne doute pas, ma chère tante, que Dieu, qui vous a conduite dans le couvent, ne vous soutienne en cette douloureuse circonstance. Je vous prie, ma chère tante, de compter toujours sur moi. Quand vous pourrez m'écrire, je vous prie de me le mander, afin que je vous marque par moi-même toute l'amitié que j'ai pour vous. »

Notre vénérée Mère fut sensible à l'attention du jeune monarque, mais cette lettre constatant, d'une manière si douloureuse à son cœur, la perte de son père bien-aimé, lui donna lieu de renouveler un sacrifice déjà bien généreusement accompli. On aurait voulu lui laisser ignorer l'heure de l'inhumation, mais le bruit des tambours et d'autres indices lui désignèrent assez le moment où le corps du Roi arriva à Saint-Denis, et celui où il fut déposé dans le caveau. Cette nuit fut pour elle pleine d'angoisses ; mais on ne la vit pas perdre un seul instant sa parfaite résignation au bon plaisir de Dieu. Elle écrivit à une personne de confiance : « J'ai bien soutenu la nuit dernière où l'on a porté le Roi à l'abbaye. On m'avait placée à l'endroit le plus profond de la maison, cependant j'ai tout entendu. J'ai dormi, j'ai pleuré, j'ai prié. Je me porte bien, c'est tout ce que j'ai le temps de te dire. Je ne t'écrirai plus si souvent, il faut que je me rende aux affaires de la maison. Je soutiendrai cette affliction aussi bien que les autres : puisque Dieu l'a permise, il sera ma force. »

Le dévouement de ses filles qui n'interrompaient pas, pour ainsi dire, leurs prières et les œuvres expiatoires qu'elles offraient pour le soulagement de l'auguste défunt, la consola, et elle fut extrêmement satisfaite d'apprendre que MM. nos Visiteurs adressaient à tout l'Ordre en France une lettre circulaire, dans le but d'obtenir des prières pour le Roi. Ils prescrivaient de réciter en chœur deux Offices des défunts dans chaque communauté. De plus, ils accordaient douze communions à toutes les religieuses, et réclamaient le mérite de leurs bonnes œuvres durant six mois, pour attirer sur le nouveau monarque et toute la famille royale les bénédictions du ciel les plus abondantes.

A St-Denis, trois services solennels furent célébrés dans l'église. Pendant les six premières semaines qui suivirent la mort du Roi, la grand'messe fut chantée tous les jours par les révérends Pères Récollets, et l'Office des défunts à un seul nocturne récité en chœur par les religieuses. On établit, en outre, un service solennel à perpétuité. Un grand nombre d'autres messes et œuvres pieuses furent appliquées au soulagement de l'ame de Louis XV, notamment on dota neuf sujets dans les maisons pauvres de l'Ordre, et on fit distribuer 500 francs en aumônes.

La mort du Roi avait ouvert une plaie profonde dans le cœur de notre vénérée Mère, mais l'amour de la volonté divine fut sa souveraine consolation. D'ailleurs, elle conservait la plus vive reconnaissance envers Dieu pour les grâces accordées au monarque dans ses derniers jours, et ce sentiment tempérait aussi sa douleur : « Dieu, en exigeant de moi ce sacrifice, écrivait-elle à M. l'abbé Bertin, l'a tellement adouci, et je suis si consolée quand je pense aux grâces singulières que le Roi a reçues dans ses derniers moments, et dont il paraît avoir si bien profité, que, s'il dépendait de moi de le rappeler à la vie, j'avoue que je ne voudrais pas le replonger au milieu des dangers qui assiégent le trône, et risquer son ame une seconde fois. »

Marie-Antoinette, pénétrée d'estime et d'affection pour sa vertueuse tante, voulut se rendre à St-Denis, peu après la mort du Roi. Cette entrevue des deux princesses fut fort attendrissante. Elles s'embrassèrent affectueusement et un silence prolongé, imposé par leurs larmes intarissables, fut la plus énergique expression de leur réciproque tendresse. Le souvenir du Roi et de la Reine défunts fut alors déchirant pour le cœur de notre vénérée Mère, et la jeune Reine voulant lier l'entretien, elle ne lui répondait que par des paroles entrecoupées de sanglots. Elle remarqua, avec un sentiment de reconnaissance, la délicate attention de Marie-Antoinette qui, en parlant de Louis XVI, évitait de lui donner le titre de *Roi*.

Quelques jours après, Leurs Majestés lui firent une autre visite, et de nouveau on essuya des larmes. Louis XVI lui donna toutes les assurances possibles de son complet dévouement, et ne manqua jamais de le lui témoigner lorsque les occasions se présentèrent. C'était une consolation pour lui de passer quelques instants à St-Denis, de s'entretenir avec sa pieuse tante des choses de Dieu et de la religion, d'admirer ses vertus qu'il estimait utiles à tout son royaume, en lui servant d'exemple, et en attirant sur lui les faveurs du ciel. Ce prince voulut copier de sa main le testament de Louis XV, pour l'envoyer à notre vénérée Mère. Les sentiments de foi, d'humilité, de repentir qui y sont exprimés, furent pour elle un nouveau motif de croire aux grâces que Dieu avait accordées à son père chéri, et d'apprécier davantage la droiture de ses vues pour la prospérité de la religion et l'avantage de ses peuples.

Le sacre de Louis XVI ayant été fixé au 10 juin 1774, notre vénérée Mère fit beaucoup prier, pour attirer, sur ce prince et sur son règne, toutes les bénédictions du ciel. Elle voulut qu'à dater de ce jour, le *Veni Creator* fût récité en communauté, à ces intentions, tous les soirs après complies. Le Roi offrit à sa bien-aimée tante la médaille représentant son avènement à la couronne, et une autre où l'on voyait le Dauphin son père entouré de ses cinq fils. Ce présent lui fut d'autant plus agréable, qu'elle avait, comme on le sait, la plus tendre affection pour son auguste frère, et une grande estime pour les vertus qu'il avait constamment pratiquées, environné de tant d'écueils.

Elle venait à peine d'offrir le sacrifice de son père chéri lorsqu'elle fut de nouveau appelée à gravir le sommet du calvaire. Les princesses, ses sœurs, qui avaient exercé le dévouement le plus filial envers Louis XV mourant, et ne l'avaient quitté qu'après son dernier soupir, furent atteintes successivement de la maladie qui leur avait enlevé leur père. L'auguste Carmélite se vit alors dans l'alternative de perdre en même temps ses trois sœurs si dignes de sa tendresse. Dans cette nouvelle épreuve, sa vertu fut toujours supérieure à sa douleur, et elle montra d'une manière plus sensible encore, qu'à l'exemple du divin Epoux, le meilleur et le véritable aliment de sa vie était l'accomplissement de la volonté de Dieu.

Ecrivant à une personne de confiance, elle lui disait à ce sujet : « J'ai eu une cruelle après-midi, mais Dieu m'a donné des forces et du courage. Sois tranquille pour mon corps et pour mon cœur; ce dernier souffre, mais il est soumis. Je crois qu'il n'y a pas de situation semblable à la mienne : perdre son père et voir ses trois sœurs frappées de la même maladie! Mais quand on a des afflictions, il faut remonter à la main qui les envoie et l'adorer en silence. C'est le devoir du chrétien, encore plus d'une religieuse qui a promis de suivre, non-seulement les préceptes, mais aussi les conseils évangéliques, et ce jusqu'à la mort. Prie, mon cœur, pour que je ne m'écarte jamais de ces sentiments. Je suis un peu maigrie, mais sois tranquille et prions de toutes nos forces... Je crains l'issue de cette maladie, disait-elle encore; mais ma crainte est tranquille, et je trouve ma consolation devant Dieu, dans la pensée que, si elles succombent, elles seront martyres de la piété filiale qu'elles ont pratiquée d'une manière bien édifiante. Un peu plus tôt, un peu plus tard, il nous faut tous arriver à ce terme : *Fiat voluntas.* »

Cette fois, le divin Maître se contenta de la disposition de son cœur; il rendit la santé aux Dames de France dont les vertus jetaient un vif éclat par tout le royaume et étaient si utiles à une jeune Cour, disposée du reste à imiter de tels exemples. Aussitôt que leur état de convalescence le permit, elles s'empressèrent de se rendre à Saint-Denis, et les quatre princesses, dans le bonheur de se revoir, bonheur qu'elles n'attendaient plus, goûtèrent tour-à-tour les consolations de l'amitié et les douleurs d'un sacrifice filial, renouvelé dans cette entrevue.

Ces diverses afflictions, loin d'abattre la digne prieure et de l'affaiblir dans l'exercice des fonctions de sa charge, lui inspiraient, au contraire, une nouvelle ardeur pour les accomplir. Sa fidélité aux grâces reçues lui méritait toujours de nouvelles lumières et un nouveau courage pour faire ce que Dieu demandait, et ainsi on la voyait, comme les saints, aller de vertus en vertus, et s'avancer par degrés sur l'échelle mystérieuse de l'union divine. Elle savait admirablement allier l'application intérieure à Dieu avec les devoirs extérieurs les plus matériels, et s'acquittait de tout avec tant de soin et de perfection, qu'à la fin de chacune de ses journées elle aurait pu dire : *Tout est accompli.*

Jamais la considération des difficultés ne l'empêcha d'embrasser une œuvre à laquelle Dieu l'appelait. Elle était à peine chargée de la communauté lorsqu'elle vit jour à réaliser le projet de rebâtir l'église du monastère. Elle s'en occupa activement, et songeant déjà à la décoration du futur édifice, elle écrivit au cardinal de Bernis, le priant de lui envoyer de Rome une croix et des chandeliers pour le maître-autel. Son Eminence ayant communiqué au Saint-Père les désirs de la Princesse, Clément XIV voulut lui faire don des magnifiques chandeliers qui avaient appartenu à l'église du Collège Romain, et accompagna ce présent d'un bref [1], où il lui témoigne avec quelle satisfaction il saisit cette circonstance pour lui donner des marques de son dévouement paternel. Sa Sainteté lui apprend ensuite quelles indulgences sont attachées au crucifix, pour son avantage particulier et celui des fidèles qui viendront prier dans la nouvelle église. Dans ce même bref, le Pape lui adresse des paroles de consolation sur la perte du Roi son père, et l'assure qu'il prie avec le zèle le plus ardent pour le repos de son ame. Enfin, il termine en sollicitant ses prières et son souvenir devant Dieu. Une lettre du cardinal de Bernis lui apprit encore que le Saint-Père avait offert le saint sacrifice pour le Roi dans l'église nationale de Saint-Louis, et que l'Office pour les défunts y avait été célébré solennellement. Dans cette même lettre,

---

[1] Pièces justificatives (M).

Son Eminence lui fait remarquer la bonté du Pape qui, dans l'intention de s'opposer constamment à la vente des chandeliers, veut cependant lui en faire don. Louis XVI s'étant chargé des frais de transport, qui montèrent à 6,000 fr., le cardinal de Bernis les fit charger sur un navire français. A peine avait-il mis à la voile qu'on apprit la mort de Clément XIV, atteint depuis peu d'une maladie grave. L'ordre d'arrêter le départ des vaisseaux parvint bientôt dans tous les ports des Etats ecclésiastiques, mais celui-là était déjà loin. Les chandeliers arrivèrent heureusement à Saint-Denis ; le chevalier de la Clavière, lieutenant du navire, vint les offrir à notre vénérée Mère, de la part de Sa Sainteté. Il fit lui-même l'ouverture des étuis, à laquelle furent présents les abbés Bertin et du Ternay. La richesse de ce don surpassait de beaucoup l'idée qu'ils s'en étaient faite.

Ces chandeliers, d'un superbe travail, avaient deux mètres de hauteur, sans y comprendre les bobèches. La croix, haute de trois mètres soixante centimètres, avait un Christ dont les plus fameux artistes admiraient le travail et l'expression. Au milieu de la hauteur de la croix à quatre faces, Clément XIV avait fait appliquer un cartouche sur lequel on voyait les bustes de saint Augustin, de saint Louis et de notre Mère Ste Térèse. Les armes de la Princesse étaient gravées sur la quatrième face de la croix [1].

Celle-ci, songeant toujours à pourvoir la future église, projeta d'acheter la chapelle de Mgr l'Evêque d'Amiens. En outre de sa vénération pour le saint prélat, qui lui faisait attacher un prix spécial à cette chapelle, elle fut touchée de la circonstance qui l'engageait à se dépouiller ainsi de ce qui lui était encore nécessaire. Un incendie considérable avait porté le deuil parmi les habitants d'Abbeville. Pour les consoler et remédier en partie à tant de souffrances, Mgr de la Motte, après leur avoir distribué tout ce qu'il avait d'argent, faisait vendre ses vases sacrés et ses ornements, sans en réserver ce dont il avait besoin chaque jour pour célébrer le saint sacrifice. La pieuse Princesse en fut émue jusqu'aux larmes, et ayant à lui écrire, elle lui en marqua son étonnement : « Quoi ! tout ? lui disait-elle ! Au moins aurait-il fallu vous réserver des chandeliers et une chasuble pour dire la sainte messe. » Ayant communiqué à M. l'abbé Bertin le désir qu'elle avait d'acheter cette chapelle, elle obtint en même temps la permission d'en laisser

---

[1] En 1793, par ordre de la Convention, ces chandeliers, avec tout ce qu'il y avait de métal précieux dans le monastère, furent portés à la Monnaie.

jouir le saint évêque jusqu'à sa mort. Cet évènement, qui devait affliger l'Eglise par la perte de l'un de ses plus dignes prélats, n'était pas éloigné.

Ce fut le 10 juin de cette même année 1774, que Mgr de la Motte, âgé de 91 ans, alla jouir dans le ciel de la gloire que lui avaient méritée ses inappréciables vertus. Regretté de toute la France, qui l'avait toujours envisagé comme un grand évêque et un grand saint, il était pleuré comme un père au Carmel de St-Denis, qui avait eu l'avantage de lui donner ce nom pendant les douze années qu'il en fut supérieur. Notre pieuse Mère, pénétrée de vénération pour lui lorsqu'elle était encore à la Cour, fut heureuse de se dire sa fille étant Carmélite, bien qu'alors le saint prélat eût été forcé, par ses infirmités et ses grandes occupations, de renoncer aux fonctions de la supériorité qu'il exerçait dans le monastère. Elle entretenait avec sa Grandeur une correspondance dont elle savait admirablement profiter pour son avantage spirituel, et dont l'objet principal avait pour but la gloire de Dieu et le bien des ames. Le pieux évêque continua jusqu'à son dernier soupir à lui donner, ainsi qu'à la communauté, des preuves d'un dévouement paternel, et les religieuses y ayant toujours correspondu, ne manquèrent pas, à sa mort, de lui appliquer leurs suffrages. On célébra à cette intention un service solennel dans le monastère.

La perte de Mgr l'Evêque d'Amiens fut d'autant plus sensible à notre vertueuse Mère, qu'elle était toute pénétrée des sentiments de notre sainte Réformatrice, appelant la pieuse sollicitude de ses filles sur la nécessité de demander à Dieu de saints prêtres. Rien ne lui causait plus de joie que de voir la science, la vertu et la piété réunies dans les ministres du Seigneur, et en particulier dans ceux qui sont appelés aux plus hautes fonctions du ministère pastoral. Ce fut donc avec de vifs sentiments de joie qu'elle apprit l'exaltation de Pie VI, en 1775 ; elle chargea le cardinal de Bernis de les déposer au pied du trône pontifical. Sa Sainteté fut touchée du religieux empressement de la Princesse, et lui adressa un bref [1], où elle lui exprimait le contentement, l'édification que lui avaient causé son éloignement du monde et l'engagement sacré qu'elle avait contracté avec Jésus-Christ, dans la pratique des vertus les plus austères. Le Saint-Père l'exhortait ensuite à la persévérance dans l'exemple admirable qu'elle donnait au monde, et confirmait tous les priviléges et les grâces spirituelles qu'elle tenait de son prédécesseur ; l'assurant de sa dispo-

---

[1] Pièces justificatives (N).

sition à lui accorder encore toutes les faveurs que son zèle pourrait lui faire désirer.

Dans sa réponse au Pape, notre vénérée Mère montre combien elle apprécie son attention bienveillante, et combien elle s'en croit indigne. Elle dit cependant qu'elle y a quelques droits, étant sa fille par sa naissance dans le sein de l'Eglise, par le saint baptême et les autres liens qui l'attachent étroitement à la religion et au divin Epoux des ames.

CHAPITRE XXI.

Conduite personnelle de notre vénérée Mère dans sa charge de prieure ; vertus spéciales qu'elle y pratique.

Fidèle aux desseins du Fils de Dieu qui voulait renouveler en elle, pour l'édification du monde, l'exemple de ses prodigieux abaissements, notre vénérée Mère s'efforça toujours de s'avancer dans ce point d'imitation du divin Maître. Lorsqu'elle se vit élevée, par la supériorité, au-dessus de ses sœurs, elle n'en demeura pas moins la plus humble d'entre elles, et sa vigilance redoubla pour ne perdre aucune des prérogatives attachées à la condition d'inférieure où elle s'était placée par ses œuvres, comme par ses sentiments. Elle n'osait se comparer à ses filles que pour s'affermir dans le profond mépris qu'elle avait conçu d'elle-même, dont elle donnait des marques en toute occasion. Considérant un jour une image sur laquelle on voyait une ânesse paissant dans les broussailles, elle écrivit au bas : *Je suis devant Dieu comme cet animal.* Elle dit alors que le moyen de lui procurer un vrai plaisir au jour de sa fête qui approchait, serait de ne lui offrir pour bouquet que l'image de cette bête qu'elle nommait son portrait.

Convaincue que l'éducation de la Cour et son contact avec le monde avaient laissé en elle des tendances peu religieuses qui la tiendraient toujours au-dessous de ses compagnes, et aussi par un effet de l'habitude contractée dès l'enfance, elle repoussait dans son cœur les éloges et tout ce qui sentait la flatterie. Son ambition était d'effacer dans l'esprit des autres jusqu'au moindre souvenir de sa naissance et de ses grandeurs. C'était avec les instances les plus sincères et les plus touchantes, qu'elle conjurait ses filles de ne voir en elle que leur Mère et leur amie. On l'affligeait sensiblement en s'échappant à la nommer *Madame*. On le savait, non-seulement à Saint-Denis, mais dans tout l'Ordre où se répandait le parfum de ses vertus. La prieure d'un autre monastère lui ayant écrit plusieurs fois, sans lui donner d'autre titre que celui de *révérende Mère*, elle lui dit dans sa réponse : « Pour vous, ma Mère, je vous aime bien, parce que je ne vois pas dans vos lettres toutes ces *augusteries*. »

Cette dénomination de *dame*, dans la bouche de ses supérieurs, lui était pour ainsi dire insupportable : « Ne soyez pas surpris, écrivait-elle à l'un d'eux, si je vous appelle *Monsieur :* je n'ose nommer *mon Père* celui qui m'appelle *Madame*. Vous savez cependant que les titres que la religion me donne me sont plus précieux que tous ceux que je pouvais avoir dans le monde. » Dans sa lettre à un autre de nos visiteurs, elle s'exprimait ainsi : « Je suis confuse, mon très honoré Père, de songer que j'embarrasse mon supérieur; mais avec le temps, vous verrez qu'il n'y a pas de quoi vous en imposer, et que la sœur Térèse de St-Augustin ou une autre Carmélite, c'est la même chose, à la différence près qu'elle est la moins vertueuse de toutes. J'ai la volonté; mais il faut m'aider pour devenir un peu bonne; j'ai besoin pour cela de vos conseils et de vos prières. »

En effet, si quelqu'un était gêné avec elle, ce ne pouvait être que par l'impression de son nom ou du souvenir de sa naissance, car dans les rapports il était difficile de ne pas sentir la confiance et l'affection dominer les autres sentiments. Les supérieurs ecclésiastiques, et ceux de l'Ordre en particulier, apprenaient bientôt dans leurs relations avec elle, que parmi les dernières religieuses de la maison, on n'en trouvait point d'aussi humbles, d'aussi obéissantes. En paraissant devant eux, elle ne manquait pas de se mettre à genoux pour demander leur bénédiction, et n'aurait jamais pris d'autre position pour leur parler, s'ils le lui eussent permis. Toujours ils la trouvèrent dépendante, défiante d'elle-même, leur demandant conseil pour les choses tant soit peu importantes; recevant leurs décisions avec la docilité d'un enfant, et les exécutant avec l'obéissance d'une parfaite religieuse.

Elle souffrait à la récréation lorsque les sœurs relevaient certains traits de vertu qu'elle désirait ensevelir dans un éternel oubli. On aurait voulu ne pas la contrister : mais comment empêcher que ces actes, faits avec tant d'adresse et d'à-propos, ne devinssent la matière des entretiens; d'autant qu'alors l'ingénuité avec laquelle elle essayait de donner des tournures d'imperfection à son héroïsme, était encore un exemple qu'on aimait à recueillir.

Rien ne la mortifiait comme les louanges des prédicateurs; elle avait soin de les en prévenir lorsqu'elle en trouvait l'occasion : « J'espère, dit-elle un jour à un ecclésiastique tout prêt à monter en chaire, que vous ne suivrez pas la méthode de vos collègues qui se donnent le mot pour m'humi-

CHAPITRE XXI. 35

lier ! » Le prédicateur ne paraissant pas disposé à se rendre à cet avis : « Au moins, ajouta-t-elle, puisque vous voulez que les Carmélites soient des *dames*, ne faites pas de jalouses et dites *Mesdames*. »

Une autre fois, s'étant rendue au parloir après le sermon pour remercier un orateur célèbre, elle lui dit : « Monsieur, vous nous avez fait un fort beau discours ; mais comme certain poisson, il n'était bon qu'entre queue et tête. » Elle voulait dire que les éloges qui lui avaient été adressés, soit à l'exorde, soit à la péroraison, avaient nui à ces deux parties du discours.

Une prieure l'ayant engagée à demander pour tout l'Ordre la permission de faire l'Office de sainte Clotilde, elle lui répondit : « Que direz-vous de moi, ma chère Mère, je n'ai pas du tout de dévotion à demander l'Office de sainte Clotilde ? Il est vrai qu'elle a été première reine de France, mais il me semble que cette demande serait gauche de ma part, et qu'elle aurait plutôt l'air d'orgueil que de dévotion. Je redoute tout ce qui rappelle mon ancien rang, et j'ai une si grande peur de m'y écorcher, que je fuis même les bonnes choses qui pourraient m'en faire souvenir, ou en faire souvenir les autres. Je voudrais n'avoir jamais été fille de roi ; il me semble que j'en serais meilleure Carmélite ;

au moins, je n'aurais pas le chagrin d'être prieure ; car c'est bien *Madame Louise* qu'on a élue, et non la *sœur Térèse de Saint-Augustin,* n'en déplaise à la conscience de nos chères sœurs. »

Un jour que nos Mères s'entretenaient à la récréation des désirs que manifestait Madame Elisabeth pour la vie du cloître : « Si Elisabeth est Carmélite, dit l'auguste prieure, on fera pour elle ce qu'on aurait dû faire pour moi : elle sera longtemps dans les rangs. »

Elle se prémunissait incessamment contre les prévenances et les attentions de ses filles, et n'usait jamais plus librement de son autorité que lorsqu'elle avait à les repousser. Au réfectoire, elle prenait parmi les portions qu'on lui présentait celle qui était destinée à une autre, croyant toujours voir quelque préparation particulière à la sienne. Les sœurs employées à servir, s'efforcèrent en vain d'exercer leur industrie ; jamais il ne leur fut possible de lui faire rien accepter à part du traitement commun. Lorsque la communauté était réunie, elle ne souffrait pas qu'on lui rendît aucun service, et arrêtait aussitôt les religieuses empressées de ramasser les objets qu'elle laissait tomber.

Son désir de n'être pas remarquée la portait à se simplifier en tout, et rien ne lui était agréable comme d'être l'objet de quelque méprise. Deux ouvriers travaillaient un jour dans le monastère, et l'un d'eux, à qui notre vénérée Mère expliquait ses intentions, les ayant fort bien saisies, lui répondit : « *Oui, oui, ma sœur.* » Lorsqu'elle se fut retirée, l'autre ouvrier dit à celui-ci : « Sais-tu bien à qui tu as parlé? — A qui donc? — A Madame Louise de France!...» Le pauvre homme laissant tomber ses outils des mains : « A Madame Louise de France!!!... s'écria-t-il ; j'en rougis jusqu'aux talons!...» Et demeurant interdit, stupéfait, il paraissait mêler un profond regret à des réflexions sérieuses sur son aventure. Puis, tout-à-coup, revenant à lui-même et reprenant ses outils : « Aussi bien, conclut-il, ce n'est pas ma faute, pourquoi est-elle faite comme les autres!... »

En fait d'humilité, la vénérée prieure était loin de s'en tenir aux paroles ou aux sentiments, ses œuvres peignaient énergiquement cette admirable disposition de son cœur. Elle éprouvait des répugnances inimaginables à reprendre les autres, à donner des avis, à exercer enfin quelque autorité. Présider au chapitre était pour elle un supplice, et plusieurs fois elle fut sur le point de se trouver mal à la seule pensée de ce devoir. Elle ne se soumettait qu'avec peine à recevoir les témoignages de respect que l'esprit de foi, dans la religion, et les règlements inspirent pour les supérieurs, et prenaît tous les moyens possibles de s'y soustraire. Ce motif, autant que l'esprit de régularité, l'engageait à se rendre des premières aux assemblées communes : ainsi elle ne voyait pas les sœurs se lever à son arrivée. Lorsqu'elle ne pouvait se rendre au réfectoire avec la communauté, elle y entrait ensuite furtivement par une petite porte qui se trouvait près de sa place. Dans une de ces circonstances, oubliant sans doute qu'elle était prieure, il lui arriva d'entrer par la grande porte. Dès qu'elle vit les religieuses se lever à son aspect, son visage se couvrit des marques d'une profonde confusion, et hâtant le pas, elle se trouva à sa place en un instant. En présence de la communauté elle éprouvait toujours une impression de respect, d'abaissement intérieur. Lorsque l'oppression qui la fatiguait souvent, surtout en été, augmentait au point de l'obliger à sortir du chœur, elle se tenait en dehors, à la porte, continuant à s'unir au chœur pour réciter son Office. Les religieuses la pressaient de se retirer dans un lieu plus convenable où elle aurait trouvé du soulagement : « Non, répondait-elle, cette place est celle du publicain, et elle me convient mieux qu'à lui. Quand on ne peut arriver au terme de ses devoirs, il faut au moins se tenir dans le chemin. »

On vint un jour, dans le temps de la récréation,

demander une religieuse au parloir; celle-ci, oubliant la mortification perpétuelle que doit pratiquer une Carmélite, au lieu d'obéir promptement, s'arrêta pour entendre la fin d'un propos qui l'intéressait. Cette faute, ainsi qu'il arrive d'ordinaire, fut suivie d'une autre plus grave; la digne prieure ayant dit à la sœur qu'elle se faisait trop attendre : « Et vous aussi, ma Mère, lui répondit-elle, vous vous faites bien attendre quelquefois. — C'est vrai, répondit notre vénérée Mère, mais nos raisons peuvent n'être pas les mêmes. » La religieuse se rendit au parloir, mais l'humble Princesse se reprochant aussitôt, comme un effet d'amour-propre, l'observation si simple qu'elle venait de faire, se jeta instantanément à genoux aux pieds de ses filles, baisa la terre et leur demanda pardon du mauvais exemple qu'elle venait de donner, en cherchant à se justifier : « J'ai toujours été une orgueilleuse, ajouta-t-elle, et après avoir tout quitté à l'extérieur, je retrouve en moi les folles délicatesses de l'amour-propre. »

C'était l'opinion qu'elle avait d'elle-même, tandis qu'à chaque instant on découvrait au contraire de nouvelles marques de la glorieuse victoire qu'elle avait remportée sur ses penchants naturels. Les moindres occasions donnaient lieu à ces remarques. Un jour, en se rendant au parloir, elle s'aperçut qu'elle n'avait pas de mouchoir; rencontrant alors une de ses filles, elle lui prit le sien, s'en servit et l'emporta pour le garder à son usage. Une autre fois elle sut admirablement se prévaloir de la souffrance que lui causaient des douleurs de goutte qu'elle avait aux pieds pour couvrir sa mortification : elle alla trouver une sœur du voile blanc et lui proposa l'échange de leurs chaussures, alléguant le soulagement qu'elle y trouverait, la sienne étant trop étroite. La bonne sœur, dont les alpargates avaient presque perdu la couleur de la toile, pour prendre celle des marmites ou des malpropretés de la basse-cour, fut étrangement surprise, et, toute confuse, elle conjura sa prieure d'en accepter de neuves aussi larges que les siennes. « Non, dit notre vénérée Mère, aucunes ne pourraient me convenir si bien pour la largeur. » La sœur converse, forcée d'obéir, quitta sa chaussure pour la donner à la Princesse. Il lui arriva une autre aventure du même genre, mais plus heureuse pour elle, parce qu'elle put en faire son secret. Ayant trouvé dans un coin de la maison une paire d'alpargates, qu'avait presque usées une autre sœur du voile blanc, elle les emporta et s'en servit, laissant là les siennes.

Ne voulant pas, en commandant aux autres, être privée du mérite de l'obéissance, elle confirma la sœur Julie dans la mission de zélatrice qu'elle exerçait à son égard, et lui confia plus spécialement le soin de son ame. C'était pour elle un bonheur et un véritable dédommagement aux sacrifices que lui imposait son emploi, de trouver auprès de celle qu'elle continuait à nommer son *ange*, les conseils dont elle croyait avoir besoin, et les avertissements les plus précis sur les fautes qui échappent à la fragilité naturelle. Elle surveillait elle-même la vigilance de sa zélatrice, et lui suggérait les moyens de la rendre plus efficace. La sœur Julie ayant fait sa retraite annuelle, écrivit ses résolutions, et les remit à sa prieure pour les lui faire examiner. Celle-ci, après les avoir lues, y ajouta : et je serai fidèle à reprendre notre Mère de ses fautes. Puis elle dit à la sœur en lui rendant son écrit : « Elles n'étaient pas complètes; il en manquait une assez essentielle pour m'engager à réparer votre omission. »

Toujours méfiante d'elle-même, et désirant s'éclairer de plus en plus sur ses défauts, elle recevait avec plaisir les avertissements ou les représentations de quelque part qu'ils lui vinssent; les plus jeunes religieuses même avaient à cet égard une entière liberté. Si parfois il lui échappait, dans ces circonstances, quelques paroles peu conformes aux bas sentiments qu'elle avait d'elle-même, elle s'en humiliait sur-le-champ. Une sœur chargée de surveiller le travail d'une novice, s'étant plainte de la lenteur de cette jeune personne et de son défaut d'aptitude : « Vous pourriez, lui répondit notre vénérée Mère, me faire aussi le même reproche ; il est fâcheux que M. son père ait oublié, comme le mien, de faire entrer la couture dans notre éducation. » A peine eut-elle prononcé ces paroles, qu'elle se les reprocha comme étant produites par un orgueil impardonnable, et se jetant aux genoux de la religieuse, elle la conjura de perdre le souvenir de ce mauvais exemple, et de prier pour lui obtenir l'humilité.

Elle profitait du droit que lui donnait sa charge pour insinuer à ses filles son éloignement de tout ce qui sent la flatterie : « Il ne convient pas à des chrétiens, et surtout à des religieuses, leur disait-elle, de se tendre des pièges par la flatterie ; car, tandis qu'on nous loue pour des vertus apparentes, Dieu nous condamne pour des défauts réels. » L'une d'entre elles, lui parlant un jour de la vive reconnaissance et de l'estime que conservait pour elle une abbesse recommandable : « Je sais à quoi m'en tenir sur ce point, répondit-elle, et comme tout doit être admirable en moi depuis qu'on m'a fait *bonne renommée qui vaut mieux que ceinture dorée.* »

Quant aux procédés offensants qu'elle reçut quelquefois, Dieu se plaisant à combler les désirs de son humble servante, ils lui causaient toujours de la joie. Rien ne lui était si facile que de les pardonner et d'acquérir ainsi de nouveaux droits à l'estime de celle qui, un instant, avait cédé à quelque saillie imparfaite. Un jour, en récréation, une sœur s'oublia jusqu'à dire que Marie Leckzinska n'était pas née pour être reine de France. A ce propos toutes les religieuses témoignèrent de la peine, et la sœur qui l'avait tenu était dans la confusion. « Ce n'est rien, dit l'humble prieure ; il n'y a là que de la franchise ; cette sœur est Anglaise, et les gens de sa nation ont leur franc-parler. »

Cette conduite était chez elle de la pure vertu, car, ayant l'ame fort sensible, et étant toujours disposée elle-même à agir avec une tendre bienveillance envers le prochain, elle ne pouvait manquer de ressentir vivement ces inconvenances. Elle en fit un jour l'aveu à son supérieur et ajouta : « A bas la sensibilité ! j'ai tâché de mettre ce sentiment au pied de la croix pour ne suivre que ceux de la vertu. Quant à ce qu'il y a eu à offrir à Dieu dans cette affaire, cela a été bientôt fait. Je ne m'y suis arrêtée que pour pouvoir vous en rendre compte. Je traite ces sortes de choses comme les guêpes qu'on chasse au plus tôt. »

Dans quelque disposition physique ou morale qu'elle se trouvât, jamais on ne la vit exempte de sollicitude ou de vigilance pour saisir les occasions de s'abaisser, de se faire oublier et mésestimer des autres. On ne concevait pas comment elle avait pu dompter à ce point ses penchants naturels et ses habitudes de la Cour. Rien ne la distinguait parmi les religieuses que son emploi et sa vertu, et souvent sa vertu aurait fait prendre le change sur son emploi. On la voyait se livrer aux fonctions les plus basses, se mettre au niveau des dernières avec tant de bonheur, que, sans la connaître, on se serait persuadé qu'elle y était inclinée naturellement, ou habituée dès l'enfance. Les sœurs du voile blanc ne se lassaient pas d'exalter l'humilité de la Princesse et savaient saisir les occasions de se la rendre utile. L'une d'entre elles, chargée de donner le signal à la communauté le saint jour de Pâques, pour chanter Matines à trois heures du matin, craignait de ne pas s'éveiller assez tôt. Ayant réfléchi à son affaire, elle ne trouva pas d'expédient plus sûr que de s'adresser à sa prieure. Elle se rendit donc auprès d'elle, lui exposa son embarras et lui dit : « Ma Mère, tout bien calculé, je ne puis compter que sur vous pour m'éveiller demain matin. » Touchée d'une confiance si peu attendue, notre vénérée Mère en témoigna de la joie

CHAPITRE XXI.

et lui répondit : « Oh ! oui, vous pouvez y compter, je vous éveillerai avec autant de plaisir que d'exactitude. » En effet, à deux heures et demie du matin, la Princesse heurtait à la porte d'une pauvre fille de village.

C'était son plaisir d'exercer ses bontés maternelles envers les sœurs du voile blanc et de se trouver en rapport avec elles. Elle avait reçu pour ce rang une jeune postulante admirable de candeur et de simplicité. Toutes les sœurs en étaient enchantées et répétaient à l'envi : « Qu'elle est donc aimable ! — Voilà son nom tout choisi, dit notre vénérée Mère, nous l'appellerons sœur Amable [1]. » Elle chargea cette postulante de l'éveiller tous les

---

[1] Notre vénérée Mère, ayant découvert en cette postulante des qualités précieuses pour une sœur de chœur, voulut, en la plaçant à ce rang, la faire passer dans un autre monastère. Quoique très attachée à la jeune sœur, elle ne balança pas à l'éloigner dès qu'elle crut que la gloire de Dieu l'obligeait à se sacrifice. Elle l'envoya donc à Sens, en offrant à cette maison la dot de la prétendante. Celle-ci fut peu après appelée à Moulins par MM. nos Supérieurs, et y fit sa profession. Plus tard ils la transférèrent encore à Orléans, et enfin notre communauté de Nevers s'étant rétablie après la révolution de 1793, la sœur Amable y fut incorporée et y vécut jusqu'à un âge fort avancé. Elle n'avait cessé, pendant sa longue carrière, d'exalter les vertus de l'auguste Princesse sa bienfaitrice.

jours une heure avant la communauté. Comme elle se couchait ordinairement fort tard, il lui arrivait assez souvent de ne pas répondre à la première invitation. La sœur Amable heurtait de nouveau, puis elle se retirait, fort contente de voir prolonger le repos de sa bonne Mère. Celle-ci, dont la ferveur n'était pas satisfaite, lui adressa enfin des reproches sur son défaut d'obéissance. La sœur s'étant excusée sur la difficulté de sa mission : « Si vous ne parvenez pas à m'éveiller en frappant à la porte, lui dit la prieure, venez près de moi, et s'il le faut, tirez-moi hors du lit. »

Elle enchérissait sur le point de nos Constitutions qui ordonne d'inscrire le nom de la prieure à la tête du catalogue des sœurs chargées de balayer la maison ; car après avoir rempli la tâche que cette liste lui assignait, il lui arrivait de s'acquitter encore de celle des autres. Elle réclamait vivement si quelque religieuse se présentait pour laver la vaisselle à sa place, aux jours qu'elle s'était réservés, et celle-ci devait céder sur-le-champ. Toujours elle se trouvait rendue des premières aux travaux des lessives ou autres de ce genre ; et, sans égard au froid le plus rigoureux, elle passait des journées entières dans le grenier, à la tête de ses filles, empilant le linge qu'on apportait du lavoir. Son habitude de prendre toujours pour elle le plus pénible, lui faisait jeter des regards d'envie sur les sœurs les plus fortes qui montaient le linge; et comme on refusa constamment de lui laisser remplir cette fonction : « C'est ma bosse, disait-elle, qui est cause qu'on ne veut pas me laisser porter la hotte. » Souvent ces pénibles journées n'étaient pas terminées à l'heure de la collation, et la communauté devant retourner au travail, sans différer d'une seule minute notre vénérée Mère prenait sa petite lanterne, et montait si vite qu'il n'arriva jamais à personne de la devancer.

Si les fonctions de sa charge lui laissaient un instant de loisir, elle l'employait fidèlement au travail manuel, parmi lequel elle choisissait toujours le plus grossier : filer, raccommoder le gros linge, les chausses, les plus vieilles hardes. Elle était persuadée que le travail des mains est essentiel à la vie religieuse, et une obligation du vœu de pauvreté. Lorsqu'on lui faisait observer qu'elle y mettait trop d'ardeur : « Travailler et prier, disait-elle, voilà notre état, et si je restais un instant les bras croisés, je cesserais d'être Carmélite. » Elle travaillait même étant malade, assurant que c'était pour elle un soulagement. En se rendant au parloir, elle prenait toujours son ouvrage, et un jour, s'entretenant avec l'abbé Proyart, elle lui expliqua le genre de travail qui l'occupait et dont le bruit se faisait entendre de l'autre côté de la grille : « Si je ne mets pas tous mes moments à profit, ajouta-t-elle, la besogne me gagne et je ne puis plus me retourner. » Elle disait, en rendant compte de ses dispositions intérieures : « A peine ai-je fait une chose que je sens que Dieu m'en demande une autre, et puis une autre; en sorte que je ne pourrais rester dans l'inaction un seul instant, sans résister formellement à la voix de ma conscience qui me crie sans cesse d'employer le temps à gagner l'éternité. »

L'amour de la pauvreté était profondément gravé dans le cœur de la Princesse, et à l'extérieur elle portait les insignes de cette admirable vertu. Les vêtements les plus usés, les plus grossiers faisaient l'objet de son ambition. Non contente d'en être revêtue, elle essayait d'y ajouter toujours quelque nouvelle marque de pauvreté. Elle aimait à raccommoder elle-même sa robe, et si on ne l'eût arrêtée elle y eût employé tous les petits bouts de fil qu'elle ramassait par la maison, sans égard à la couleur ni à la qualité. Elle y mettait des pièces neuves plus foncées qui donnaient à ce vêtement l'aspect le plus misérable. Une jeune religieuse l'engageait un jour à en prendre un neuf, disant qu'il était honteux à la communauté de la voir paraître dans cet ajustement devant la famille royale.

« Depuis quand donc, lui répondit-elle, depuis quand serait-ce une honte de suivre l'esprit de notre saint état? Ma famille ne sait-elle pas bien que j'ai fait vœu de pauvreté, et que, dans la place que j'occupe, je dois en tout donner l'exemple? » L'une de ses novices lui voyant un voile tout déchiré, lui dit qu'elle ne désespérait pas d'apprendre un jour qu'elle s'était présentée devant le Roi avec un torchon sur la tête en guise de voile : « Je vous avoue, ma sœur, répondit-elle, que je le ferais, plutôt que de m'éloigner tant soit peu de la simplicité que nous enseigne notre sainte Mère Térèse. »

La Reine s'étant rendue à Sainte-Geneviève, notre vénérée Mère écrivit à M. l'abbé Rigaud, notre visiteur : « Vous avez eu, mon Père, belle compagnie dans votre rue. Je suis persuadée que vous vous êtes dit : Oh! que la sœur Térèse de Saint-Augustin est heureuse de n'être plus là! Sa chaise de paille, si elle en sait bien profiter, lui fera un plus beau trône que celui qui est préparé à la Reine à l'Hôtel-de-Ville, et ses habits de bure seront plus brillants un jour que tout ce que je vois. Ainsi soit-il, mon Père. Ce que je sais bien, c'est que tout ce qu'une Carmélite peut porter un jour de grande fête, n'est pas si gênant que tout ce que j'ai quelquefois porté en pareilles occasions. Mais tout cela était perdu pour le ciel; au lieu que tout, au Carmel, jusqu'à la moindre poussière, peut devenir des diamants pour moi ! Quel compte à rendre si je ne les ramasse pas avec soin ! »

Ces vues de foi la tenaient dans un complet dégagement d'elle-même. On la vit calculer, en faveur de la pauvreté, jusqu'au prix des soins qu'on donnait à sa santé, et dire avec conviction, que c'était sans doute parce que les Carmélites ne doivent pas laisser perdre, même les choses les plus viles, qu'il lui était permis de se laisser soigner par un médecin. Elle avait l'œil toujours ouvert pour anéantir jusqu'à l'ombre d'une recherche de nature. Dans les choses à son usage rien n'y était selon son goût ou ses désirs naturels. Si quelque objet lui donnait de la satisfaction, elle l'échangeait aussitôt contre un autre de même genre dépourvu de cet agrément. Ayant occupé pendant quelque temps la cellule la plus triste et la plus incommode du monastère, elle ne voulut jamais consentir à ce qu'on y fît des réparations qu'elle eût jugées indispensables pour d'autres. Sa croisée fermait si mal, qu'elle était obligée de la calfeutrer avec du papier pour empêcher le vent d'éteindre sa lampe; et elle recommençait ce travail chaque fois qu'elle l'avait ouverte. L'une des religieuses apportait, de temps à autre, un peu de feu pour réchauffer cette cellule glaciale, étant fort attentive à saisir les moments où la digne Prieure ne s'y trouvait pas; mais celle-ci la surprit un jour, et lui reprocha vivement cette faute qu'elle disait être contre l'esprit de pauvreté : « Que feront donc les gens du monde, ajouta-t-elle, si les Carmélites cherchent à se défendre, par de telles précautions, de l'influence des saisons qui sont l'œuvre de Dieu? »

Retenue à l'infirmerie par une indisposition assez grave, ses filles lui proposèrent de la transporter dans l'appartement du Roi, afin que sa famille pût la visiter plus convenablement; mais elle repoussa ce conseil. Ses augustes sœurs étant venues la voir, joignirent leurs instances à celles des religieuses et lui alléguèrent en particulier qu'elle s'y trouverait plus commodément : « Oh! plus commodément, répondit-elle, cela n'est pas douteux; mais le plus commode n'est pas ce qu'on vient chercher ici; et, en maladie comme en santé, il faut se souvenir qu'on est Carmélite. » Lorsque les princesses se furent retirées, elle dit à ses infirmières : « Si cependant ma maladie devenait bien sérieuse, et que mes sœurs fissent de nouvelles instances, peut-être faudrait-il charitablement, et pour ne pas trop les contrister, me rendre à leur désir; mais dans ce cas il faudrait d'abord transporter le lit de l'infirmerie, car je ne consentirai jamais à en avoir d'autre. »

Dans la maladie, sa vigilance, pour ne rien donner à la nature, était encore plus active. Elle avait alors pour principe de ne se dispenser d'aucun point de la règle, à moins d'être dans l'impuissance totale de le pratiquer. Lorsqu'elle ne pouvait suivre la communauté aux divers exercices de la journée, elle l'accompagnait en esprit, accomplissant en son particulier tout ce qu'elle pouvait faire pour participer à l'action commune. Si le mal était tel qu'aucune pratique extérieure ne lui fût permise, elle s'unissait de cœur à l'observance de la règle, et se retranchait dans la pratique du silence et de l'oraison. C'était sa maxime : qu'une religieuse malade peut être dispensée de beaucoup d'actes communs, mais jamais du silence, ordinairement plus avantageux que nuisible à la santé.

Dure pour elle-même, autant qu'elle était compatissante envers les autres, elle ne parlait pas de ses souffrances. Sa physionomie la trahissait quelquefois, et alors elle imposait le secret à celles de ses filles qui l'avaient découvert. Elle passait des nuits entières en souffrant, sans pouvoir fermer l'œil, et cependant elle était encore la première rendue à l'oraison du matin. Lorsqu'on lui représentait qu'elle aurait dû prendre du repos : « Ne voyez-vous pas, disait-elle, que, si je m'absente des exercices, toutes les sœurs de concert me rendront

CHAPITRE XXI.   53

malade, en m'assurant charitablement que je le suis, tandis que véritablement je n'ai qu'une incommodité. » Une religieuse lui conseillant de s'exempter d'une observance contraire à sa santé : « Le mal qui m'en revient ne me paraît pas assez évident, lui répondit-elle, pour motiver une dispense, et puis je dois craindre, plus qu'une autre, que mon exemple n'autorise le relâchement dans la maison. — Personne, ajouta la sœur, ne saura que vous prenez cette exemption. » Notre vénérée Mère, la reprenant alors vivement, lui dit : « Vous me conseillez donc l'hypocrisie? A Dieu ne plaise que je me permette jamais en présence du ciel une action pour laquelle je craindrais les regards de la terre! Soyons partout ce que nous devons être, nous ne craindrons nulle part de paraître ce que nous sommes. »

Il était arrivé plusieurs fois à la sœur chargée d'éveiller la communauté, de prendre des précautions pour n'être pas entendue de la prieure lorsqu'elle la savait indisposée, mais elle ne put souffrir ce ménagement et chargea une autre religieuse d'aller la trouver dans sa cellule chaque fois qu'elle ne la verrait pas au *Veni sancte* de l'oraison du matin. « Ou je me porte bien, lui dit-elle, et c'est un devoir pour moi de me lever comme les autres; ou je suis incommodée, et ce devoir se change alors en besoin, parce que je ne dors que d'un sommeil agité, plus fatigant que l'état de veille. »

Elle était aussi sévère envers elle-même sur tous les autres points de mortification. Quoique le jeûne lui coutât beaucoup le matin, loin d'y chercher quelque adoucissement étant prieure, elle le prolongeait volontiers lorsqu'on demandait à lui parler au moment du repas. Une novice, étant un jour entrée chez elle un peu avant le dîner, fut vivement frappée de la pâleur de son visage et l'interrogea pour en savoir la cause : « Ce n'est rien, répondit-elle; cela prouve seulement l'extrême impatience avec laquelle mon estomac attend son dîner. » Lorsqu'elle se trouvait dans cette disposition, hors les jours de jeûne, il lui arrivait d'aller prendre un petit morceau de pain dans le panier où on avait recueilli les restes de la veille. Un jour, tandis qu'elle se restaurait de la sorte, une autre religieuse vint aussi pour cela au réfectoire. Ayant trouvé dans le panier un morceau de pain portant les indices des mets qu'on avait servis au repas précédent, elle le montra à sa prieure, en lui exprimant le dégoût qu'elle en ressentait. Notre vénérée Mère, se reprochant en secret de n'avoir pas su trouver ce qui aurait fait l'objet de son choix, prit le pain, ôta le dessus qu'elle mangea, et rendit le reste à la sœur en lui disant : « Une teinte d'œuf ou de betterave ne peut pas faire grand mal à une Carmélite. »

Elle surmontait si généreusement l'aversion naturelle qu'elle avait pour certains aliments, qu'il était impossible de la soupçonner. Une personne, autrefois attachée à son service, ayant appris à une religieuse la répugnance que Madame Louise témoignait à la Cour pour les œufs accommodés comme on les servait souvent au réfectoire, on voulait éviter de lui en donner à l'avenir, mais elle ne put approuver cette attention, et dit à ses filles : « Je m'en garderai bien, voilà sept ans que je combats cette bizarrerie de mon goût, et j'espère en avoir raison; si je recule d'un pas, je suis vaincue.»

Les victoires qu'elle remporta sur sa délicatesse dans l'usage de nos aliments grossiers furent prodigieuses, et sa mortification en ce point devint si remarquable qu'elle était passée en proverbe dans le monastère. Lorsqu'on voulait exprimer le désagrément d'un mets, on disait : *C'est si mauvais, que la Mère Térèse de Saint-Augustin elle-même n'en pourrait manger.* Comme on n'achetait le poisson qu'à un très bas prix, il était quelquefois si altéré, que la seule odeur répandue au réfectoire rassasiait toutes les religieuses, et elles ne pouvaient presque toucher à leurs portions. L'auguste prieure, on le sait, avait le poisson extrêmement à dégoût, néanmoins elle le mangeait alors de manière à laisser croire qu'elle le trouvait délicieux. Sa portion disparaissait tout entière, et sans accuser le dégoût motivé des autres, elle se disait bien favorisée de Dieu d'avoir un appétit que rien ne déconcertait. Elle était plus favorisée encore de cette force héroïque au moyen de laquelle on la vit parvenir à la parfaite mortification des sens.

Si ses cuisiniers de Versailles trouvèrent difficile le service de sa table, les cuisinières du Carmel admirèrent son étrange mortification sur le même point : « Vraiment, disaient-elles, notre Mère est un modèle sans copie, et jamais aucune princesse ne lui fut semblable ! » Cependant, ces bonnes sœurs essayaient parfois de perfectionner l'assaisonnement des portions qu'elles lui servaient, et, désolées de se voir toujours découvertes et arrêtées par elle dans leurs bons desseins, elles résolurent d'en porter leurs plaintes au Roi à sa première visite. L'occasion se présenta bientôt, et l'une d'entre elles, au nom de toutes, s'étant placée dans un lieu où elle ne devait pas manquer de rencontrer le monarque, lui dit tout d'abord : « Sire, nous avons à nous plaindre de notre Mère qui ne veut pas accepter ce que nous lui servons au réfectoire, parce que, pour soutenir cet estomac royal, nous y mettons quelque chose de plus qu'aux autres, et lorsqu'elle voit *des yeux* sur sa soupe, elle vient vider son écuelle dans la marmite commune. » Le Roi, sachant que rien n'affligeait sa fille comme les distinctions, répondit : « Elle fait bien ! » Cette bonne sœur, déconcertée au dernier point, en prit presque de la mauvaise humeur : « Eh bien ! puisque vous la soutenez, ajouta-t-elle, je ne vous dirai plus rien ! »

Chaque jour de nouveaux traits venaient ajouter à l'étonnement de ces bonnes sœurs. Une fois qu'on servait des artichauts, la cuisinière en trouva un si pourri que les vers y fourmillaient ; elle le mit à part sur une assiette. Mais la provisoire n'en étant pas informée, prit, en servant, cette portion comme une autre, et le tout fut distribué au réfectoire. La sœur du voile blanc ne s'en aperçut que vers la fin du repas, et ne voyant pas revenir l'artichaut en question, elle en conclut qu'il était échu à sa prieure. C'était bien ainsi, et la mortification de cette digne Mère ne s'était pas déconcertée : elle avait mangé cette détestable portion, ou tout au moins une partie. La cuisinière désolée alla se jeter à ses pieds après le repas pour lui faire les plus humbles excuses : « Ce n'est rien, lui dit-elle, puisqu'il m'est tombé à moi qui ai si bon appétit ; mais prenez-y garde à l'avenir pour nos malades et celles qui sont dégoûtées. »

Un autre jour, une religieuse ayant cassé l'œuf en coque qu'on lui avait servi, le trouva gâté, exhalant une odeur infecte. Sur-le-champ elle le porta à la prieure et lui exposa la répugnance qu'elle en ressentait. Notre vénérée Mère, donnant son œuf à la sœur, prit celui qu'elle repoussait et le mangea sans témoigner le moindre dégoût. Une autre fois, tenant à la main un œuf qu'elle venait de casser, elle le laissa tomber dans un vase où l'on jette les épluchures et l'eau qui a servi à rincer; sans hésiter elle pêcha cet œuf au fond du vase, « parce que, dit-elle, c'eût été manquer à la sainte pauvreté que de le laisser perdre. » Un jour qu'ayant été retenue pendant le réfectoire, elle dînait à la seconde table, une sœur vint lui montrer des restes qu'on lui avait servis, disant qu'ils étaient d'une malpropreté rebutante. La prieure examina de près ce qui était sur l'assiette, et, autorisant la réclamation, ordonna qu'on lui servît autre chose, tandis qu'elle-même fit son dîner de cette portion.

Dans un temps où elle se trouvait indisposée, son estomac ne pouvant s'accommoder du fruit qu'on servait le soir à la collation, on lui donna à la place du pain cuit à l'eau sans huile ni beurre. Ce ne fut qu'en s'humiliant beaucoup qu'elle accepta ce mets insipide qu'elle nommait un adoucissement, et qu'elle se reprochait comme une délicatesse. Ecrivant à son supérieur à cette époque, elle lui dit : « Mon Père, on vous mandera peut-être que je suis malade, mais ce ne sera pas vrai... que vous devez me défendre de jeûner, mais je suis très en état de le faire; je prends seulement le matin une ou deux tasses de véronique. » Pour refuser les soulagements elle savait se prévaloir de son expérience. Aux fêtes de Pâques elle écrivait : « Je me porte si bien, qu'à ma honte le carême m'a engraissée, quoique j'aie eu bien faim et bien froid, surtout pendant ma retraite; mais la grâce adoucit tout. »

Mgr de Beaumont lui ayant envoyé, dans le temps des primeurs, une très petite quantité d'un fruit qu'elle aimait, elle le fit distribuer à la communauté. Elle faisait le même usage des comestibles qui lui venaient du Roi ou des princesses ses sœurs, disant que c'était l'aumône de la Cour au couvent. Elle était si exercée dans l'art de la mortification, que les occasions fortuites la trouvaient prête à agir contre ses inclinations naturelles avec l'aisance qu'elle aurait eue à suivre ses penchants; et ces actes se succédaient, se multipliaient sans qu'on la vît se donner un instant de relâche. On peut en citer quelques traits épars; mais, nous disaient les heureux témoins de ses vertus, jamais aucun tableau ne retracera l'héroïsme d'une perfection si achevée, d'un dégagement si sublime, d'une humilité incomparable.

On sait que la rigueur des saisons la faisait étrangement souffrir, néanmoins elle ne prenait qu'à regret les précautions exigées au Carmel comme nécessaires à la santé. Sujette à des oppressions pénibles, et ressentant vivement la privation d'air, elle ne permettait pas qu'on ouvrît pour elle les croisées de la chambre de récréation : « Je sais, disait-elle, que le grand air, qui me ferait plaisir, incommoderait quelques-unes de nos sœurs infirmes, et il est de principe que, lorsqu'on a à délibérer entre qui se gênera, la privation doit être pour celle qui se porte bien. » Par le même motif, l'air de l'infirmerie la fatiguait beaucoup, mais elle ne paraissait y faire aucune attention, et son assiduité auprès des malades était toujours remarquable.

Quelquefois, accablée de fatigue et de sommeil, elle prenait, en été, quelques instants du repos que notre sainte Mère Térèse accorde à ses filles au milieu du jour. Pour cela, elle s'étendait sur le plancher de sa cellule, appuyant la tête sur le bâton de sa chaise renversée contre le mur.

Plus libre, étant prieure, de satisfaire son amour insatiable de la souffrance, elle multiplia encore le nombre de ses pénitences, afin de se rendre

CHAPITRE XXI.

plus conforme à Jésus crucifié. Armée d'une discipline de fer garnie de rosettes et de pointes très aiguës, elle se retirait dans un grenier écarté. Là, cette victime innocente expiait, par de sanglantes macérations, les crimes du monde, implorait des grâces pour la France, demandait la gloire et le triomphe de la religion attaquée d'une manière effroyable par l'impiété déchaînée. L'usage des haires, des cilices, des ceintures de fer lui était familier ; et lorsqu'on lui faisait observer qu'elle outre-passait les bornes de la discrétion et se rendait homicide d'elle-même : « Bon, bon, répondait-elle, si on a tant d'attention pour sa vie, pour sa santé, on ne fera jamais rien, de crainte d'abréger l'une et d'altérer l'autre. Il faut bien que je rachète le temps perdu, que je paie mes dettes au bon Dieu, et que j'expie le plaisir que je prenais autrefois à porter les cilices du diable. » C'est ainsi qu'elle nommait les vains ornements du siècle.

Chaque jour elle s'efforçait de rendre sa vie plus pénitente ; refuser à Dieu quelque sacrifice ou omettre des œuvres qui pouvaient lui être agréables, était pour elle chose inconnue : « Le monde, disait-elle, nous canonise à bon marché ; dès qu'on cesse d'être ce qu'il est, il croit qu'on est tout ce qu'on doit être. Mais Dieu ne juge pas comme les hommes. Un grand sacrifice qui nous arrache au monde peut bien témoigner la crainte de nous damner avec le monde, mais ce sont les petits sacrifices journaliers qui prouvent le désir pur de plaire à notre divin Epoux ; et nous hésiterions, nous reculerions lorsqu'il s'agit de les lui offrir ! » Afin de donner plus de prix à ses sacrifices, elle renouvelait très souvent l'acte par lequel elle s'était consacrée au Seigneur. Redire la formule de ses vœux était toujours pour elle une nouvelle jouissance. La prieure de l'une de nos communautés lui ayant demandé cette formule, elle lui dit en la lui envoyant : « Vous me faites un grand plaisir en me procurant l'occasion d'écrire nos vœux ; je voudrais les écrire partout, pour tâcher, si cela se pouvait, de resserrer davantage ces doux liens. Plus je les écris, plus je les renouvelle, plus aussi je suis contente et heureuse de les avoir faits. Il n'y a pas de couronne qui vaille ce contentement que l'on sent, même dès cette vie. Pardonnez-moi ce préambule qui part du fond de mon cœur. »

La participation au banquet des anges, qu'on lui permettait chaque jour, faisait la plus douce consolation de sa vie. C'est dans cet océan des miséricordes divines qu'elle puisait ces lumières et ces secours abondants qu'elle communiquait ensuite à ses filles avec une sorte de profusion. C'est là aussi que s'alimentait cet amour généreux qui la soutenaît dans les fatigues et les difficultés de son emploi, surtout dans la conduite des ames appelées à une grande perfection. La sagesse de sa direction fut constamment admirée de ses filles, et la force surnaturelle qu'elle déploya pour se maintenir dans une si profonde humilité, parmi tant d'actions dignes d'éloges, faisait le sujet continuel de leur étonnement. On la voyait s'imputer toutes les fautes commises dans le monastère, convaincue que, sous une autre prieure, elles n'eussent pas eu lieu. Ces sentiments réveillaient en elle le regret d'avoir une telle responsabilité, et lui causaient une souffrance intime qu'elle déposait au pied de la croix, en implorant les grâces dont elle se croyait si indigne, et que Dieu cependant lui avait départies avec tant de profusion. Elle s'humiliait ainsi sans s'abattre ni se décourager, et se consolait à la pensée que cette charge lui était imposée par la volonté divine. « Je me résigne, écrivait-elle, à M. l'abbé Bertin, à ne pas faire tout le bien qui se pourrait faire. Avec quelques précautions et de la prudence, du moins je ne tremperai pas dans ce qu'il y aura de défectueux. Ce qui peut m'encourager, c'est de regarder notre divin Maître, dussé-je finir comme lui par le calvaire et la croix. Il faut bien me soumettre à tout, et prendre pour devise : *Fiat, Fiat.* »

CHAPITRE XXII.

Notre vénérée Mère dans l'exercice de sa charge de prieure; sa conduite admirable; les grandes vertus qu'elle y fait paraître.

La basse opinion que notre vénérée Mère avait d'elle-même, et son attrait pour la vie cachée, ne l'entraînèrent jamais dans la pusillanimité ou la négligence du devoir. Le divin Maître lui avait fait une large part de cette élévation de sentiments, de cette magnanimité dont il favorise les grands; et les lumières de la foi qui avaient brillé dans son ame dès ses plus tendres années, l'avaient éclairée sur la véritable grandeur de l'homme et du chrétien. Elle savait donc que rien n'est grand pour la créature comme le service de son Dieu, comme le soin de reproduire dans sa vie la conduite et les actions d'un Dieu. Ces sentiments, profondément gravés dans son cœur, après lui avoir fait accomplir les sacrifices les plus généreux, la tenaient persuadée qu'elle n'avait rien quitté, lui inspiraient la plus haute estime de sa vocation, la portaient à en remplir les devoirs avec une fidélité rivale de celle qu'on admire dans les religieuses d'une perfection consommée, et enfin lui faisaient apprécier l'importance de l'emploi qui l'obligeait à former les ames à l'amour et au service du divin Epoux.

Elle comptait peu d'années dans la vie du cloître lorsqu'elle se vit appelée à la supériorité; mais son amour pour Dieu datait du premier âge, et elle était parvenue à sa trente-sixième année. L'amour de sa vocation n'était pas moins un des premiers sentiments inspirés par la bonté divine à cette ame d'élite, puisqu'avant l'âge de raison on l'avait vue se désoler en apprenant qu'on lui destinait un époux mortel. Toujours elle avait correspondu avec une admirable fidélité aux grâces et aux desseins du Seigneur, en s'exerçant aux plus parfaites vertus; donc, depuis longtemps elle était tout à lui, tout à la vie du Carmel. Aussi, la vit-on déployer au début de ses fonctions de prieure une prudence, une sagesse, une supériorité de vertu qui surprit, malgré les hautes espérances qu'on avait eu lieu de concevoir à son sujet.

Suivant toujours les inspirations de son humilité profonde, elle s'attacha à observer et à faire pratiquer aux autres, non-seulement les saintes règles et les prescriptions de nos dignes supérieurs, mais encore les moindres usages particuliers à la maison, ceux-là même qui sont arbitraires à la prieure, s'appliquant à suivre les traces de celles qui l'avaient précédée dans sa charge plutôt que d'en former de nouvelles. Elle ne souffrait pas dans ses religieuses cette disposition qui fait examiner les lois pour les apprécier d'après le sens propre, d'où naît presque toujours la mésestime de la règle et enfin le désir de la modifier : « Non, disait-elle, lorsqu'on l'engageait, pour le mieux, à substituer un règlement à un autre, non, *le mieux est l'ennemi du bien.* » Elle voulait qu'on perfectionnât non la règle, mais la vertu, afin de mieux observer la règle.

Cette sainte règle était pour elle, comme pour les bons religieux, une loi divine qui excitait son zèle nuit et jour. L'accomplissant elle-même avec la dernière exactitude, elle reprenait avec un plein succès les plus légères infractions de ses filles ; devant son exemple on voyait expirer toutes les réclamations de la nature et de l'amour-propre.

Elle ne gouvernait son monastère que d'après la règle et selon son esprit, l'ayant toujours en main dans la surveillance des moindres devoirs, comme dans les actions les plus importantes. Dans la con-

CHAPITRE XXII. 67

duite journalière, elle voulait une parfaite exactitude, et enseignait à ses filles ce qu'elle leur répétait encore à son lit de mort : qu'afin d'observer cette ponctualité aux divers exercices, il fallait les prévenir pour s'y disposer, et s'y rendre un peu avant l'heure désignée. Ayant repris un jour une religieuse qui ne paraissait pas attacher assez d'importance à cette fidélité, elle apprit que la négligence apparente de la sœur provenait de la difficulté d'entendre l'horloge du lieu où elle travaillait. « Que ne me le disiez-vous, répondit la vénérée prieure? je puis être votre horloge. » Et de fait, depuis ce moment elle lui en tint lieu jusqu'à l'époque de sa dernière maladie.

Rien ne lui paraissait important comme cette exactitude aux exercices communs. Là elle voyait l'immolation de la nature, et par conséquent la marque la plus certaine de l'amour de Dieu dans une ame religieuse : « Notre-Seigneur, disait-elle, demande bien plus de nous la fidélité que les austérités, et en cela il ne nous traite pas plus doucement que ceux dont il exige des pénitences extraordinaires. Non, tous les instruments de pénitence n'ont rien de si difficile que cette exactitude, cette ponctualité soutenue et de tous les instants. Mais ne nous lassons pas, suivons Jésus-Christ lorsqu'il nous appelle, ne tergiversons pas avec lui, ne le contristons pas, ne craignons pas de tomber dans son esclavage, car *son joug est doux et son fardeau léger.* » Elle disait encore que le respect, les attentions et la promptitude avec lesquels elle avait vu servir les rois de la terre, lui indiquaient ce que l'on devait faire dans le service du Roi du ciel.

Elle recommandait, en particulier, un saint empressement pour se rendre à l'oraison du matin, ce premier exercice étant une source de grâces pour le reste de la journée. Lorsqu'elle s'apercevait que quelque sœur en était absente, elle allait elle-même s'informer du motif qui la retenait. Cet esprit d'exactitude, remarquable en tout temps dans la communauté, s'accrut encore sous l'auguste prieure, les religieuses qu'elle avait formées nous en ont laissé les plus touchants exemples. En nous reprenant des fautes les plus légères sur ce point, elles ne manquaient pas d'ajouter : « Jamais, à Saint-Denis, on ne vit rien de semblable ; la Mère Térèse de Saint-Augustin, à la tête de la communauté, observait une parfaite exactitude. » D'autres fois elles nous disaient : « Madame Louise n'aurait pas souffert ceci, n'aurait pas approuvé cette conduite. »

A la ponctualité, notre vénérée Mère voulait qu'on joignît la perfection des œuvres ; perfection qui n'existait pas à ses yeux si l'action n'était en tout conforme à l'esprit de la règle. Dans les exercices de piété elle demandait le recueillement, l'amour, la ferveur. Dans la récitation de l'Office divin, elle veillait au bon ordre des saintes cérémonies, et voulait qu'on ne négligeât aucun des moyens, ou des précautions nécessaires pour bien s'acquitter de ce devoir sacré. Une religieuse étant à matines, éloigna la chandelle qui l'incommodait sans doute; la digne prieure la lui reporta, disant qu'il ne nous est pas permis de réciter l'Office par cœur.

Dans le travail, elle exigeait le dévouement et la générosité envers le Maître que nous avons le bonheur de servir : « Là où il y a de l'amour, disait-elle, il n'y a point de peine. » Ou bien : « Pour un instant de travail une éternité de repos. » Elle voulait qu'on travaillât en esprit de pénitence et dans le but d'accomplir un point essentiel de la règle; elle engageait ses religieuses à utiliser les moindres instants en se livrant, après s'être fidèlement acquittées des devoirs de leurs emplois, à de petits ouvrages qu'elle faisait vendre au profit des maisons pauvres de l'Ordre. Elle leur inspirait cet attrait qu'elle avait elle-même pour les ouvrages communs, comme étant plus convenables à notre état de pauvreté, et plus conformes à l'esprit de nos saintes constitutions, qui défendent les ouvrages capables de nuire à l'application que nous devons avoir en Dieu le long du jour. Une novice ayant témoigné de la répugnance pour un travail de ce genre qu'on lui avait donné à faire : « Apportez-le-moi secrètement, lui dit l'humble prieure, je le ferai moi-même, et vous le rendrai sans que la communauté puisse s'en apercevoir: » Cette leçon, on le comprend, eut tout son effet. Elle employait souvent ce mode de punition, la seule qui ne lui coûtât pas à infliger. Sous d'autres prétextes, il lui arrivait fréquemment d'aider ses filles dans leurs travaux, ou de les prévenir pour leur en épargner la fatigue. Quant aux actes de pénitence, imposés par la règle ou surérogatoires, elle voulait qu'on les offrît à Dieu comme des fruits d'amour et de générosité, sans mélange de contrainte ou de sentiments resserrés. Souvent elle disait à ses filles : « Nous ne devons pas considérer si l'action que nous allons faire nous plaît ou non, mais seulement si la règle la prescrit, ou si Notre-Seigneur la demande de nous. Ces deux considérations sont bien propres à faire cesser, ou du moins à diminuer toutes nos répugnances. » S'étant aperçue qu'une jeune religieuse chauffait l'hiver les instruments de pénitence dont elle se servait, elle la reprit comme faisant deux actions incompatibles :

CHAPITRE XXII.

« Jusqu'à quand, lui dit-elle, mêlerez-vous des enfantillages à vos sacrifices? »

Victime de la pénitence volontaire, elle connaissait les prérogatives des ames généreuses dans le service divin, et jalouse d'y faire participer ses filles, elle leur permettait quelques pratiques surérogatoires, lorsqu'elle ne les croyait pas dommageables à leur santé. Mais elle était loin de combler les désirs de ces saintes religieuses qui, sous l'influence d'un exemple si entraînant, se trouvaient toujours en arrière dans l'imitation. Elles s'aperçurent que l'auguste prieure accordait plus facilement les pénitences qu'on voulait appliquer aux besoins spirituels du Roi son père, et volontiers elles adoptèrent cette intention pour satisfaire leur zèle. Ces progrès dans l'esprit de ferveur, de régularité, qui avait attiré la pieuse Princesse à Saint-Denis, étaient pour elle une vraie consolation, car elle avait toujours appréhendé d'y causer quelque relâchement.

On imaginerait difficilement quelle était sa vigilance sur ce point, et elle-même en était le premier objet. Partout où la nature aurait pu prendre quelque satisfaction, sa ferveur et son amour venaient lui indiquer ce qu'elle devait immoler à Dieu. Fidèle à cette loi du sacrifice, elle voulait que ses filles pratiquassent la même fidélité dans ce que Notre-Seigneur demandait de chacune, ou dans ce que la règle exigeait. Il fallait que la pauvreté, que la mortification fussent communes, et que, pour la nourriture, le vêtement, et les besoins particuliers des religieuses, les règlements et les usages de la maison fussent toujours en pleine vigueur.

Ayant reçu du marchand une étoffe plus légère que celle dont nous usons pour nos habits, elle ne voulut jamais permettre qu'on l'y employât, et en fit faire des rideaux aux lits d'infirmerie. Tout le contraire arriva dans une autre circonstance : deux robes qu'on avait achetées se trouvèrent si lourdes et si grossières, que la sœur chargée de cet office ne savait à qui les donner, dans la persuasion qu'aucune religieuse ne pourrait les porter sans en souffrir beaucoup : « Vous voilà bien en peine, dit notre vénérée Mère ! eh bien ! de vos deux robes, faites-en une pour nous, et mettez l'autre à l'usage de ma sœur Raphaël. » Elle savait que la sœur serait ravie de ce partage. Ses intentions furent remplies, et elle porta jusqu'à sa mort cette robe si lourde qu'elle n'aurait pas voulu donner à une autre religieuse.

La nourriture de la communauté était pauvre et grossière. On entendait la Princesse recommander de n'acheter le poisson qu'au plus bas prix. Quant aux légumes, on ne prenait, pour la maison, que les plus communs et les plus abondants. Les primeurs des fruits du jardin n'étaient pas servies au réfectoire, mais vendues au profit de nos maisons pauvres. Notre vertueuse Mère nous l'apprend elle-même dans une lettre à une prieure de l'Ordre : « Je puis vous assurer que nous ne sommes ici ni mieux vêtues, ni plus délicatement nourries qu'on ne l'est dans nos autres monastères. Tout ce que nous épargnons est pour soutenir nos maisons pauvres, nous vendons même pour cela le meilleur fruit de notre jardin. » Plusieurs de nos sœurs étrangères ayant eu l'occasion de passer à Saint-Denis, dans le temps où vivait l'humble Princesse, assurèrent que la nourriture y était plus austère que dans leurs communautés. Rien de ce qui pouvait maintenir cette pauvreté de vie n'échappait à son zèle. La provisoire [1] lui demanda un jour la permission de faire revendre les haricots de la provision, qu'elle disait être fort durs, afin de s'en procurer de meilleurs. Voyant là une recherche trop délicate pour des religieuses vouées à la pénitence, et ne voulant pas user de sévérité envers la sœur, elle la pria de lui faire préparer une portion de ce légume, désirant juger par elle-même de sa qualité. On lui servit donc une assiette de ces haricots qu'elle man-

---

[1] La pourvoyeuse.

gea sans en laisser un seul; puis montrant son plat vide, elle donna aisément à entendre que toute Carmélite, à moins d'être malade, pouvait fort bien se nourrir de ce mets.

Le dénuement et la privation étant le partage des pauvres, la digne prieure recommandait à ses filles l'exercice continuel du détachement du cœur, et le soin de profiter des moindres circonstances pour s'y avancer. Fort éclairée sur les moyens d'acquérir ce vrai dépouillement, et sur les obstacles que le démon ou l'amour-propre suscite dans les ames pour les empêcher d'y parvenir, elle les instruisait fréquemment sur ce point. Une religieuse dit un jour qu'elle serait bien aise, après sa mort, qu'au lieu d'adresser, selon l'usage, une lettre circulaire à toutes les maisons de l'Ordre, on employât à faire prier pour le repos de son ame la somme qu'on y destinait. Notre vénérée Mère voyant ici des pensées propres, et une conséquence de l'esprit de propriété, la reprit en lui disant: « Une Carmélite, qui ne peut disposer de rien pendant sa vie, doit encore moins se permettre de manifester des dispositions qu'elle voudrait qu'on réalisât après sa mort. Ce n'est point à une prévoyance avare, c'est à la Providence, à la charité de ses sœurs, qu'elle doit se remettre du soin de faire prier pour son ame. » Elle disait que les désirs, les goûts même des religieuses devaient être simples, en opposition à ceux des personnes qui possèdent les biens et les jouissances de la vie.

Elle blâmait ses filles lorsqu'elles exprimaient le désir d'entendre des prédicateurs célèbres. « Ces sentiments, disait-elle, sont contraires à la sainte pauvreté, et font obstacle à la grâce. » Elle-même ne goûtait un prédicateur que lorsqu'il prêchait l'Evangile avec la simplicité et la vertu apostoliques. Ennemie de toute vanité et ostentation, elle ne pouvait souffrir qu'on alliât ces vues aux œuvres de Dieu, et disait : « Dieu donne l'applaudissement aux grands orateurs ; et aux prédicateurs de l'Evangile, la grâce de convertir les ames. »

Généralement elle recommandait le sacrifice des désirs ; l'abandon complet à la sollicitude de la Providence lui paraissait devoir concentrer tous les vœux d'une épouse de Jésus-Christ en ce qui la concerne. Elle ne pouvait souffrir dans une religieuse ces calculs, ces petites menées par lesquelles on parvient à la satisfaction de l'amour-propre et de la nature. S'étant aperçue que, parmi les objets qu'on lui offrait à sa fête, il s'en trouvait plusieurs qu'on s'était procurés pour les offices de la maison, son zèle pour la perfection de ses filles lui fit voir en cela une infraction à la dépendance et à l'abnégation religieuses. Si elles eussent demandé à leur prieure la permission d'avoir ces petits meubles, cette provision d'aiguilles, de laine, etc., peut-être que celle-ci, éclairée sur les besoins généraux des officières, n'aurait pas trouvé ces emplètes si nécessaires et les aurait ajournées, au lieu qu'elles obtenaient facilement de la Mère sous-prieure la permission d'acheter ces objets, afin d'en composer un bouquet de fête à leur bonne Mère. « C'est un abus, dit la vertueuse prieure, dans l'effusion de la charité pour des ames si chères, c'est un abus qui fomenterait l'indépendance et l'esprit de propriété, qu'il est si difficile de bannir du cœur. »

Cette étroite perfection qu'elle exigeait ne la rendait ni sévère, ni importune. Elle procédait toujours avec tant de marques de dévouement, qu'on ne pouvait se méprendre sur les motifs de son zèle; et d'ailleurs, tout en elle était si parfaitement revêtu d'humilité, qu'elle édifiait autant sous ce rapport dans les actions d'autorité en sa charge, que lorsque, s'abaissant aux derniers rangs parmi les religieuses, elle exerçait les fonctions les plus viles. Si elle rappelait à l'austérité de la règle, elle portait elle-même ses pratiques bien au-delà; si elle imposait les actions de vertu, on la voyait agir avec un courage surhumain pour s'élever aux plus parfaites; si elle reprenait les fautes, l'anéantissement profond où la plongeait le souvenir des siennes paraissait aussitôt sur sa physionomie. Jamais, dans les prescriptions ou les avis qu'elle donnait à ses filles, on ne lui vit un air, une manière qui sentît la hauteur. Adoucissant par des paroles de paix, ou de gracieuses prévenances, ce qui pouvait rester d'amer dans un reproche émanant de la plus tendre charité, elle faisait oublier son autorité, ne laissant d'autre impression que celle de ses bontés maternelles.

Elle portait avec tant d'amour les rigueurs de la vie austère, qu'à voir la joie suave imprimée sur ses traits, on n'aurait jamais soupçonné les privations et les peines intérieures qui, le plus souvent, étaient son partage. Ce fut sans doute en récompense de cette générosité que Dieu la favorisa d'un don spécial pour adoucir le joug de la règle et le faire aimer. Il suffisait de la voir ou de l'entendre, pour sentir quelque dilatation de cœur parmi de douloureuses angoisses. Ses tendres prévenances ouvraient les ames les plus concentrées, et les remettaient dans la liberté intérieure, vrai partage des filles du Carmel. Craignant toujours qu'on ne conservât quelque souvenir ou impression de ce qu'elle avait été dans le monde, elle prévenait l'un et l'autre par un accueil gracieux, et, malgré ses nombreuses occupations, jamais elle ne paraissait importunée des visites des religieuses. Elle était à elles en tout temps et à toute heure ; celles de son sommeil ou de ses repas leur étaient également consacrées lorsqu'elles le désiraient. Elle les écoutait toujours avec intérêt, et ses réponses n'étaient que l'épanchement d'un cœur rempli de Dieu et de sa charité divine. Dans ces rapports incessants avec les sœurs, elle paraissait aussi calme, aussi unie à Dieu que dans le silence de l'oraison, ou d'une profonde solitude.

Celles de ses filles qui venaient lui faire l'aveu de leurs peines, de leurs épreuves intérieures, trouvaient auprès d'elle une merveilleuse consolation qui, loin d'affaiblir leur courage, leur inspirait l'amour de la croix du divin Maître, et le désir de s'y voir attachées. D'une grande sagesse et prudence dans la conduite des ames, elle discernait admirablement ce qui convenait à chacune, ce que Dieu demandait d'elles, et par quels moyens elles pourraient y parvenir. Capable de la plus haute vertu, elle savait condescendre à la plus faible, et lui donner de l'élan pour tendre à des actions généreuses. Envers ces ames commençantes et pusillanimes, elle usait d'une plus grande douceur, afin de gagner leur confiance ; elle leur montrait les efforts à faire, les excitait avec un zèle tout maternel, leur présentait quelquefois des motifs secondaires capables, vu leur état de faiblesse et d'imperfection, de les impressionner plus vivement : « Je sais que vous m'aimez, disait-elle à l'une de ces novices toutes neuves, et que vous seriez fâchée de me faire souffrir de grandes douleurs en ce monde, cependant vous voudriez m'exposer à endurer pour vous les ardeurs du purgatoire, ce qui arriverait si j'avais la faiblesse de condescendre à vos désirs. » A une autre qu'elle avait exhortée et reprise de ses fautes, elle disait en terminant : « Après tout, Dieu a toujours ses raisons dans ce qu'il fait ou ce qu'il permet, car, si vous étiez au point où je désirerais vous voir, je vous aimerais trop. »

Une novice qui avait besoin d'épanchement, lui dit, en lui ouvrant son cœur avec un entier abandon : « Je sais que je parle à une mère. — Oh! oui, lui répondit la prieure, et aussi à votre meilleure amie.... N'est-ce pas que je vous ai montré ce matin un visage bien sévère? dit-elle à une autre, que cette parole disposa au repentir et à l'aveu de ses fautes. » Avec les ames généreuses, et marchant à grands pas dans le chemin de la perfection, elle était plus à l'aise, et s'épanchait en elles par une douce conformité de sentiments, qu'elle tâchait cependant de ne pas manifester. C'était sa jouissance de rencontrer un cœur capable de s'immoler complètement à Dieu. Alors elle ne craignait pas, en montrant la voie du sacrifice, d'ajouter au fardeau que l'amour rend si doux à porter : « Ceci est bien, disait-elle à ces ames, et, à la rigueur, vous pourriez vous en contenter ; mais telle autre chose serait mieux, et je m'assure que vous la ferez. » A ses exhortations elle joignait les épreuves et les occasions de traduire par les œuvres leurs sentiments généreux. Elle éloignait d'elles avec soin tout ce qui aurait pu servir de pâture à l'amour-propre, ou d'aliment à la volonté, voulant une vertu solide et pure, qui n'eût pour base et pour appui que la foi et l'amour de Dieu. L'une de ses religieuses, de la trempe de celles dont nous parlons, lui demanda un jour quelque chose qu'une prieure ne refuse pas ordinairement ; toutefois elle ne voulut pas le lui accorder, et lui fit une réponse négative sans la motiver. La sœur se soumit en toute humilité, et, en parfaite obéissante, ne laissa pas pénétrer dans son esprit le moindre soupçon sur les causes de ce refus. Le lendemain, notre vénérée Mère l'appela et lui dit : « Ce que vous m'avez demandé hier est fort raisonnable, et je vous l'accorde bien volontiers ; je ne vous l'ai refusé d'abord que pour vous procurer l'occasion d'un petit sacrifice, bien persuadée que vous ne la laisseriez pas échapper. »

Elle voulait que ses filles eussent une piété solide, éclairée; que dans un esprit de foi, elles ne perdissent jamais de vue le but de leurs œuvres, c'est-à-dire l'amour et le service de Dieu, et qu'elles usassent des moyens propres à nourrir leur dévotion, sans s'attacher imparfaitement à aucun. La prière, le fréquent usage des sacrements étaient ceux auxquels elle les appliquait surtout. Sachant par expérience tout ce que la sainte communion renferme de biens ineffables pour l'ame religieuse, elle excitait dans leur cœur un désir ardent de cet aliment divin : « Croyez-moi, leur disait-elle, toute la force d'une épouse de Jésus-Christ est dans la communion; le moyen le plus court et le plus sûr qu'elle ait pour avancer dans la perfection, c'est la communion; le secours le plus puissant contre ses ennemis, c'est encore la communion. La présence réelle de notre divin Epoux épure et éclaire la conscience, élargit le cœur, en bannit l'ennui, la tristesse et les vains scrupules, pour n'y laisser régner que la confiance et l'amour. » Elle saisissait les occasions de procurer à la communauté des sermons ou des instructions pieuses, et, le plus souvent, elle s'adressait pour cela aux Révérends Pères Jésuites, ou à d'autres prêtres qu'elle savait également animés de l'esprit de Notre-Seigneur. Plusieurs fois elle les engagea à donner des retraites qui produisirent les plus heureux résultats, pour l'avancement de ses filles dans les solides vertus.

Le choix des lectures spirituelles pour chaque religieuse lui paraissait aussi fort important, elle savait admirablement les assigner à chacune, selon les besoins et la disposition actuelle des ames. L'amour généreux qui la portait à tout immoler à Dieu, ne la rendit jamais dure ou sévère envers le prochain ; au contraire, elle était toujours bonne et condescendante à son égard. Sa conversation était fort agréable, et sa gaîté aux récréations excitait celle de ses filles. Elle voulait dans cet exercice une sainte liberté et une joie commune, ne favorisant jamais cette humeur sombre qui en fait désirer la dispense. Néanmoins, elle enseignait ce qu'elle pratiquait elle-même : que l'ame doit faire tourner à son profit spirituel ce qu'elle trouve là pour alimenter la mortification, l'humilité et les autres vertus. En suivant ces règles, les religieuses sortaient de la récréation le cœur satisfait et mieux disposé au service du divin Maître. Elle voulait que les personnes vivant sous le joug du Seigneur eussent le cœur dilaté, et qu'elles portassent partout cette disposition : à la prière, au travail, dans les œuvres de charité envers le prochain, et jusque dans l'austérité et les sacrifices : « Réjouissons-nous, disait-elle, c'est le précepte de saint Paul, et je trouve que la gaîté dore la pilule de l'austérité. »

Elle s'oubliait complètement elle-même dans l'exercice de son dévouement envers ses filles, y sacrifiant sa santé, ses attraits, toute sa personne en un mot. On n'imaginerait pas dans quels détails sa charité la faisait descendre, elle prévoyait tout, remédiait à tout, et lorsque les journées ne suffisaient pas à son zèle, elle y employait les nuits, aux dépens de son sommeil. On lui faisait observer quelquefois qu'elle poussait trop loin la condescendance, et que, certaines religieuses se rendant importunes à son égard, elle devait leur suggérer de prendre mieux leur temps : « Hé! pourquoi donc, répondait-elle, est-ce que toutes les heures d'une supérieure n'appartiennent pas à sa communauté? Pourquoi voudriez-vous que celles qui n'ont pu lui parler le jour, n'eussent pas l'avantage de le faire la nuit? Celle qui occupe la première place ne doit jamais perdre de vue qu'elle n'est plus à elle-même, mais aux autres, qu'elle leur doit le sacrifice de son temps, de son repos, de sa santé, et, s'il le fallait, de sa vie même. » Dans une autre circonstance, on lui disait encore qu'elle ne devait pas s'épuiser ainsi pour les autres : « Aurais-je donc droit, répondit-elle, à plus de ménagements que notre divin Maître, qui est venu au monde, non pour être servi, mais pour servir, et sacrifier sa vie pour tous? »

Elle mettait tout en œuvre pour adoucir ou alléger les peines de ses filles, et ne se donnait aucun repos qu'elle ne leur eût procuré, au moins, la paix de l'ame; c'était à ses yeux l'un des devoirs les plus importants d'une supérieure. « La paix de l'ame, disait-elle, est le seul plaisir qu'une religieuse puisse goûter sans remords; nous n'avons quitté le monde que pour posséder ce bien céleste, qui surpasse tout sentiment, et il est si précieux, ce me semble, que, s'il s'achetait à prix d'argent, et qu'il fallût vendre nos vases sacrés pour le procurer à la dernière d'entre nous, je n'hésiterais pas un seul instant à le faire. » Un jour que le travail de son emploi ne lui avait pas laissé le temps de respirer, elle oublia qu'elle avait à consoler une sœur dans la peine. Ce souvenir vint la frapper au milieu de la nuit, et il lui fut impossible de continuer à se livrer au repos. Elle se leva donc, et s'en alla trouver la religieuse à qui elle dit tout d'abord : « J'aurais dû vous parler hier, ma chère sœur, et c'était mon intention; je ne puis me pardonner cet oubli qui aura peut-être ajouté à vos peines, et je viens le réparer. » Cette sœur, touchée jusqu'aux larmes d'une telle bonté, se confondait en excuses et en témoignages de gratitude. « Point de remercîments, lui dit notre digne Mère; ce que je fais, c'est autant pour mon soulagement que pour le vôtre. Aurais-je pu dormir tranquille après m'être rappelée que vous étiez dans l'inquiétude? » Elle ne la quitta qu'après l'avoir remise dans un calme parfait.

La sœur Raphaël, tourmentée par une frayeur excessive des morts, éprouvait une indicible souffrance après le décès de chaque religieuse. L'humble prieure s'assujettissait alors à l'accompagner le soir dans tous les lieux de la maison où elle n'aurait pas osé se rendre seule, et elle poussa la complaisance jusqu'à lui permettre de porter sa paillasse dans sa propre cellule pour y coucher la nuit, ce qui lui fut extrêmement pénible durant les grandes chaleurs de l'été, auxquelles elle était fort sensible. Cependant elle ne s'en plaignit jamais, et ne parla qu'une fois de cette incommodité en forme de plaisanterie: « Ma sœur, lui dit-elle, vous devriez bien garder vos frayeurs pour l'hiver, car on étouffe ici quand on y est deux. »

Elle souffrait vivement lorsqu'elle avait à annoncer à quelque religieuse une nouvelle affligeante, telle que la perte des ses parents, ou autre non moins sensible; aussi prenait-elle beaucoup de précautions pour en tempérer la peine, sans toutefois lui ôter le mérite des sacrifices qui placent l'ame religieuse à la suite de l'Epoux crucifié. Elle puisait dans les sentiments de la foi et de l'amour de Dieu les motifs de consolation qu'elle leur présentait : « Lorsque nous avons quelque chose de plus à souffrir, leur disait-elle, souvenons-nous de ce que Notre-Seigneur a souffert pour nous ; représentons-nous ce poids immense de gloire auquel il veut nous faire participer, et en comparaison duquel le poids de notre affliction doit disparaître... Hors de la religion, je ne vois que des maux incurables et désespérants ; avec la religion, aucun qui n'ait ses adoucissements, et qui ne puisse être le principe de quelque bien. »

Sa bonté, ses manières simples et cordiales lui attiraient l'entière confiance de ses filles. Toutes recouraient à elle, non-seulement comme à l'oracle par lequel Dieu leur manifestait ses volontés, mais encore comme à une Mère tendre, seule capable de les comprendre, et de remédier à leurs peines. Elles ne les lui avaient pas plus tôt exposées qu'elles éprouvaient du soulagement ; leur cœur s'ouvrait aux sentiments d'amour et de générosité que la digne prieure s'efforçait de leur intimer, et l'acceptation de l'épreuve remplaçait bientôt en elles l'appréhension et la pusillanimité. Cette confiance que lui témoignaient les religieuses, avait encore pour principe le parfait désintéressement qu'elles remarquaient dans leur Mère vénérée, en qui elles voyaient beaucoup moins de zèle à maintenir les droits de l'autorité que d'empressement à accroître la charité dans les cœurs, et de fidélité constante à sacrifier ses droits personnels. Les circonstances prouvèrent plus d'une fois qu'on pouvait lui manquer impunément, et même, avec la prétention d'obtenir de sa part un nouveau degré de bienveillance. Son cœur était inaccessible à tout ressentiment, et, par des témoignages affectueux, elle conduisait au repentir celles de ses filles qu'un mouvement de nature ou de tentation avait rendues coupables à son égard. L'une d'entre elles, se trouvant dans ce cas, voulait éviter la rencontre de sa prieure; mais celle-ci, la prévenant, alla au-devant d'elle, et lui dit : « Est-ce donc qu'il ne sera pas permis à une Mère d'embrasser son enfant? » Elle rendit compte un jour à son supérieur que, contre sa résolution, elle avait sollicité une faveur à la Cour : « Mais, ajouta-t-elle, ma sœur une telle me l'ayant demandé, je n'ai pu le refuser : » cette sœur avait des torts à son égard.

Le soin des malades lui paraissait être l'un de ses devoirs les plus importants, et, d'après des témoins oculaires, jamais prieure ne s'en acquitta avec plus de dévouement. Toujours présente aux visites du médecin, elle veillait à l'exacte exécution de ses ordonnances. Sa sollicitude pour ses chères malades n'était satisfaite que lorsqu'elle pouvait les entourer de ses bontés maternelles; se considérant comme leur infirmière de droit, elle se plaisait à leur donner à boire, à ranger leurs lits et à faire, pour les servir, ce qui coûte le plus à la nature. Il n'était pas rare de la voir agenouillée aux pieds des infirmes, accommodant leurs chaussures et leur rendant les services les plus bas.

Après avoir ainsi passé à l'infirmerie tous les moments libres de ses journées, il lui arrivait encore d'y rester la nuit; mais ce n'était pas aussi souvent que son cœur l'y inclinait, craignant de contrister les infirmières et les autres religieuses qui la pressaient de prendre le repos dont elle avait besoin.

Elle dînait un jour à l'infirmerie où une indisposition la retenait, lorsqu'on amena une sœur fatiguée par un vomissement; aussitôt, quittant la table, elle renvoya l'infirmière au réfectoire, lui disant : « Laissez-moi faire, je m'en tirerai mieux que vous, parce que j'ai bon cœur. » Elle s'empressa auprès de cette chère sœur, lui procurant tous les soulagements nécessaires à son état de souffrance.

Une autre étant atteinte d'une maladie qu'on soupçonnait être la petite vérole, on supplia notre

CHAPITRE XXII.

vénérée Mère, pour le bien de la maison, de ne point s'exposer à contracter ce mal : « Hé quoi! répondit-elle, faut-il donc que pour un péril incertain je néglige un devoir évident? » Ce fut toujours en vain qu'on essaya de la retirer du chevet des malades lorsqu'il y avait lieu de craindre la contagion. Sa charité et sa confiance en Dieu la tenaient constamment au-dessus des prévisions humaines, et c'était dans ces circonstances qu'on avait lieu d'admirer la pureté de ses vues, la tendresse de son cœur, et son parfait oubli d'elle-même.

Son assiduité et ses soins redoublaient envers les malades gravement atteintes. On la voyait alors monter à l'infirmerie jusqu'à dix fois dans une matinée. Attentive à ce que rien ne fût négligé pour le soulagement du corps, elle veillait avec plus de zèle encore à maintenir les ames dans les dispositions propres à les faire entrer dans les desseins de Dieu qui, par le moyen des souffrances, les purifie et les détache progressivement des objets terrestres pour les unir à lui plus intimement. C'est pour cela qu'elle ne pouvait souffrir dans les malades l'épanchement vers la créature, et qu'elle recommandait, qu'en les entourant, on évitât tout ce qui aurait pu y donner lieu. Comme elle prodiguait ses soins à une religieuse réduite à l'extrémité, celle-ci, dans le sentiment de sa gratitude, voulait lui baiser la main. Elle la retira vivement, et lui présenta le crucifix, comme pour lui faire entendre que Jésus devait seul posséder toutes les affections de son cœur.

Dans les longues maladies ou l'état d'infirmité, elle procurait à ses filles la grâce de la sainte communion aussi souvent que nos saints règlements le permettent. C'est à cet aliment divin qu'elle aimait à les voir recourir, pour être soutenues et confortées au moment de l'épreuve : « Lorsque Jésus-Christ nous fortifiera par sa présence, leur disait-elle, si nous n'en souffrons pas moins, nous en souffrirons mieux. » Cette disposition d'accablement, qui du physique passe ordinairement au moral des malades, et leur rend plus difficile l'exercice de la prière et de l'union sensible à Notre-Seigneur, ne lui paraissait pas devoir être alléguée pour se priver de la sainte communion ; elle disait, au contraire, que la prière n'étant autre chose que l'union de l'ame avec Dieu, et cette union étant plus parfaite dans l'état de souffrance, joint à l'humble résignation, il s'ensuivait que la souffrance est la meilleure des prières.

Lorsque l'état des malades les mettait en perspective d'une mort prochaine, la vigilante prieure les en informait aussitôt, et ne souffrait pas qu'on

les entretînt de vaines espérances de guérison :
« Quoique une Carmélite doive être toujours prête
à quitter ce monde, disait-elle, je désirerais beaucoup qu'on m'avertît lorsque cet heureux moment sera arrivé pour moi ; et je croirais manquer à un devoir de charité, si je négligeais de faire pour les autres ce qu'il me paraît important qu'on fasse un jour pour moi. » Elle ne mettait alors aucune borne à sa sollicitude pour préparer ses filles à ce terrible passage, et leur procurait, avec une tendre affection, tous les secours spirituels, accordés avec une sorte de profusion aux heureux habitants des cloîtres. La visite du supérieur était à ses yeux l'une des plus douces consolations pour l'ame qui a eu l'insigne bonheur de porter le joug de la sainte obéissance, et elle faisait tout son possible pour la ménager alors à ses religieuses. Des motifs graves pouvaient seuls l'obliger à quitter une malade en danger ; et il lui arriva d'écrire aux princesses ses sœurs, pour les prier de différer leur visite, parce qu'elle avait une de ses filles dangereusement malade. Lorsqu'on lui représentait qu'elle n'était pas tenue d'être constamment auprès d'elles : « C'est ma place, répondait-elle, je ne serais pas tranquille ailleurs. » Si l'extrême besoin de repos, ou tout autre motif l'obligeait à s'absenter, c'était à la condition qu'à la première crise on ne manquerait pas

de l'appeler; ce qu'on observait exactement, sachant combien le contraire l'eût mortifiée. Agenouillée auprès d'une mourante, elle n'interrompait ses prières en sa faveur que pour lui suggérer les actes de repentir, d'humilité, de confiance et d'amour, dans lesquels elle l'entretenait. Souvent elle lui présentait l'image du divin Epoux crucifié, dans les mérites duquel elle l'engageait à se confier entièrement. Elle assemblait la communauté à l'infirmerie et faisait réciter les prières des agonisants ou autres qui pouvaient aider la malade. Enfin, après l'avoir vue expirer, elle lui rendait elle-même les derniers devoirs et lui procurait un grand nombre de suffrages, afin de hâter son bonheur éternel.

Les sœurs d'une santé faible, ou atteintes de ces infirmités habituelles qui, sans arrêter dans l'accomplissement du devoir, ne laissent pas que d'affliger la nature et d'offrir la matière de quelques sacrifices, avaient encore des droits particuliers à sa sollicitude maternelle. Elle les visitait souvent, même après matines, afin de s'informer de leurs besoins, auxquels elle voulait pourvoir elle-même. Ainsi, on la voyait dans les escaliers et les dortoirs, portant, tantôt une couverture, tantôt un oreiller, ou bien des pots et des tisanes. Quelquefois elle s'arrêtait à la porte de leurs cellules, et attendait qu'elles fussent couchées pour les servir.

L'hiver, elle prenait tous les moyens tolérés parmi nous pour les garantir des rigueurs de la saison. Elle ne manquait pas de visiter de la sorte les postulantes nouvellement arrivées, et leur enseignait les précautions requises pour que le froid ne pût empêcher leur sommeil. Des jeunes elle passait aux anciennes, et savait admirablement faire naître les occasions de les servir. Le matin, elle saisissait le moment où elles étaient absentes pour faire leurs lits, leurs cellules, sans s'épargner en ce qui mortifie la nature. Lorsque, les rencontrant dans la maison, elle remarquait du désordre dans leur mise, elle s'empressait de ranger leurs voiles, leurs scapulaires. Il lui arrivait même de se mettre à genoux à leurs pieds, pour nouer les cordons de leur chaussure. Et tout cela, elle le faisait avec tant d'adresse, de bonne grâce, de dévouement cordial, que ces bonnes anciennes se disaient avec une conviction profonde : « Vraiment, nous n'avons jamais eu de prieure, de Mère comme celle-ci ! »

Son assiduité auprès des malades, son aptitude, et plus encore son affectueuse charité, lui valurent bientôt les avantages d'une longue expérience, et ses filles avaient autant de confiance à son traitement qu'à celui des médecins. Elle profitait de cette disposition pour multiplier ses actes de dévouement, et d'abnégation d'elle-même. En effet, on se persuade aisément qu'une princesse, habituée à toutes les prévenances du service le plus assidu, sans avoir jamais à s'occuper de celui des autres, ne pouvait, sans une héroïque vertu, s'acquitter de la sorte des devoirs d'une prieure. Cependant rien ne l'arrêtait, rien ne l'embarrassait dans ces fonctions si laborieuses.

Les répugnances avec lesquelles elle avait accepté sa charge, et la crainte que sa condition de princesse n'inspirât à ses filles le désir de la maintenir dans cet emploi, ainsi que déjà elles y avaient songé, la portèrent à s'occuper tout d'abord du choix de celle qui pouvait la remplacer au terme de son triennat. Elle jeta les yeux sur la sœur Julie, et, en l'étudiant, elle eut lieu de se convaincre que cette excellente religieuse possédait toutes les qualités qu'on peut souhaiter dans une supérieure. Ce fut pour elle une grande consolation, mais le divin Maître sut, selon ses manières d'agir envers cette ame généreuse, y mêler des amertumes. La sœur Julie vint à tomber malade, et donna quelques inquiétudes. Le médecin ayant ordonné l'application d'un cautère, la charitable prieure voulut le poser et le panser seule, afin que la communauté n'en eût pas connaissance. Dans l'exercice de ce dévouement, elle donna des marques de son héroïque courage. Bientôt elle eut, non-seulement à panser un cautère, mais plusieurs plaies, et, enfin, un ulcère affreux qui se forma sur la jambe où l'humeur était attirée ; ce mal, et l'odeur fétide qu'il exhalait, auraient repoussé les personnes les moins délicates. Néanmoins, dans les pansements si souvent réitérés, la Princesse paraissait ne donner nulle attention à ces effets pénibles. Parvenue furtivement auprès de sa chère malade, elle fermait la porte à clef, et s'agenouillait pour faire son œuvre. Elle y mettait tant d'adresse, de délicates précautions, qu'on aurait pu lui supposer une longue habitude de ce qu'elle faisait cependant pour la première fois. Il lui arrivait de baiser ces plaies avec une tendre affection, joignant ainsi à des paroles d'encouragement des actes capables d'inspirer l'amour de la souffrance imposée par la volonté divine. La sœur Julie ne revenait pas de son étonnement en voyant agir cette vénérée Mère. Elle aurait voulu au moins qu'en ouvrant la croisée, elle se fût procuré de l'air, dont la privation la faisait toujours souffrir et qui, dans ces circonstances, lui eût été doublement nécessaire : mais l'auguste infirmière n'y consentit jamais, sachant que ce qui lui aurait fait plaisir eût incommodé sa chère malade.

Ce fut pendant deux années entières qu'elle s'acquitta de ces pénibles fonctions. Le mal alors avait fait de tels progrès que les soins d'une seule personne ne pouvaient plus suffire. Pour remplacer notre vénérée Mère, il fallut employer deux sœurs des plus fortes de la maison. Quelle surprise pour la communauté, lorsqu'elle apprit quel lourd fardeau elle avait ajouté au poids de sa charge durant ces deux années! Cependant, la digne prieure continua d'entourer la sœur Julie des attentions les plus délicates, elle la visitait fréquemment, et toujours avec le même oubli d'elle-même. Une religieuse entrant un jour à l'infirmerie avec elle, lui dit que l'odeur qui s'en exhalait n'était pas supportable : « Ma sœur, lui répondit-elle, c'est la souffrance de la malade qui doit nous occuper. » Elle ne pouvait supporter les témoignages de gratitude de celle-ci, ni l'éloge qu'on faisait de sa charité : « Ce que j'ai fait n'est rien, disait-elle, auprès de ce que je voudrais faire pour la personne du monde qui a montré le plus de zèle pour le salut de mon ame. »

Cette tendresse de charité, qu'on admira constamment en elle, était moins l'effet de la bonté naturelle de son cœur que le fruit de sa vertu, et le résultat de son application à imiter notre divin Modèle, faisant du bien à tous et se plaisant à exercer sa miséricorde. Fondés sur des bases si solides, son dévouement et son zèle ne subirent aucune variation. Jamais on ne la vit se retrancher dans l'essentiel de ses devoirs, en négligeant, par dégoût ou fatigue, les petits détails insipides à la nature; son expérience, au contraire, la rendait chaque jour plus active, plus vigilante, et rien n'échappait à sa perspicacité.

La discrétion, vertu si nécessaire dans son emploi, était comme innée chez elle. C'était pour la communauté une conviction d'expérience, aussi demeurait-on en pleine sécurité après lui avoir confié les secrets les plus intimes. Cette vénérée Mère, sachant combien il importe pour l'inférieur de n'avoir là-dessus aucun soupçon, prévenait tout ce qui aurait pu tant soit peu en inspirer. A une époque où, étant fatiguée d'une indisposition prolongée, elle recevait les soins d'une jeune religieuse aide à l'infirmerie, elle craignit que l'inexpérience de celle-ci ne la fît manquer à la prudence avec laquelle elle devait se conduire vis-à-vis des sœurs qui venaient parler à leur prieure. Elle lui donna plusieurs instructions à cet égard, et lui dit en particulier : « On dit que je vous gâte, faites donc voir le contraire : soyez la plus fervente, la plus zélée ; mais que votre zèle ne se porte que sur vous. Laissons les autres pour ce qu'elles sont quand ce n'est pas à nous à les corriger..... Ne cherchez point à deviner pourquoi je fais une chose plutôt qu'une autre. » Et entrant dans le détail, elle lui fit toucher au doigt les inconvénients du défaut de réserve qu'elle avait à lui reprocher, et lui indiqua les moyens de parvenir à cette sagesse de conduite qui a sa source dans l'humilité.

On le voit, la perfection des ames était l'objet spécial de sa sollicitude, mais son zèle pour la régularité générale du monastère n'était pas moins ardent. Sa vigilance l'instruisait de tout, embrassait tout; son activité suffisait à tout. On eût dit que le travail pénible de son emploi ne lui coûtait rien. Le découragement lui était inconnu, et sa gaîté ne laissait pas soupçonner les mille renoncements journaliers qu'elle avait à faire dans sa position; sa patience, supérieure à tous les contretemps, ne se lassait jamais dans l'application constante à faire aimer et glorifier le divin Maître. On ne pouvait comprendre comment il arrivait qu'elle se trouvât toujours rendue partout où sa présence était utile pour maintenir le bon ordre, ou pour parer à quelque inconvénient. Un léger bruit la tirait de sa cellule, et le silence se rétablissait à son aspect. S'il arrivait un accident, si quelque sœur se trouvait dans l'embarras, elle était la première instruite, et la première aussi à porter secours.

Extrêmement vigilante pour maintenir la régularité, elle se refusait aux sollicitations nombreuses des personnes de qualité qui, pour la voir, auraient voulu pénétrer quelques instants dans le cloître. S'entretenant avec le comte d'Artois, elle lui dit : « Si vous êtes père un jour, vos enfants n'entreront pas dans la maison ; je ne pourrai les voir qu'à la grille. » La mère d'une novice désirant vivement visiter le monastère où sa fille devait passer sa vie, obtint du Pape un bref lui en permettant l'entrée. Elle vint triomphante apporter son autorisation à l'auguste prieure, qui lui dit après l'avoir lue : « Et nous aussi, Madame, nous avons un bref que le vôtre ne révoque pas, et qui nous défend d'accorder l'entrée de la maison aux personnes séculières, sans le consentement unanime des religieuses. » Les parents d'une autre postulante parvenue à l'époque de sa prise d'habit demandaient à voir leur fille, une dernière fois, dans la maison paternelle : « Une sortie en pareil cas, répondit la prieure, est sans exemple, et me paraîtrait d'autant plus dangereuse à l'ame, que nous ne voyons pas dans l'Evangile que le jeune homme qui avait demandé au Sauveur la permission d'aller rendre les derniers devoirs à son père, avant de répondre à son appel, fût revenu pour suivre sa vocation. » Elle ajouta que, si cette demoiselle sortait, tout ce qu'elle pourrait lui accorder ensuite, serait de l'admettre à de nouvelles épreuves.

Une personne dont la naissance et la piété méritaient des égards témoigna au supérieur de la communauté son désir de voir celle qu'on nommait, à juste titre, l'héroïne de la religion. M. l'abbé Bertin en ayant informé notre vénérée Mère, elle lui répondit : « Monsieur de..... est un honnête homme ; mais qu'est-ce que cela lui fait de voir ma figure ? Dites-lui, s'il vous plaît, mon Père, que vous m'avez ordonné de lui ouvrir la grille une fois, et que je vous obéis ; que selon la règle il faut, pour ouvrir, nécessité ou grande utilité ; qu'une fois suffit pour voir qu'on se porte bien aux Carmélites, et que vous devez maintenir la régularité..... Ce n'est qu'en tenant les parloirs fermés que je me suis affranchie de quantité de visites. » Ses sentiments à cet égard étaient assez connus ; elle-même ne craignait pas de dire aux personnes qui la visitaient les mortifications que lui procurait le parloir. Les princesses ses sœurs l'ayant prévenue que la Reine devait lui demander, pour son père, la permission de venir la voir, à la grille seulement, lui firent observer que, cependant, s'il désirait entrer, on ne pouvait le refuser à un archiduc. Elle leur répondit que, par nos brefs, les fils et les petits-fils de France pouvaient entrer chez les Carmélites, mais non les princes du sang. Qu'en conséquence, si l'archiduc ne voyageait pas incognito, et que le Roi lui donnât le rang de fils de France, il aurait le droit d'entrer :

CHAPITRE XXII. 101

« Au reste, ajouta-t-elle, le cas n'est encore jamais arrivé, parce qu'il est rare que les princes aient des connaissances aux Carmélites, et que nos maisons n'ont rien de curieux qui puisse les attirer ; il faut pour cela une créature telle que moi, que tout le monde veut voir comme *le bœuf gras.* » Non contente d'avoir la règle en main pour faire observer la clôture, elle recourait aux Mères plus anciennes pour en connaître le véritable esprit, dans les points qui s'appliquent à des circonstances extrêmement rares, et dont par conséquent elle n'avait pas l'usage.

Elle se conformait à la régularité pour mesurer ses entretiens et disait : « J'ai gardé au parloir les droits de Madame Louise pour renvoyer mon monde, même au milieu d'une conversation si elle s'allonge trop. » Ceux qu'elle renvoyait de la sorte, au lieu d'être mécontents, se retiraient remplis d'admiration pour une si grande vertu, et remportant d'elle quelques paroles de charité dont ils ne perdaient jamais le souvenir : « Vous imaginez bien, dit-elle, à une personne de la famille royale, qu'il faut que ce soit le bon Dieu qui m'appelle, pour que j'aie le cœur de vous dire : Allez-vous-en. » Elle dit un jour à Mgr de Beaumont : « N'est-il pas vrai, Monseigneur, que vous me gronderiez de la belle manière, si, par la satisfaction que j'ai d'être avec vous, je laissais couler l'heure d'un exercice régulier? » Elle insinuait à ses filles cet éloignement des grilles, leur inspirant l'amour du silence, de la solitude, où elles pouvaient goûter tous les avantages de l'union divine. Elle veillait avec soin à ce que les nouvelles du monde ne pénétrassent pas dans le cloître, ne permettant pas que les religieuses parlassent de ce qu'elles avaient appris au parloir, et désirant au contraire qu'elles en perdissent le souvenir.

Elle ne se montra pas moins exacte et vigilante pour la pratique de la pauvreté. Non contente de la voir en vigueur parmi les religieuses pour ce qui est personnel, elle disait que tout dans le monastère devait porter l'empreinte de cette vertu. Sa sollicitude pour conserver ou défendre les droits de la sainte pauvreté édifiait non-seulement la communauté, mais encore les personnes séculières qui, plus d'une fois, en furent témoins. Occupée souvent de diverses réparations aux bâtiments tombant de vétusté, elle ne craignait pas de présenter ses calculs aux ouvriers pour les obliger à revenir sur leurs prétentions. Dans la construction d'un escalier, que les supérieurs avaient jugé nécessaire, elle montra bien qu'elle ne sacrifiait qu'à des motifs très graves le désir de maintenir en tout la régularité et la simplicité religieuse. Cet escalier était pour l'usage du Roi, et on devait le construire à ses frais; il paraissait donc convenable de le faire exécuter avec soin, sans examiner la dépense. Notre vertueuse Mère eut d'autres vues, et l'architecte lui ayant présenté le dessin d'une rampe du prix de mille écus, elle le repoussa, effrayée, comme elle l'avoua depuis, à la pensée de voir une rampe si chère chez des Carmélites. Elle demanda le plan d'une autre qui ne coûta que cent francs.

Le Roi ayant proposé de faire refaire à ses frais le plancher du chœur qui était dégradé, quelques religieuses pensèrent qu'à ces conditions on devait le commander aussi bien que possible. « Pour moi, dit l'auguste prieure, je voudrais qu'il fût tel, qu'on n'en pût trouver de plus simple dans aucune maison de l'Ordre, et qu'en tout, notre monastère pût toujours être cité comme modèle de l'esprit de notre sainte Mère. »

Le menuisier lui ayant apporté un lambris, qu'elle avait commandé pour la chambre du tour, elle le trouva, contre son intention, tout chargé de moulures. L'ouvrier, dans son travail, n'avait pas perdu de vue qu'il était pour Madame Louise, et il s'étonnait fort de l'avoir mécontentée en ce point; mais elle refusa constamment de recevoir ce lambris, et d'après l'observation qu'on lui fit, que la perte du bois allait s'ensuivre, elle lui dit : « Si vous ne pouvez passer le rabot sur vos gentillesses, qui ne conviennent nullement pour nos maisons, mettez-les contre le mur. » Ainsi le lambris fut posé à l'envers.

Un autre ouvrier, à qui on avait commandé une croisée sans désigner la dimension des carreaux, les fit, selon le goût du jour, d'une excessive grandeur. Notre vénérée Mère n'ayant pas de reproches à lui faire, et ne voulant pas d'ailleurs faire la dépense d'une autre croisée, fit poser, au moyen de plomb, quatre carreaux à la place d'un seul, disant qu'il serait contraire à la pauvreté, pour une Carmélite, de s'exposer à casser un carreau de prix.

Lorsqu'on faisait les provisions pour la communauté, elle voulait qu'on s'en tînt au strict nécessaire et aux habitudes de la maison : « Les grosses provisions, disait-elle, ruinent l'esprit de pauvreté dans les monastères, et font perdre le fruit de l'abandon à la divine Providence, qui est la richesse de l'ame religieuse. » Mais elle voulait que, par le même esprit de pauvreté, on soignât beaucoup les provisions, « car les pauvres, disait-elle, ne laissent rien perdre. » Elle entrait elle-même dans les détails de l'économie, et consultait volontiers là-dessus les sœurs du voile blanc. L'une d'entre elles lui faisant une observation juste, mais assez brusque à cet égard, elle lui dit : « Je vous assure, ma sœur, que le conseil que vous me donnez est si sage, que je le suivrais quand même vous ne me gronderiez pas. » Un autre jour, étant à laver la vaisselle, elle voulut donner une leçon de propreté à une sœur du voile blanc qui en avait besoin : « Ma sœur, lui dit-elle, regardez bien comme je lave cette terrine; sans cette attention le lait que vous y mettez s'aigrira. »

Elle aimait à se montrer pauvre, et quoi qu'il en coûtât à son excellent cœur, elle refusait de satisfaire aux demandes en tout genre qu'on lui adressait sans cesse. « Tout ce que je puis faire pour votre protégée, écrivait-elle, c'est de l'adresser à Adélaïde; si je me mêlais de ces choses, je n'en finirais pas, cela me donnerait au dehors une communication qui ne serait pas édifiante. J'ai déjà assez de toutes les affaires de l'Ordre, et je veux invariablement m'y borner. » Et dans une autre lettre : « Je vous prie, ma chère Mère, de faire ma réponse ordinaire : que je ne m'en mêlerai pas, parce que jamais je ne me mêle de bénéfices... Lorsqu'il vous viendra de ces demandes, répondez-y toujours de même, autrement je me verrais dans le cas de vous refuser, et cela me désole, parce que j'aimerais à vous faire plaisir. A cause que je suis religieuse, on veut que je m'occupe de tout; je n'ai pas choisi le cloître pour cela. Vous savez combien une pareille conduite serait gauche avec notre règle. Sans cesse on vient me demander soit des grâces, soit l'aumône; je réponds que je n'ai que la nourriture et le vêtement que la communauté veut bien me donner. Je ne me mêle de rien que de dire mon bréviaire, de balayer et d'écouter les sœurs. Je ne m'occupe que des affaires de l'Ordre. Si on me demande de l'argent je ne donne que l'aumône du couvent: deux sous, douze sous, vingt-quatre sous. Cela ne passe jamais trois livres. »

Elle ne se permettait jamais de disposer de sa pension; c'était le supérieur qui en déterminait l'emploi, et les maisons pauvres de l'Ordre y avaient une large part. Elle aimait à consacrer à cette œuvre de charité fraternelle les économies, et souvent le revenu des privations qui ne compromettaient pas la santé de ses filles. « Ne craignons pas, leur disait-elle, de nous appauvrir nous-mêmes pour le soulagement de nos pauvres maisons; l'abondance perd les communautés, le travail et la pauvreté les soutiennent. Peut-être qu'après moi ma famille se souviendra de vous, mais je conseille à celles qui me suivront de ne jamais chercher à se faire des protecteurs à la Cour. J'ai quitté ce pays-là pour faire mon salut; celles que des vues humaines y conduiraient mettraient le leur en danger. »

Pour aider nos monastères dans le besoin, sa charité lui inspira de faire venir à Saint-Denis tous les ouvrages qu'ils désiraient vendre, et s'étant entendue avec un marchand de Paris, elle les lui adressait. Il en revenait à nos maisons des provinces un revenu plus considérable, vu que ces objets étaient bien mieux payés dans la capitale, et que les transports se faisaient sans frais, sous le couvert de la Princesse. Les petits ouvrages que nos Mères de Saint-Denis offraient à leur digne prieure pour le jour de sa fête étaient aussi vendus, pour la plupart, au profit des pauvres communautés. Dans la crainte que cet exercice de charité ne nuisît au recueillement des religieuses, en leur attirant une correspondance trop étendue, notre digne Mère la distribua à plusieurs d'entre elles, et de cette sorte, tout se passait dans le silence et la parfaite régularité. Son dévouement pour les monastères de l'Ordre était inimaginable. Tous recouraient à elle dans leurs embarras, leurs difficultés, et elle se faisait leur servante à tous. Les lettres qu'elle leur écrivait étaient sans nombre. Non-seulement elle répondait à leurs questions, mais elle les prévenait sur ce qui aurait pu, dans certaines affaires, compromettre ou favoriser leurs intérêts. Dans cette correspondance brille surtout la tendre charité, l'humilité prodigieuse de notre vénérée Mère. C'est l'amie la plus dévouée qui porte remède à des maux qu'elle ressent plus vivement que les siens propres. Elle a toujours de quoi consoler, encourager et fortifier celles qui l'ont rendue confidente de leurs peines.

Les efforts constants de notre vénérée Mère pour s'effacer et se dérober à tous les regards n'eurent pas le succès qu'elle s'en était promis, son emploi l'obligeant à entretenir des rapports avec les séculiers qui ne l'approchaient qu'avec un sentiment de profonde vénération pour sa vertu. Plus elle se simplifiait avec eux, plus elle caractérisait sa franchise et sa loyauté qui lui attachaient les cœurs. Ses procédés faisaient oublier la princesse pour ne laisser voir en elle que le prochain de l'Evangile se faisant le serviteur de tous, surtout des pauvres et des malheureux. Se plaçant au-dessous d'eux par le sentiment, elle se faisait gloire, comme chrétienne, d'être leur égale et aimait à rappeler ces vues de foi à ceux qui se souvenaient encore de son passé. Un homme d'affaires, qu'elle avait été obligée d'appeler pour minuter un acte important, s'abstenait de s'asseoir en sa présence : « Quoi! encore debout, lui dit la Princesse; quand vous serez assis, M. de Longchamp, je serai prête à m'emparer de vos bonnes idées. La religion rend tous les hommes égaux; et, dans la société, deux choses rapprochent aussi les états et les conditions : la manière dont on est obligé, et la manière dont on le sent. L'une est pour vous, l'autre est pour moi. »

Il lui était comme impossible de traiter une affaire sans laisser percer quelque chose du zèle de la gloire de Dieu dont elle était animée. On peut s'en convaincre en lisant sa correspondance ayant pour objet les choses les plus matérielles. Mais lorsqu'elle s'adressait à des personnes pieuses, surtout à des aspirantes à la vie du cloître, l'ardeur de son amour pour Dieu se révélait sans qu'elle s'en doutât, pour ainsi dire, et produisait les plus heureuses impressions sur ces ames déjà prévenues par la grâce. Personne ne savait parler comme elle des douceurs du joug divin, et de l'asservissement de celui du monde. Elle ne voyait rien de grand pour un chrétien, que ce généreux dévouement qui ne laisse rien à sacrifier à Celui qui a donné pour nous jusqu'à sa propre vie : « Faisons tout pour Dieu et de notre mieux, écrivait-elle à une postulante, mais avec une grande confiance et un ardent amour. Qui jamais mérita mieux d'être aimé? Y a-t-il père, mère, frère et sœur qui le valent? Nous sommes heureuses en ce monde en l'aimant, car quelle douceur ne fait-il pas ressentir quand on lui offre un sacrifice de bon cœur? et il nous réserve encore le centuple pour l'autre vie. »

CHAPITRE XXIII.

Notre vénérée Mère reçoit au Carmel une brebis que l'erreur avait jadis éloignée de ce saint asile; vertus héroïques qu'elle pratique dans cette occasion mémorable. — Elle prodigue ses soins à la bonne sœur jusqu'à ce qu'elle ait reçu son dernier soupir. — Elle est réélue prieure à la fin de son premier triennat. — L'empereur d'Autriche, Joseph II, la visite et exalte ses vertus. — Mort de la Mère Anne de Saint-Alexis. — Elle donne une prieure à la communauté de Nevers et lui fait d'abondantes aumônes qui la retirent de l'état d'indigence où elle était tombée. — Elle fait exécuter de nombreuses réparations aux bâtiments du monastère. — Les six années de sa charge de prieure étant écoulées, elle est élue première dépositaire; avec quelle exactitude elle s'acquitte des devoirs de cet emploi. — Secondée par Louis XVI, son neveu, elle fait rebâtir l'église du couvent. — Nos visiteurs constatent la parfaite régularité de la révérende Mère Térèse de St-Augustin.

Toujours plus éclairée de la lumière divine, et plus susceptible des impressions que produisent les vérités de la foi sur les ames qui vivent dans un parfait dégagement, notre vénérée Mère sentait croître son ardeur pour la souffrance, et aurait voulu puiser jusque dans les profondeurs du calice de son divin Epoux. Elle recevait en esprit de pénitence les mille contre-temps qui se rencontrent dans la vie, et les évènements pénibles la trouvaient toujours préparée à une parfaite résignation. Les souffrances étaient le sujet de ses actions de grâces au Seigneur : « Estimons-nous heureuses, disait-elle, de ce que Dieu veut bien nous imposer lui-même la pénitence que nous avons méritée. Et quand même nos croix dureraient jusqu'à notre mort, serait-ce trop pour faire pénitence? Et cette pénitence ne doit-elle pas nous être aimable, puisque non-seulement elle nous obtient notre pardon, mais encore la grâce et l'amitié de Dieu?»

Ce bon Maître, sans la retirer de l'état de victime où il l'avait placée, lui accordait cependant quelquefois de ces consolations vraies et solides, les seules qu'apprécient les ames parfaitement dévouées au service et à l'amour divin. Tout ce qui étendait l'honneur, la gloire du souverain Maître parmi ses créatures, toutes les conquêtes de son amour qui multipliaient le nombre des ames destinées à le louer éternellement, lui causaient un bonheur ineffable, une consolation infinie. Elle eut sujet de se livrer à ces doux sentiments à l'occasion du retour d'une vieille sœur du voile blanc qu'elle croyait morte, et dont elle apprit fortuitement l'existence.

C'était une Carmélite, professe de ce monastère de Saint-Denis, nommée sœur Marie-Marthe, laquelle s'étant laissé infatuer des erreurs de la secte janséniste, que certains directeurs des religieuses avaient introduites parmi elles, fut si obstinée dans son hérésie, qu'au moment où le Seigneur daigna relever cette communauté d'une telle dégradation, elle préféra l'apostasie à l'obéissance qu'elle devait à ses supérieurs, et s'enfuit du monastère avec plusieurs de ses malheureuses compagnes. Il y avait trente années que cette brebis fugitive errait loin du bercail, lorsque la réputation des vertus et surtout l'héroïque charité de l'auguste prieure lui inspira enfin la résolution sincère de mettre un terme aux agitations de sa conscience, qui depuis longtemps faisaient son supplice. Elle se confessait à un saint religieux de Picpus qui ignorait complètement, et ses engagements sacrés, et les erreurs qui l'avaient entraînée dans sa détestable infidélité. N'ayant jamais vu dans sa pénitente qu'une grande régularité de vie, il lui avait permis un fréquent usage de la sainte communion. Cependant, la sœur Marthe, âgée de quatre-vingt-dix ans, et comptant un si grand nombre d'années depuis sa malheureuse sortie du cloître, fut touchée de la grâce, comme nous venons de voir, et alors seulement elle ouvrit son ame à celui qui depuis longtemps aurait dû la connaître à fond. Extrêmement surpris de découvrir une Carmélite converse dans celle qu'il avait toujours entendu nommer Mlle de Villiers, le révérend Père fut pénétré en même temps d'une vive reconnaissance envers Dieu, pour la lumière qu'il faisait briller dans cette ame abandonnée depuis si longtemps aux ténèbres de l'hérésie, et lui promit de s'intéresser pour elle auprès de l'humble Princesse qui, par droit, était sa prieure. Le désir de rentrer dans sa vocation était sincère et véhément chez la pauvre fugitive; les sacrifices de tout genre que cette démarche devait lui imposer, et que son âge et ses infirmités ne pouvaient qu'aggraver notablement, n'affaiblirent pas sa résolution. Elle demeura également inflexible aux sollicitations vives et pressantes de ceux du parti qui, jusqu'alors, avaient été ses guides. Et comme ils l'avaient assurée qu'en rentrant au couvent elle ne devait s'attendre qu'à être jetée dans un cachot affreux pour le reste de ses jours, sans autre nourriture que du pain et de l'eau, ayant de plus à subir les pénitences les plus rigoureuses, elle accepta dans son cœur ce traitement barbare, trop heureuse de pouvoir l'offrir au bon Maître, en expiation de ses infidélités.

Le confesseur, empressé de procurer à sa pénitente le moyen d'une parfaite réconciliation avec

Dieu, alla trouver la prieure de Saint-Denis et l'informa du fait. Rien ne pouvait intéresser davantage la foi et le zèle de la pieuse Princesse, ni lui causer tant de bonheur que le retour de cette brebis égarée. Cependant, toujours prudente dans sa conduite, elle demanda du temps pour s'assurer de la vérité et prendre conseil de ses supérieurs. Elle ne perdit pas un instant, et, ayant constaté, d'après les registres du monastère, l'exactitude des notes qui lui avaient été données sur la sœur Marthe, après avoir consulté Mgr de Beaumont et M. l'abbé Bertin, elle adressa sa réponse au confesseur de la religieuse repentante, et envoya un fiacre pour la faire transporter à Saint-Denis.

Elle avait mis tant d'activité à cette affaire, que huit jours à peine s'étaient écoulés depuis qu'on lui avait parlé de la sœur Marthe, jusqu'au moment de son arrivée au couvent. L'espérance de recevoir et de rendre au divin Epoux cette épouse infidèle donnait tant de joie à notre vénérée Mère, qu'on ne pouvait que s'attendrir à cette vue, et admirer les œuvres de la foi dans un cœur livré à ses heureuses influences. Elle envisageait le retour de cette bonne sœur comme une grâce des plus précieuses pour la communauté, et l'une des meilleures bénédictions répandues sur l'exercice de sa charge : « Jugez, écrivait-elle à M. l'abbé Bertin, quelle con-

CHAPITRE XXIII.

solation nous aurons de son retour, et avec quelle joie nous la recevrons ! » Elle dit encore à un digne prélat : « Remerciez bien le Seigneur de la grâce qu'il me fait de recevoir cette brebis égarée dans notre troupeau pendant que je le conduis, quoique indigne. »

On fixa le jour pour la rentrée de la sœur Marthe, et au moment où la cloche du tour annonça son arrivée, notre vénérée Mère, étant parmi ses filles à la récréation, se jeta spontanément à genoux, et rendit au divin Maître les plus touchantes actions de grâces pour le bienfait insigne qu'il accordait à la bonne nonagénaire et à tout le couvent. Après avoir satisfait de la sorte à sa piété, elle prit avec elle les religieuses les plus anciennes, et se rendit à la porte de clôture. On y porta un fauteuil qu'on entourait déjà avec attendrissement.

La chère sœur Marthe, bien généreuse dans sa résolution, était loin cependant de partager la joie commune : le Seigneur lui accordait un sincère repentir de ses fautes, mais il permit, pour lui en faciliter l'expiation que, toujours impressionnée par les menaces des jansénistes, elle regardât le cloître, dans lequel elle allait entrer, comme un lieu de supplices préparés pour elle par des cœurs pleins de vengeance, et en y arrivant elle concentrait un cruel effroi. On ouvre la porte, la bonne sœur était dans les bras du cocher qui la dépose dans le fauteuil. Alors on voit l'image la plus frappante de l'état misérable auquel puisse être réduit le pauvre être humain. C'était, au vrai, un squelette vivant : aveugle et paralytique des deux jambes, la bonne nonagénaire avait la tête penchée; son visage, au teint cadavéreux et rembruni par la malpropreté, était sillonné de rides que son extrême maigreur avait multipliées. Ses vêtements tombaient en lambeaux, en sorte qu'on pouvait à peine distinguer leur couleur et leur forme; de plus ils recelaient une famille d'insectes si nombreux, que ceux qu'on apercevait d'abord ne faisaient qu'indiquer la multitude cachée sous les haillons. A ce spectacle, les religieuses reculent involontairement; mais la digne prieure, ne s'arrêtant pas à ces dehors, accueille avec une tendre affection cette brebis perdue; elle l'embrasse, la serre sur son cœur en lui adressant les paroles de l'amour maternel. Le cocher voyant cela s'écrie : « Il faut que ce soit la grand-mère de quelqu'une de ces dames! Ah! qu'elles sont charitables! » Sa surprise eût sans doute été bien plus grande s'il eût connu l'auteur de cet acte héroïque et celle qui en était l'objet! Ce n'était pourtant que le prélude de la charité que déploya notre vénérée Mère envers la bonne sœur. Quand la porte fut refermée, elle la fit transporter

CHAPITRE XXIII.

dans une pièce voisine, et ne voulut céder à personne le droit de la revêtir de l'habit religieux. Elle la dépouilla elle-même de ses misérables haillons, dont l'odeur fétide ne paraissait pas même l'impressionner; et, heureuse mille fois de rendre les livrées du Carmel à celle que l'erreur en avait dépouillée, elle le fit avec une expression si touchante de foi et de charité, que la sœur Marthe, ne pouvant croire à ce qu'elle sentait et entendait, ne contenait plus ses transports. La communauté entière l'entourait; l'allégresse était générale, et l'héroïsme de notre vénérée Mère électrisait tous les cœurs. Elle ordonna aux sœurs du voile blanc de porter leur ancienne compagne devant le Saint-Sacrement; celle-ci, dans l'excès de sa joie, oubliant son âge et le règlement des sœurs converses, entonna elle-même le *Te Deum*. Toutes les religieuses le poursuivirent, et pas une qui ne mêlât à la louange divine les émotions et les larmes d'une tendre reconnaissance envers le souverain Pasteur des ames.

On transporta ensuite la bonne sœur à l'infirmerie, la communauté l'y suivit, la comblant de témoignages d'amitié. On se disputait le bonheur de la servir, et chacune se voyait forcée de le céder à la digne prieure. Il y eut vraiment en ce jour plus de joie au Carmel, comme au ciel, pour le retour de la brebis perdue, que pour la fidélité constante de tout le troupeau. M. le Supérieur donna licence, et les religieuses purent sans contrainte se communiquer les émotions que leur causait l'évènement de cette mémorable journée. Les amis du monastère furent invités à partager cette sainte joie; notre vénérée Mère ne recevait aucune visite, n'écrivait pas une lettre sans parler des miséricordes de Dieu sur la bonne sœur, et de toute part on venait la féliciter. « Quelle bonne nouvelle j'ai à vous apprendre, écrivait-elle à Mgr de Clermont, une de nos apostates depuis trente ans est arrivée hier; nous lui avons rendu le saint habit avec une grande joie. Elle est bien repentante et annonce qu'elle veut être instruite et se soumettre à la vraie foi; elle est âgée de 91 ans et paralytique des jambes, mais elle n'a pas mal à la tête, a de bonnes oreilles et une langue bien déliée. Priez et faites prier toutes nos sœurs pour elle. »

Dans sa lettre à un autre de nos respectables visiteurs, elle dit : « Notre vieille fille de 91 ans est arrivée hier, j'espère que nos bonnes façons, nos prières et nos exhortations la ramèneront. Elle a été dans une grande joie de reprendre notre saint habit, et a beaucoup pleuré de l'avoir quitté. Elle a dit, en présence de toute la communauté qui fondait en larmes, qu'elle était catholique, apostolique et romaine. Joignez vos prières aux nôtres, pour que nous sauvions cette pauvre ame. Nous faisons à cette intention une neuvaine au saint Cœur de Marie. » Plus tard elle parlait encore ainsi, à M. l'abbé Bertin, de sa chère convertie : « Elle nous disait l'autre jour qu'avec le jansénisme tous les maux étaient entrés dans la maison. Comment est-il possible, lui disais-je, qu'on vous ait persuadée à ce point? Est-ce que vous n'entendiez pas parler pour la bonne doctrine? Non, ma Mère, m'a-t-elle dit, tout ce qui nous entourait était janséniste, et on nous disait que quitter notre maison pour aller en Hollande c'était se sacrifier pour la vérité. Elle a dit à M. l'abbé Mai [1] qu'elle condamnait tout ce que l'Eglise condamne, qu'elle était soumise à toutes ses décisions, et notamment à la bulle *Unigenitus*. Elle paraît fort touchée et reconnaissante des attentions qu'on a pour elle. »

La parfaite conversion de la sœur Marthe était une œuvre consolante que Dieu réservait à la digne pricure, en récompense de sa tendre charité, et comme un moment de repos délicieux dans la route semée d'épines qu'elle parcourait. Les réso-

---

[1] Pendant la suppression de la compagnie de Jésus, M. l'abbé Mai, l'un de ses membres, exerçait dans notre monastère de Saint-Denis les fonctions de confesseur.

lutions de cette bonne sœur étaient sincères, puisqu'elle les avait exécutées avec une parfaite générosité; mais, en l'entretenant, on remarquait parfois un fonds d'attache à ses anciennes opinions et d'estime exagérée pour les héros de la secte. A son âge il était bien plus difficile de rompre les liens et les affections de trente années. Notre vénérée Mère, secondée par M. l'abbé Mai, en vint à bout, et les dispositions de la bonne converse étant tout-à-fait satisfaisantes, on pensa, pour l'édification de la communauté, à lui faire abjurer solennellement ses erreurs, et renouer en quelque sorte les engagements sacrés de la sainte profession. Ce fut l'auguste prieure qui composa la formule d'abjuration, M. l'abbé Mai la revit et en forma dix-neuf articles; le jour de l'Assomption qui approchait fut désigné pour cette touchante cérémonie. La bonne nonagénaire s'y prépara soigneusement, ainsi qu'à la réception des sacrements dont elle ne s'était pas approchée depuis sa rentrée. Elle répondit affirmativement, et d'une voix haute et distincte, aux dix-neuf interrogations qui lui furent adressées, renouvela ses vœux de manière à beaucoup édifier et attendrir les religieuses, après quoi elle reçut la sainte communion, qui fut le gage de sa réconciliation avec Dieu, et le baiser de paix du divin Epoux.

CHAPITRE XXIII.

Dès ce moment, la sœur Marthe goûta cette joie pure et suave qui avait fui de son ame depuis que la lumière de la foi s'y était éteinte. L'attrait qu'elle avait toujours eu pour la sainte communion devint plus vif encore, et ses supérieurs le secondèrent en lui permettant de participer à ce pain de vie trois ou quatre fois la semaine. Notre vénérée Mère lui fit construire une petite infirmerie assez près du chœur pour qu'on pût facilement l'y transporter ; ainsi cette chère sœur se trouvait au comble de ses vœux. Les religieuses qui lui témoignaient leur satisfaction de la posséder, voyaient aussitôt son visage se couvrir de larmes de reconnaissance, et elles l'entendaient demander au divin Maître de répandre les mêmes miséricordes sur ses malheureuses compagnes, vivant encore dans le monde, infatuées de leurs erreurs.

Ces pauvres obstinées furent aussi l'objet du zèle de la vertueuse prieure. Ayant appris de la sœur Marthe qu'elles étaient au nombre de trois, elle fit faire les démarches nécessaires pour connaître leurs demeures et pria le supérieur de la maison, et même Messieurs nos Visiteurs généraux de s'intéresser à ces recherches. Elle leur transmit des renseignements puisés dans les anciens registres du monastère, et témoigna tenir particulièrement au retour de l'une d'entre elles, dont la sœur Marthe faisait valoir les bonnes dispositions. Elle écrivait, le 13 mai 1776, à Mgr Hachètes, évêque de Cydon : « Je vous remercie, mon Père, des peines que vous vous donnez pour nos fugitives. Notre vieille a été fort étonnée lorsque je lui ait dit que vous aviez parlé à une Madeleine de chez Mlle Sucints, et a dit que ce n'était pas la nôtre; elle croit qu'elle vous aura répondu par subterfuges. Si c'est la nôtre, elle doit être fort petite et fort vive. Voici leurs noms et surnoms, c'est tout ce que nous pouvons vous envoyer de plus détaillé, nous n'en savons pas plus.» Elle reçut un jour des renseignements positifs sur l'une de ces pauvres obstinées, et en écrivit à M. l'abbé Bertin : « Elle est fille d'un maître-des-comptes, lui dit-elle; sa famille, qui n'est pas janséniste, a été au désespoir de sa sortie. Elle doit avoir soixante-quinze ans. Elle est fort infirme et a beaucoup de dartres; mais tout cela ne fait rien; qu'elle revienne, et nous aurons pour elle tous les soins et toutes les attentions du père de famille pour l'enfant prodigue. Elle demeure, à ce qu'on m'a assuré, au quartier St-Eustache; on dit qu'elle y est très bien, et qu'elle aura de la peine à quitter ce bien-être, c'est le plus grand dommage du monde. Elle a été zélée catholique tout le temps de son noviciat, et quittait les récréations lorsqu'on tenait des discours jansénistes; mais, à force de persécutions, on l'a entraînée dans l'erreur... Ces pauvres brebis sont sur le bord de leur fosse. Ah! quelle éternité les y attend! cela fait frémir! » Cette pieuse Mère leur adressa à toutes les sollicitations les plus pressantes pour les engager à songer à leur salut éternel; mais elles demeurèrent opiniâtrément attachées à leur sens; ce qui remplit d'amertumes le cœur de celle qui les recherchait avec tant de charité.

Mgr de Beaumont étant venu au monastère peu après la rentrée de la sœur Marthe, notre vénérée Mère s'empressa de la faire porter au parloir; c'était le vœu du saint prélat qui désirait connaître celle dont le retour lui avait causé tant de joie. Il fut très satisfait de ses dispositions, et le révérend Père de Beauvais[1], qui accompagnait sa Grandeur, partagea ses sentiments. M. l'abbé Bertin témoigna aussi une vive satisfaction du retour de cette brebis dans l'heureux bercail. Lorsque les princesses de France venaient au monastère, elles demandaient à voir la bonne ancienne, au sujet de laquelle elles se plaisaient à exalter les bontés du Seigneur.

Pendant quatre années que vécut la sœur Marthe

---

[1] Religieux de la compagnie de Jésus, ancien confesseur de Madame Louise à la Cour.

depuis sa rentrée, la digne prieure ne cessa de l'environner des soins les plus tendres et les plus empressés. Elle était à son égard comme une servante attentive aux moindres besoins de sa maîtresse, ou mieux, comme une tendre mère veillant sur un enfant chéri. Elle l'habillait, lui donnait à manger, entretenait la propreté de la petite infirmerie, lui rendait les services multipliés que réclamait l'état d'une aveugle dont les bras et les jambes étaient paralysés. En avançant vers le terme de sa carrière, à un si grand âge, la bonne sœur perdait quelque chose de ses facultés intellectuelles. Elle avait des moments d'enfance, pendant lesquels il lui arrivait de chanter des couplets dans le sens de ses anciennes erreurs, ce qui porta notre vénérée Mère à défendre aux jeunes religieuses d'aller voir seules cette chère infirme.

Elle approchait de sa quatre-vingt-quatorzième année lorsqu'il plut au Seigneur de la retirer de l'exil. Un flux de sang et des vomissements continuels vinrent se joindre à ses autres infirmités. La bonne sœur acceptait tout avec joie pour l'expiation de ses fautes. Lorsqu'on lui demandait si elle souffrait beaucoup : « Pas assez pour ce que j'ai mérité, répondait-elle. » Une religieuse la priant un jour de se souvenir d'elle lorsqu'elle serait au ciel, ainsi que de toute la communauté, elle lui répondit : « Très volontiers, si le divin Epoux me fait miséricorde. Je le supplierai d'augmenter en vous toutes l'amour du silence. Hélas ! si je l'eusse mieux observé, il m'aurait garantie de la chute déplorable que je pleurerai toute ma vie, et jamais je n'aurais franchi la clôture ! »

Ayant conservé jusqu'à la mort sa parfaite connaissance, elle se confessa plusieurs fois dans cette dernière maladie, et témoigna incessamment à la communauté ses amers regrets. Les vomissements et l'impossibilité d'avaler, même le liquide, ne permirent pas de lui donner la sainte communion, et cette privation lui fut très sensible, car elle était toujours affamée de ce pain de vie. Une sœur ayant dit en sa présence qu'on pourrait essayer de lui faire avaler une hostie non consacrée, elle parut revivre, et fit un signe d'approbation en disant d'une voix qui s'éteignit ensuite pour toujours : « Oui, c'est cela qu'il me faut. » Mais les vomissements continuèrent et on ne put combler ses justes désirs, Dieu ayant voulu achever de purifier son ame par cette privation si sensible. Elle expira dans une douce paix, environnée de ses sœurs et des marques les plus touchantes de leur tendre affection.

La pieuse Princesse n'avait, pour ainsi dire, pas quitté le chevet de cette chère malade pendant les derniers jours de sa vie. Les religieuses, craignant qu'elle ne succombât à la fatigue, en écrivirent au supérieur, qui lui adressa bientôt des ordres pour l'obliger à se reposer. « Je voudrais bien, mon Père, lui répondit-elle, que vous ne crussiez pas si facilement au mal qu'on vous dit de moi, comme par exemple : que je me tue auprès des malades. Je fais ce que je dois et rien de plus, et vous voyez que Dieu le bénit, car je n'en ai point du tout été incommodée. Il faut bien quelquefois compter sur la Providence. J'étais bien aise de donner tous mes soins à cette pauvre sœur. On ne peut être indifférent en religion pour aucune, car c'est l'ame que je considère dans toutes, et je serais désolée de les voir privées par ma faute de la plus petite consolation chrétienne et religieuse. »

Les bénédictions que le Seigneur se plut à répandre sur le zèle qu'exerça notre vénérée Mère envers la brebis égarée, parurent ranimer encore son désir ardent du salut et de la perfection des ames. Elle avait d'abord en vue celles que Dieu confiait à ses soins, et sa sollicitude pour leur progrès spirituel la tenait toujours en haleine. Elle engagea le P. Réveillant, de la Compagnie de Jésus, à donner à la communauté une retraite de huit jours qui eut le plus heureux succès, ce saint religieux ayant un don spécial pour l'instruction et

CHAPITRE XXIII. 127

la conduite des ames appelées à marcher dans l'étroit sentier du renoncement évangélique. Son zèle s'étendit ensuite sur les habitants de Saint-Denis, et elle leur procura une mission pour les préparer au jubilé de 1776. Les RR. PP. Reinard et Figon, qui avaient des droits à son estime, se chargèrent de seconder ses efforts, et la ville entière recueillit les précieux fruits de leurs travaux. Une cérémonie touchante les couronna en comblant le bonheur de ce peuple : les religieux Bénédictins de l'abbaye firent une procession solennelle, portant le Saint-Sacrement, et vinrent en station à l'église du monastère, comme pour répandre sur la pieuse Princesse, par les mains du divin Maître, les bénédictions que lui souhaitaient tous les cœurs pour les bienfaits qu'ils devaient à sa piété bienveillante.

C'était avec un vif regret que la communauté voyait approcher le terme du premier triennat de sa digne prieure ; mais ce qui faisait sa peine, était un sujet d'espérance pour cette vénérée Mère. Toutefois, les trois années étant écoulées, la réélection, permise par notre sainte Mère Térèse, vint combler de joie tout le monastère. Les religieuses n'avaient qu'un cœur et qu'une voix pour sentir et exalter les avantages d'une administration si sage et si pacifique, si ferme et si condescendante, si puissante dans son autorité, si admirable par les sublimes exemples des plus humbles vertus. La révérende Mère Térèse de Saint-Augustin eut à sacrifier ses goûts et ses désirs au bon vouloir divin ; elle le fit avec sa générosité ordinaire, acceptant le fardeau que son humilité lui montrait si disproportionné à ses forces. Elle écrivait dans l'épanchement de la confiance : « Hélas ! il est donc arrivé ce jour où nos sœurs ont doublé leur sottise ! Il est donc vrai que j'ai encore trois ans à passer avant d'être délivrée d'un emploi dont je m'acquitte si mal ! »

Cependant ses vertus jetaient un si vif éclat, que le bonheur de les contempler un instant excitait le désir des plus hauts personnages. L'empereur d'Autriche, Joseph II, étant venu en France en 1777, pour voir la Reine sa sœur, voulut visiter l'auguste Carmélite, afin de s'assurer par lui-même de ce qu'il avait ouï dire touchant le bonheur qu'elle goûtait dans sa vie pénitente, auquel il ne pouvait croire. Il fut si frappé du dénûment qu'il remarqua dans sa cellule, en tout conforme à celles des autres religieuses, qu'il s'écria : « En vérité, Madame, j'aimerais mieux être pendu que de vivre ici comme vous vivez ! — Monsieur le comte[1], lui

---

[1] L'empereur voyageait incognito sous le nom de comte de ***.

répondit la pieuse Princesse, en considérant ce que Notre-Seigneur a souffert pour nous, la vie d'une Carmélite paraît bien douce. Il est vrai que notre bonheur est de la classe de ceux qu'il faut goûter pour y croire; mais comme j'ai la double expérience, je suis en droit de prononcer que la Carmélite dans sa cellule est plus heureuse que la princesse dans son palais. » L'Empereur demeura muet d'étonnement, et retourna à Versailles tout impressionné de sa visite à l'admirable religieuse.

Un an à peine s'était écoulé depuis la réélection de l'humble Princesse, lorsque le Seigneur la frappa, et toute la communauté avec elle, du coup le plus sensible : la Mère Anne de St-Alexis fut enlevée subitement à la tendresse de celles qui se plaisaient à la regarder comme leur Mère, lui devant, après Dieu, le bonheur qu'elles goûtaient dans leur sainte vocation. On vit alors la digne prieure s'élever au-dessus de sa douleur profonde, et donner les vraies marques de la reconnaissance à cette Mère qu'elle avait toujours regardée comme l'instrument des miséricordes du Seigneur à son égard, et dont les conseils lui étaient encore si précieux. Elle l'environnait des soins les plus tendres, adressait au ciel de touchantes supplications, et stimulait encore les prières des religieuses, déjà si ardentes pour ce sujet. Mais Dieu, voulant couronner cette ame si remplie de mérites, l'enleva à ses filles bien-aimées; la Mère Anne de Saint-Alexis termina sa course mortelle par une mort précieuse, le 12 novembre 1777, laissant à la communauté des preuves incontestables d'un héroïque dévouement, et l'excellent parfum de ses vertus.

Un autre sacrifice bien sensible, quoique moins douloureux, fut encore imposé à ce monastère. Pour la seconde fois, les Carmélites de Nevers lui demandèrent une prieure; il s'agissait pour la révérende Mère Térèse de Saint-Augustin de se défaire d'un sujet précieux, auquel était alors confié l'emploi de première dépositaire. Les intérêts de toutes nos communautés lui étaient chers comme les siens propres, et elle ne pouvait se dispenser de secourir celle qui lui exposait ses besoins. Elle la pourvut donc d'une prieure; de plus, elle paya ses dettes et lui fit passer d'abondantes aumônes, au moyen desquelles elle sortit d'un état d'indigence dont les effets aggravaient notablement, pour les religieuses, l'austérité de notre genre de vie.

Tout ce qui peut exercer le zèle d'une supérieure et ajouter au travail de sa charge paraissait avoir été réservé pour notre vénérée Mère. Le défaut de ressources qui, pendant bien des années, avait imposé tant de privations à la communauté de Saint-Denis, avait fait tellement négliger l'entretien des bâtiments, qu'ils étaient alors dans le plus mauvais état, en sorte qu'on se voyait obligé de faire succéder les réparations l'une à l'autre, sans se donner pour ainsi dire un instant de repos. L'infatigable prieure ne recula pas devant ce travail : le chœur, les infirmeries, les offices furent, par ses soins, remis en bon état. Elle entreprit aussi de faire construire un autre réfectoire, celui qui subsistait étant trop petit et situé dans un emplacement incommode. Madame Adélaïde voulut en poser la première pierre. Cette cérémonie, à laquelle Mesdames Victoire et Sophie assistèrent, se fit avec beaucoup de solennité. Dans cette circonstance, notre vénérée Mère, prenant le rang d'inférieure parmi ses augustes sœurs, voulut présenter la serviette à Madame Adélaïde lorsqu'elle se lava les mains. Elle fit construire encore une buanderie et un lavoir nécessaires à la communauté, et fort commodes aux sœurs du voile blanc. Elle mit ainsi le sceau aux témoignages de la tendre charité qu'elle avait spécialement exercée envers ses bonnes sœurs durant le temps de sa charge, au terme de laquelle elle se trouvait alors, les six années étant à peu près écoulées.

Cette époque, que depuis longtemps elle appelait

de tous ses vœux, et dont la seule pensée lui causait tant de joie, était enfin arrivée; mais une circonstance vint troubler le bonheur qu'elle s'y était promis. Ses filles, convaincues qu'aucun sujet ne réunissait comme elle les qualités propres au bon gouvernement d'une maison religieuse, avaient projeté de solliciter du Souverain-Pontife un bref les autorisant à la réélire pour un temps indéfini. Cette disposition de la communauté la jeta dans une cruelle angoisse; mais elle déclara ses sentiments : « Si Dieu, dit-elle, me réserve une pareille épreuve, je lui demanderai qu'il me fasse mourir; et j'ai la confiance qu'il me l'accordera plutôt que de permettre qu'une telle irrégularité s'introduise à mon sujet, au préjudice de la maison et au scandale public. » Les religieuses furent donc obligées de renoncer à leurs désirs, et l'humble prieure, écrivant à M. l'abbé Bertin pour le prier de venir faire les élections, ajouta : « Ce jour sera le plus beau de ma vie, parce qu'il me mettra plus à portée d'étudier ce que je prêche aux autres depuis six ans. » Ce fut le 30 novembre 1779 qui lui apporta ce bonheur, et la sœur Julie de Mac-Mahon fut appelée à la remplacer dans la supériorité; mais en même temps la révérende Mère Térèse de St-Augustin fut élue première dépositaire, et nommée de nouveau à l'emploi de maîtresse des novices. N'importe, elle était satisfaite: le travail et l'assujettissement ne lui coûtaient pas, et enfin elle pouvait obéir. Le jour même des élections, Madame Adélaïde envoya à Saint-Denis un page portant une aumône considérable, avec recommandation de se procurer un reçu signé de la nouvelle dépositaire.

La vie de sujétion et de dépendance n'était pas un vain désir dans notre vénérée Mère, mais bien le vrai besoin de son ame qui aspirait sans cesse à la conformité de vie avec le divin Epoux. Aussi la vit-on, tout aussitôt qu'il lui fut permis, embrasser avec un joyeux élan l'obéissance la plus exacte dans les moindres choses. Son respect envers celle qui venait de lui succéder était tel qu'elle eût pu l'avoir pour la personne de qui elle aurait constamment dépendu. A toute heure du jour on la voyait se rendre auprès d'elle, se mettre à genoux pour lui demander les plus petites permissions, prendre ses avis sur les affaires du dépôt, lui rendre compte de la conduite des novices. Elle ne craignait pas de trop s'assujettir ou de se retarder en allant trouver sa prieure chaque fois qu'elle avait besoin de connaître ses intentions, ne voulant pas les interpréter, en se privant du mérite de l'obéissance. S'étant rendue un jour au parloir où l'abbé Proyart l'avait demandée pour lui offrir la Vie du roi de Pologne son aïeul, elle lui dit en arrivant : « Pardon, M. l'abbé, il faut que, par mon étourderie, je vous quitte un instant : Je viens de demander à notre Mère la permission de venir ici, je savais pourquoi j'y venais, et j'ai oublié de solliciter son autorisation pour recevoir votre ouvrage. » Le pieux auteur fut on ne peut plus surpris ; il pensait que Madame Louise devait au moins avoir la permission d'accepter un présent de ce genre, le laissant ensuite à la disposition de sa prieure, si bon lui semblait. Il communiqua ces réflexions à l'un des ecclésiastiques attachés à la communauté qui lui répondit : « Vous connaissez peu combien la Princesse a l'esprit de son état et jusqu'où elle porte la perfection. Il lui serait sans doute bien facile de se munir de ces permissions générales, elles lui ont même été offertes ; mais elle trouve trop d'avantages à sentir l'impression immédiate de l'obéissance, et elle est bien aise d'augmenter le trésor de ses mérites en réitérant, à toutes les heures du jour, les actes de soumission qui lui rappellent sa dépendance. »

C'était bien, en effet, à toutes les heures du jour qu'elle pratiquait ces actes, et le défaut d'occasion ne les interrompait pas, pour ainsi dire, puisqu'ils étaient soutenus par la disposition de son cœur, au point qu'on ne la vit jamais surprise par les circonstances imprévues. Elle sortait à peine de

CHAPITRE XXIII.

charge qu'étant à la récréation, la nouvelle prieure lui adressa, en présence de la communauté, des reproches humiliants, pour une chose de fort peu de conséquence. Notre vénérée Mère se prosterna sur-le-champ, et écouta, dans un respectueux silence, tout ce qu'on lui dit assez longuement, remerciant Dieu dans son cœur de ce qu'on voulait bien lui montrer ses fautes. Puis, en particulier, elle témoigna à sa prieure la plus sincère reconnaissance pour le zèle qu'elle avait exercé à son égard, la conjurant de lui continuer un si précieux dévouement.

Une autre fois la Mère prieure lui avait à peu près dicté une lettre concernant les affaires du dépôt : l'humble Princesse, après l'avoir écrite sous l'inspiration de l'obéissance, crut devoir faire remarquer les inconvénients qu'elle prévoyait, eu égard aux circonstances dont elle était informée; mais la Mère Julie n'ayant pas apprécié son observation, elle n'en fit plus elle-même aucun cas, et envoya la lettre immédiatement.

Le soin du temporel, objet de son emploi de dépositaire, ne pouvait être pour elle, à cause de ses goûts et de son éducation, qu'une source de renoncements. La sollicitude des besoins d'une communauté, l'économat avec ses mille détails, les rapports avec les marchands et les ouvriers, la direction de ceux-ci, etc., tous ces devoirs, disons-nous, joints à ceux qu'impose la direction d'un nombreux noviciat, auraient accablé une religieuse ordinaire, notre vénérée Mère les remplit tous avec une grande fidélité et une admirable perfection. Déjà depuis longtemps la vertu dominait chez elle les penchants naturels, et ses œuvres, comme ses sentiments, étaient celles de la plus humble Carmélite. Dans le détail de ses occupations si multipliées, on la voyait exacte, attentive, assujettie, et cependant toujours douce, gaie, charitable : « Je me réjouis, disait-elle, de n'avoir plus qu'à écrire et compter; ce n'est pas ce que j'aimais autrefois; mais avec les années les goûts changent, et je trouve que l'obéissance adoucit tout. »

Il fallait bien, en effet, que la grâce divine la soutînt d'une manière spéciale, puisque, non-seulement elle s'acquitta de ses devoirs avec une grande édification pour le monastère, mais encore qu'elle exécuta, dans son office du dépôt, un travail toujours désiré par les religieuses qui l'avaient précédée dans cet emploi, et jamais entrepris à cause des difficultés. Il y avait, dans les papiers et dans les archives du couvent, un désordre qui fatiguait et augmentait de beaucoup les occupations des dépositaires. La Mère Térèse de Saint-Augustin, autorisée par ses supérieurs, fit venir de

CHAPITRE XXIII. 137

la Cour un homme fort entendu en ces sortes d'affaires, et lui fit établir une organisation tout à la fois agréable et avantageuse aux officières.

La pratique de la pauvreté, que la dépositaire ne doit jamais perdre de vue, avait pour elle beaucoup d'attrait, et par là même était devenue, dans cet emploi, l'objet spécial de sa sollicitude. Elle craignait toujours de s'échapper à agir en princesse avec les marchands, ou que ceux-ci ne l'envisageassent sous ce point de vue : « Une des raisons qui m'engagent à m'adresser à vous, écrivait-elle à une personne de confiance qui lui rendait des services, c'est que je parais le moins que je puis dans les achats, pour empêcher l'erreur de bien des gens qui, au lieu de voir en moi la sœur Térèse de Saint-Augustin, pourvoyeuse des pauvres Carmélites, voudraient y voir Madame Louise ayant le moyen de payer grassement. » Dans sa correspondance avec les marchands, elle défendait sans cesse les droits de la pauvreté : « Souvenez-vous, je vous prie, dans votre commission, dit-elle à l'un d'eux, que les pauvres filles de sainte Térèse ont besoin qu'on ménage leur bourse. Vous sentez assez que c'est moins le brillant que la solidité que nous recherchons. Ce qui dure le plus longtemps chez nous est toujours le plus beau. » A un autre : « Ce n'est pas de la qualité que nous avons eu à nous plaindre, mais un peu du prix qui nous a paru trop fort pour des Carmélites qui, pour leurs comestibles, comme pour leur vêtement, doivent toujours viser au plus commun. » En tout elle montrait son esprit de pauvreté : « Ces draps de lit qu'on réforme à la Cour ne sont pas du tout à mépriser, dit-elle dans une circonstance, c'est une belle et bonne toile qui peut faire grand usage dans notre sacristie et ailleurs : je compte en écrire à Adélaïde, afin qu'elle prenne là-dessus des renseignements. Il ne s'agira que du prix qui doit être fort bas eu égard à leur valeur... Nous sommes parfaitement d'accord sur le chapitre des provisions, disait-elle à une personne de confiance : rien de trop. Ce n'est pas déjà une si petite affaire que de conserver ce que la bonne Providence nous envoie dans notre jardin. Les grandes provisions entraînent l'embarras de la conservation, et le danger de la prodigalité de la part des sœurs. Et puis, c'est une manière de thésauriser qui contriste l'esprit de pauvreté. Il n'y a vraiment de provisions sages et sûres, pour des chrétiens, que celles qu'ils ont soin de déposer dans les greniers du Père céleste. »

Elle eut bien de la joie un jour qu'une personne étrangère, venant demander part aux prières de la communauté, voulut parler à la pourvoyeuse du couvent pour lui remettre une légère aumône : « Dieu vous le rende, lui dit la Princesse, je vous promets que mes sœurs et moi nous prierons bien pour vous. »

Pour se former à l'exercice de son emploi, elle avait eu soin de consulter l'expérience de celles qui l'avaient précédée; de cette sorte elle s'était mise à même de saisir les plus minutieuses pratiques de la pauvreté, et à l'occasion elle les insinuait aux autres. Ainsi, elle indiquait aux sœurs du voile blanc les moyens d'employer ou de conserver les denrées, d'utiliser tout ce qui pouvait servir, de ne craindre enfin, ni la peine, ni l'assujettissement, afin de ménager ce que nous recevons de la divine Providence pour les besoins de chaque jour.

Elle surveillait attentivement les ouvriers qui travaillaient pour le monastère, de peur qu'ils ne négligeassent ses recommandations touchant la simplicité et l'esprit de pauvreté. Elle leur écrivait ses intentions, afin d'éviter toute méprise. Pour suffire à tout, elle se livrait à un travail incessant qui la privait même des petites licences ou récréations permises par nos saints règlements. Ecrivant à une de nos sœurs de la rue de Grenelle, elle lui dit : « Vous croyez peut-être que je m'en suis bien donné pendant mes licences? Hé bien! vous vous trompez : elles ont été partagées entre mes lettres, mes novices et mes comptes. Mais lorsqu'on fait son devoir, le cœur est toujours content. Je voudrais seulement que les jours eussent plus de vingt-quatre heures, ou que l'on me permît de dormir une heure de moins. »

A ce travail assidu, l'auguste dépositaire en joignit un autre, aussi de son emploi, mais surtout bien cher à sa piété. Depuis longtemps, on projetait de réparer l'église du couvent, Louis XV avait donné son autorisation et s'était chargé des frais ; mais la mort du monarque avait fait ajourner ce pieux dessein. Lorsque notre vénérée Mère fut chargée du temporel du monastère, ceci l'occupa d'abord, et elle proposa à Louis XVI de remplir les intentions du Roi son auguste aïeul. La piété du jeune prince, et sa tendre affection pour sa vertueuse tante, l'inclinèrent à cette œuvre, et il voulut, non une simple réparation, mais la reconstruction entière de l'église. Au comble de la joie, la Mère Térèse de Saint-Augustin s'occupa incessamment d'en venir à l'exécution ; elle fit appeler M. Mique, premier architecte du Roi, et en traita avec lui. Elle insista sur la condition de ne point permettre aux ouvriers le travail des dimanches et fêtes. Ce n'était pas facile à obtenir ; on débattit longtemps cette question, mais le saint empressement qu'elle avait d'élever un temple au divin Maître ne lui fit point sacrifier son zèle pour l'accomplissement de ses saintes lois : « Ce qui m'inquiète, écrivit-elle alors à M. l'abbé Bertin, c'est que, lorsqu'on a bâti l'église du couvent de Versailles [1], ni les religieuses, ni même mes sœurs, n'ont pu obtenir qu'on n'y travaillât pas les dimanches et les fêtes; mais je vous avertis que je n'entends pas cela, et il est temps d'en parler. Il vaut mieux qu'on soit un an de plus à bâtir, et qu'on observe les préceptes de Dieu et de l'Eglise. Oui, j'aimerais mieux mille fois ne voir jamais notre église rebâtie, et courir le risque qu'elle nous écrasât, que de laisser commettre dans notre domicile une profanation comme celle-là! Il n'y a pas à dire ici que ce sont leurs affaires, c'est la nôtre de nous y opposer, de prendre des ouvriers qui suivent les préceptes de l'Eglise, ou de nous en passer. Faites-le promettre à M. Mique pour plus de sûreté. » Un peu plus tard elle écrivait encore : « Travailler à nous bâtir une église est une excellente chose, sans doute; mais vouloir y travailler, sans aucune nécessité, les jours de fêtes, c'est un acte irréligieux et antichrétien auquel, s'il plaît à Dieu, je ne donnerai jamais les mains. J'ai déjà fait dire à plusieurs

---

[1] Le monastère que Marie Lecksinska fit bâtir de ses deniers patrimoniaux pour l'éducation de la jeunesse.

ouvriers que, s'ils s'avisaient de travailler ces jours-là pour nous, ils le feraient pour la gloire de Dieu, et que je saurais si bien tenir les cordons de la bourse, qu'assurément leur profanation ne serait pas payée. Ces pauvres gens n'auraient pas même cette pensée si elle n'était dans la tête des chefs qui les emploient. » Elle tint ferme, la condition fut posée et parfaitement remplie. La construction de l'église, commencée en juin 1780, dura quatre années. Les occupations de notre vénérée Mère furent alors tellement multipliées qu'elle n'avait pas un instant à elle; cependant elle ne perdait pas de vue les intérêts spirituels de la communauté, auxquels elle songeait surtout devant Dieu, n'en étant plus chargée spécialement.

Ayant obtenu du Souverain-Pontife plusieurs indulgences en faveur des religieuses, entre autres l'indulgence plénière à chacune de leurs communions, elle en demanda la confirmation à Rome, pour la vie durant de celles qui lui survivraient. Pie VI, toujours disposé à seconder ses pieuses intentions, lui adressa un bref [1] par lequel il lui accordait plus de faveurs qu'elle n'en avait sollicité.

La visite régulière eut lieu vers cette époque à Saint-Denis, c'est-à-dire en novembre 1781. C'était

---

[1] Pièces justificatives (p).

toujours avec une nouvelle consolation que MM. nos Visiteurs examinaient le bon état du monastère, et les vertus de l'humble Princesse. Cette fois, ils constatèrent dans le procès-verbal qu'ils avaient trouvé la maison bien réparée, le temporel bien administré, et employé en partie au soulagement des maisons pauvres de l'Ordre; que la clôture y était parfaitement régulière, et que l'augmentation des revenus n'avait en rien diminué l'esprit de pauvreté, vrai trésor de ce monastère, et dont la révérende Mère Térèse de Saint-Augustin donnait de grands exemples.

CHAPITRE XXIV.

La révérende Mère Térèse de Saint-Augustin s'emploie à la fondation d'Alençon ; détails sur cet établissement. — Elle réédifie plusieurs oratoires dans le monastère. — Elle reçoit trois corps saints offerts à sa piété. — Mort de Madame Sophie et de la Mère Térèse de l'Enfant-Jésus. — Notre vénérée Mère s'avance dans le détachement parfait. — Visites du Roi et de la Reine.

Tandis que la Mère Térèse de Saint-Augustin voyait avec bonheur s'élever un édifice à la gloire du divin Maître, il lui fut donné de contribuer à la construction d'un autre sanctuaire qui devait enrichir le Carmel. Il y avait plus de vingt ans que la Mère Catherine-Dorothée de la Croix (Dillon), décédée dans la charge de prieure de ce monastère peu d'années avant l'entrée de la pieuse Princesse avait, par inspiration de la grâce, formé le projet d'une fondation de Carmélites à Alençon. Dieu lui donnait alors quelques éléments pour cette œuvre il y avait dans la maison une novice, native de

CHAPITRE XXIV.

cette ville, qui désirait fort cet établissement; la faiblesse de sa santé étant venue s'opposer à sa persévérance, elle retourna dans sa ville natale, et entretint avec la Mère Catherine-Dorothée une correspondance ayant pour objet cette œuvre de zèle. La vertueuse prieure la désirait beaucoup, mue par l'espérance d'établir dans cette fondation le véritable esprit de notre sainte réformatrice, et surtout la parfaite pauvreté, objet spécial de son attrait.

Mlle Courtin (c'est le nom de cette novice) ayant mis en Dieu toute sa confiance pour le succès de cette affaire, s'occupa à chercher une maison convenable. Vingt mille francs avaient été remis à la Mère Dorothée qui obtint l'agrément et la protection de Louis XV, mais la mort, qui procura à cette digne religieuse la récompense prématurée de sa sainte entreprise, en suspendit les effets. Quinze années s'écoulèrent sans qu'on pût y donner suite. Mlle Courtin conservait seule l'espérance d'un succès, lorsqu'en 1775 elle reçut la visite de Mlle Des Chapelles qui, ayant perdu sa mère, venait d'en recueillir la succession. Elle l'entretint dans des vues simplement pieuses du projet de cet établissement, et lui montra les lettres que la Mère Catherine-Dorothée lui avait écrites à ce sujet. Mlle Des Chapelles, touchée du zèle que Dieu avait inspiré pour cette œuvre, et de la circonstance dans laquelle elle en apprenait les détails, crut être l'instrument dont il voulait se servir pour la mettre à exécution. Sans aucun délai elle se rend à Saint-Denis, expose son dessein à l'auguste Carmélite et lui offre 50,000 livres qu'elle venait de placer sur le clergé ; mais il y avait bien d'autres conditions à réaliser.

Notre vénérée Mère, ne connaissant ni cette personne, ni l'état de l'œuvre qu'elle lui proposait, l'adressa à nos respectables visiteurs. Ils n'entrèrent pas d'abord dans les vues de Mlle Des Chapelles ; mais celle-ci revint à la charge, et exposa plus en détail ses désirs et ses ressources. Messieurs nos Visiteurs consentirent enfin, et lui promirent de seconder son zèle. Ce projet, ainsi autorisé, devint l'objet de l'attention de la Mère Térèse de Saint-Augustin. La gloire de Dieu, l'avantage de la religion qu'elle y entrevoyait, excitèrent sa piété, et la déterminèrent à le favoriser de tout son pouvoir. Elle offrit cette œuvre pour le soulagement de son père bien-aimé, parce qu'il avait promis de la protéger, ainsi qu'on a déjà vu.

S'étant chargée des démarches nécessaires, elle engagea *Monsieur*, frère de Louis XVI, à accepter le titre de fondateur. Ce prince accueillit favorablement la proposition de sa vertueuse tante, et, acceptant le titre qu'elle lui offrait, assigna à l'établissement projeté une pension de 3,000 livres et une coupe annuelle de bois de chauffage. Mlle Des Chapelles, outre les 50,000 francs déjà acceptés, offrit encore une maison qu'elle avait acquise au prix de 52,000 francs. Elle était vaste, bien située, avec jardin et dépendances fort avantageuses à une communauté.

Pour donner à l'établissement une existence légale, on songea à se procurer des lettres patentes. Louis XVI les accorda volontiers; il aimait à seconder le zèle de la pieuse Princesse pour les intérêts de la religion. L'enregistrement de ces lettres ne fut pas aussi facile qu'on l'avait d'abord espéré. Le parlement de Rouen ordonna une information, et sur neuf témoins qui furent entendus, deux se déclarèrent contre l'établissement. Les députés de la ville, sans y faire une opposition formelle, paraissaient craindre l'insuffisance des ressources, et alléguèrent l'impossibilité de coopérer à cette œuvre par des secours pécuniaires. On parvint enfin à un accommodement, et les lettres patentes furent enregistrées au mois de novembre 1780.

Heureuse de ce succès, Mlle Des Chapelles partit aussitôt pour St-Denis; elle allait chercher des religieuses pour faire la fondation. Mais cette communauté ne pouvant alors fournir les sujets, on avait obtenu de MM. nos Visiteurs qu'ils fussent pris dans un autre monastère. La Mère prieure de St-Denis accorda seulement une sœur du voile blanc, nommée sœur Bernard de St-Vincent. La communauté de Chartres fut désignée pour donner au Carmel d'Alençon les pierres vivantes de son édifice. La sœur Victoire, dont l'esprit de régularité et les talents distingués étaient bien connus, fut nommée prieure, et il lui fut permis de choisir parmi ses compagnes quatre religieuses pour l'accompagner et seconder son zèle dans cette œuvre difficile. La sœur Bernard se réunit à la petite colonie, et le 20 décembre, fête de saint Thomas Apôtre, les six religieuses sortirent du monastère. Pour se conformer aux intentions de la Mère Térèse de St-Augustin, elles se rendirent à la Cathédrale, dans la chapelle souterraine de la Sainte-Vierge, et consacrèrent à cette divine Mère leurs personnes et leur entreprise tout à sa gloire.

Elles se mirent en route sans délai, et arrivèrent heureusement à Alençon le 23 décembre. M. l'abbé Rigaud, notre visiteur, s'y était rendu avant elles pour préparer leur réception, qui eut lieu dans la maison offerte par Mlle Des Chapelles. Les prières d'usage et une allocution pathétique de notre excellent supérieur, excitèrent encore leur généreux dévouement. Bientôt elles furent comblées de joie en se voyant dans la position de notre sainte Mère Térèse fondant ses monastères, laquelle manquait souvent des choses indispensables, alors même qu'elle paraissait être assistée par les personnes les plus favorisées de la fortune. Cette maison si vaste était complètement vide, et les religieuses passèrent la nuit dans une même chambre, sur des lits de sangles qu'on avait empruntés.

Le lendemain, M. l'abbé Rigaud, autorisé par Mgr d'Argentré, évêque de Rouen, auquel notre vénérée Mère avait recommandé la fondation, célébra solennellement la sainte Messe et posa le très Saint-Sacrement; ce fut une bien douce consolation pour la petite colonie, mais elle ne dura que peu d'instants. Dieu se plaît à marquer ses œuvres par la croix : celle-ci ne devait pas manquer de cette bénédiction. Les religieuses étaient à peine installées dans la maison, que Mlle Des Chapelles exigea des conditions contraires à nos saints règlements. Entre autres, elle voulait avoir, pour elle et ses domestiques, la liberté d'entrer dans le monastère et d'en sortir quand bon lui semblerait. Le juste refus que firent les religieuses de favoriser ses désirs la piqua à tel point, qu'elle voulait les chasser immédiatement, et elles n'obtinrent qu'à peine un délai de quelques jours. La révérende Mère Térèse de St-Augustin, informée de tout ceci, en remercia

Dieu comme d'un succès, et dit alors : « Cette dame voulait la fondation lorsqu'elle y voyait des obstacles insurmontables, et elle cesse de la vouloir au moment où ces obstacles ont disparu. Mais si c'est l'œuvre de Dieu, sa Providence saura bien trouver d'autres moyens de la faire réussir. » Soutenue par sa foi et sa confiance, elle était bien éloignée de l'abattement; son unique peine était de ne pouvoir prendre sur elle tous les embarras et les inquiétudes des religieuses restées à Alençon sans asile et sans aucune ressource. Elle écrivit immédiatement à M. de Brassac, notre visiteur, le conjurant de voler au secours de ces heureuses victimes de leur attachement à nos saintes règles, et de leur chercher un logement dans la ville. Les dames de l'Union-Chrétienne furent ici l'instrument de la Providence, et déployèrent la plus tendre charité envers les Carmélites, en leur offrant un asile dans leur propre maison. Elles leur abandonnèrent tout un corps de logis, où se trouvait une tribune donnant sur leur chapelle. Là nos sœurs pouvaient facilement réciter le saint Office, et vaquer à tous leurs exercices de piété.

Ainsi abandonné de sa fondatrice et sans espérance d'aucune ressource humaine, ce Carmel naissant put se reposer entièrement sur les bras de la Providence divine qui veillait incessamment sur lui. C'était la conviction de la pieuse Princesse, et la petite troupe d'élite qu'elle guidait se montrait heureuse de la partager. Pour entrer dans ses intentions on cherchait à acheter une maison, lorsque les religieuses reçurent la visite de l'intendant d'Alençon. Ce magistrat s'était montré jusque-là fort hostile à l'établissement ; mais ses vues paraissaient alors si différentes, et il témoigna tant de dévouement à cette œuvre, que la Mère prieure alla jusqu'à lui confier les démarches qu'elle faisait en faveur de la fondation. L'intendant approuva ses efforts, et de retour chez lui, il lui écrivit en ces termes : « Je sais bon gré, Madame, à Mgr l'Archevêque de Chartres, de m'avoir inspiré le désir de vous connaître. Dans le court espace de temps qu'il m'a été donné de vous entretenir, j'ai pu me convaincre que Sa Grandeur, qui cependant ne s'était pas étudiée en éloges à votre sujet, ne m'avait rien dit que vous ne méritiez. Aussi vous ai-je quittée avec le plus grand désir de vous rendre service si l'occasion s'en présente. Pour ce qui concerne la maison de M. de Martenay, vous y trouverez tous les avantages qu'il me sera permis de vous procurer. »

A cette marque sensible de la protection divine succéda bientôt une bénédiction plus abondante. M. de Breuil, chevalier de Saint-Louis, vint si à propos au secours des religieuses, qu'elles le comparaient à François de Salcède, dont notre sainte Mère Térèse dit avoir reçu tant d'assistance dans ses fondations. Ce fut lui qui acheta la maison, qui en fit dresser le contrat, et qui se chargea encore des conditions onéreuses, exigées par le vendeur. Il fallait alors d'autres lettres patentes, la révérende Mère Térèse de Saint-Augustin les obtint; mais lorsqu'on voulut les faire enregistrer, il s'éleva un orage menaçant. Ce fut ici surtout que l'on reconnut comme la pieuse Princesse avait été choisie de Dieu pour être le principal instrument d'une œuvre qui lui était chère.

Le parlement de Rouen et celui d'Alençon n'avaient jamais manifesté tant d'oppositions. Mlle Des Chapelles se joignit à eux pour soulever d'étranges difficultés, et tout annonçait la ruine d'un projet pour lequel on avait déjà soutenu tant de luttes et de travail. Les religieuses, sur le point de manquer de courage, furent fortifiées par les conseils et la tendre affection de l'infatigable Princesse. Nous citons l'une de ses lettres à la Mère Victoire : « Vous voilà tout du long sur la croix avec vos filles, ma bien chère Mère, mais ne vous flattez pas d'y être si solitaires que nous n'y soyons avec vous, y compris les abbés de Brassac, Rigaud et Bertin. Le premier a un zèle plein de ressources et de bonté pour le Carmel, surtout pour son *Bethléem* d'Alençon. Je ne puis encore rien vous dire de ce qu'on projette, parce que je n'en sais rien. J'attends ces jours-ci M. l'abbé Rigaud, et peut-être allons-nous savoir quelque chose. Ce que je sais bien, c'est que je serais désolée si je ne savais que, pour vous et pour nous, il y a dans cette affaire une bonne provision de munitions pour notre véritable patrie, c'est-à-dire la Jérusalem céleste, que nous pourrons habiter sans l'enregistrement de lettres patentes. Adieu, ma chère Mère, ne doutez jamais de notre amitié, non plus que de notre bonne volonté. »

Cependant, la ville refusait toujours l'enregistrement des lettres patentes. De son côté, M. de Brassac, persévérant dans les efforts de son zèle, employa un moyen qui fit impression sur les magistrats : il insinua à notre vénérée Mère la nécessité d'engager l'auguste fondateur à faire enregistrer l'acte de donation des trois mille livres de rente, etc. Le Prince accorda tout à sa pieuse tante; et en lui écrivant il l'assura que si quelques démarches de sa part étaient nécessaires à l'établissement, il les ferait avec plaisir. En même temps, il ordonna à son intendant d'informer le maire d'Alençon de sa manière de voir au sujet des Carmélites, et combien il désirait qu'elles fussent aussi tranquilles et heureuses à l'avenir, que jusqu'alors elles avaient été troublées et inquiétées. Les intentions du prince ne furent pas plus tôt connues dans la ville qu'on y vit changer la disposition des esprits, et tout devint favorable à la fondation.

Mlle Des Chapelles ayant retiré aux religieuses tous les dons qu'elle leur avait faits, celles-ci furent réduites à n'avoir que trois mille livres de rente. Ce revenu était de beaucoup insuffisant à l'entretien de la communauté, et, à ces conditions, on ne pouvait obtenir l'enregistrement des lettres patentes. M. de Brassac, pour seconder le zèle de la Mère Térèse de Saint-Augustin, s'adressa à l'un de ses dignes collègues du Chapitre de Chartres, et lui proposa de venir remplacer Mlle Des Chapelles dans le titre de bienfaiteur de l'établissement des Carmélites. M. l'abbé Ferrand accepta avec plaisir la participation à cette bonne œuvre, et la dota d'une somme de cinquante mille francs, se chargeant en outre de satisfaire à d'autres conditions exigées par le parlement. Les lettres patentes furent donc enregistrées le 7 décembre 1780. Les religieuses virent ainsi se terminer la longue série de leurs épreuves, et le Carmel d'Alençon fut établi vingt-cinq années environ après que Dieu en eut inspiré le dessein.

Pour l'édification des lecteurs nous mettrons ici

en entier la réponse que fit l'abbé Ferrand aux témoignages de gratitude que la Mère prieure du nouvel établissement lui avait adressés :

« Béni soit Dieu, ma très chère et révérende Mère ! C'est pour moi un bonheur de contribuer à une œuvre aussi pieuse. Assurément, je ne m'y attendais pas. Au milieu de tous les évènements qui intéressaient le nouveau Carmel, je partageais bien sincèrement, comme vous n'en doutez pas, vos joies et vos peines; mais je ne pensais jamais aller au-delà. C'est ce cher et respectable abbé de Brassac, ou plutôt la divine Providence qui s'est servie de lui pour m'en faire naître l'idée, et j'ai eu le bonheur de la saisir. Je me regarde donc maintenant, ma révérende Mère, comme appartenant au Carmel, et je compte que vous ne me désavouerez pas. Dieu veuille exaucer les ferventes prières de nos chères sœurs; j'y ai une grande confiance. Je les supplie donc instamment de me les continuer, et de m'obtenir, toutes ensemble, l'agilité de l'aigle, non-seulement pour voler au Carmel d'Alençon, mais bien plus haut encore, pour y brûler de l'amour des Séraphins. J'avoue, ma Mère, que je serai ainsi payé avec usure. J'espère, par votre moyen et le secours de nos sœurs, faire cette belle fortune que Dieu me fait la grâce d'estimer plus que toute autre chose. »

Peu de jours après, les religieuses se rendirent dans leur maison, où elles furent établies avec les cérémonies ordinaires. Bientôt elles reçurent un grand nombre de sujets distingués, et la ferveur, la régularité de cette maison, en donnant de justes sujets de joie à nos respectables supérieurs, leur offrirent un complet dédommagement de leurs travaux. La ville se félicitait de posséder le Carmel, qui devint une source de grâces pour ses habitants.

La révérende Mère Térèse de Saint-Augustin fut pénétrée de reconnaissance envers Dieu pour l'accomplissement d'une œuvre si longtemps combattue et alors si florissante. Elle en prit occasion d'estimer davantage les voies rigoureuses par lesquelles il se plaît à conduire les ames au but auquel il les appelle. Ce sentier, où l'épouse fidèle s'avance toujours dans l'union divine, était le seul où elle souhaitât de marcher. La vie cachée était de plus en plus l'objet de ses désirs, et, dans ce sentiment, elle portait une sainte envie aux serviteurs de Dieu qui, par choix, avaient embrassé la sainte folie de l'humiliation et de la souffrance. C'est ainsi qu'elle honorait d'un culte spécial le grand saint Alexis, et qu'elle voulut rétablir l'oratoire qui lui était autrefois dédié dans le monastère. Ce dessein fut heureusement exécuté, et elle eut une grande joie d'avoir redonné, en quelque sorte, à ses filles ce

CHAPITRE XXIV. 157

patron et ce modèle de l'abnégation évangélique. Peu après elle érigea un autre oratoire en l'honneur de saint Jean Népomucène; voici quelle en fut l'occasion :

Toujours sensible aux intérêts de la France, elle gémissait secrètement devant Dieu de voir le trône privé d'un héritier en ligne directe. Un jour, elle fut inspirée de recourir à saint Jean Népomucène, que la pieuse Marie Lecksinska avait donné pour protecteur à la famille royale, et de promettre, par vœu, l'érection d'un autel dans le monastère à la gloire de ce saint [1], si elle obtenait l'effet de sa demande. Dieu se plut à l'exaucer [2]. Ce fut donc après la naissance du Dauphin qu'elle fit construire ce nouvel ermitage. Plusieurs autres furent également élevés ou réparés par ses soins. Parmi ces derniers, elle plaça en première ligne celui du Cœur Immaculé de Marie, mémorial précieux de

---

[1] Elle obtint, pour nos maisons de France, la permission de faire l'Office de ce saint sous le rite double-majeur.

[2] L'auguste famille était si persuadée qu'elle devait ce bienfait aux prières de la vénérée Carmélite, que Louis XVI étant allé la visiter, après la naissance du Dauphin, lui dit : « Ma tante, je viens vous faire hommage d'un évènement qui fait aujourd'hui la joie de mon peuple et la mienne, car je l'attribue à vos prières. »

son appel dans cette sainte retraite [1]. Elle l'enrichit de divers objets de piété, notamment elle y fit placer les saintes reliques qu'elle reçut alors de l'abbé de Saint-Sulpice qui revenait de Rome; c'était un fragment considérable de la chair de notre sainte Mère Térèse, et une partie du corps de saint Vincent, martyr.

Sa tendre dévotion aux précieux restes des saints lui attirait souvent de ces dons qui la comblaient de joie. M. de Breteuil, ambassadeur de Malte à la Cour de Rome, ayant obtenu du Saint-Père le corps de saint Martial, martyr, voulut, à la prière de sa mère, en faire présent à l'auguste Carmélite, et vint lui-même le lui offrir. Peu après, M. de Mac-Mahon, parent de la révérende Mère Julie de Jésus, alors prieure, ayant fait un voyage à Rome, fut chargé par la princesse de Salm, épouse du prince Edouard, fils de Jacques III, roi d'Angleterre, d'of-

---

[1] Non contente de faire honorer ce Cœur Immaculé dans l'intérieur du monastère, elle s'efforça de répandre cette sainte dévotion dans toutes nos maisons de France. Elle obtint du Souverain-Pontife Pie VI la permission d'en faire célébrer la fête fixée au 8 février, et dont l'Office est sous le rite double de seconde classe. Elle encouragea Mgr l'Evêque de Glandèves dans son désir de propager cette dévotion parmi les fidèles, et le félicita du mandement qu'il avait adressé dans ce but à ses diocésains.

frir à notre vénérée Mère le corps de saint Innocent, martyr, pour être placé dans sa nouvelle église. M. de Mac-Mahon, ayant promis lui-même à la pieuse Mère Térèse de Saint-Augustin de lui apporter de Rome une relique insigne, obtint le corps de sainte Justine, martyre, qui fut exposé à la vénération des fidèles dans trois différentes églises de la ville sainte. Ce dévoué serviteur du Roi, et son frère qui l'accompagnait, firent placer dans une châsse, magnifiquement ornée, le saint corps qui arriva ainsi à Saint-Denis. On le reçut avec une touchante dévotion, et avec toutes les cérémonies convenables en pareil cas.

Ces douces jouissances, ménagées à sa solide piété, venaient par intervalle lui faire reprendre haleine dans sa vie de travail et de sacrifice. Lorsqu'elle se vit en possession d'un si grand nombre d'ossements de saints martyrs, elle se sentit plus forte pour les imiter. Tel était surtout le moyen par lequel elle s'efforçait d'honorer les saints, et le fruit qu'elle recueillait de cette dévotion. Elle n'était pas du nombre de ceux que la célébrité des miracles attire au culte des amis de Dieu : leur vraie vertu lui donnait une vive foi dans leur puissance. C'est ainsi qu'on la vit pénétrée de vénération pour le Serviteur de Dieu Benoît-Joseph Labre. Sa vie lui paraissait digne de louanges, parce qu'il avait suivi fidèlement le sentier de l'humilité et de l'abnégation évangélique. La connaissance de ces sentiments de notre vénérée Mère nous a été transmise par ses heureuses compagnes, et nous les trouvons reproduits dans une lettre qu'elle écrivit à ce sujet [1] : « Je vous remercie, mon Père, de la copie de la lettre que vous nous avez envoyée des miracles de Labre. Notre Mère vient de la lire tout-à-l'heure à la communauté : tout le monde en a été enchanté et édifié. On y a beaucoup de dévotion ici. Pour moi, ce qui m'enchante, c'est son humilité et son amour pour la pauvreté, car, enfin, il n'était pas né pour demander son pain. Nous venons de lire un abrégé de sa vie : ah! qu'il a dû avoir de durs moments à passer! et sans la moindre plainte. Il paraît même, malgré tous les efforts qu'il a faits pour se cacher, qu'il avait beaucoup d'esprit. C'est en avoir un bien grand que de trouver le moyen de se sanctifier. Heureux qui l'imitera dans sa sainteté, car, enfin, il est sûr que, chacun dans notre état, nous avons les moyens d'être aussi saints que lui sans aller à Rome. Il n'y a qu'à faire ce que nous faisons, uniquement pour Dieu. C'est une vérité bien consolante et en même temps bien triste,

[1] Lettre à Mgr Hachette, évêque de Glandèves, 14 février 1784.

surtout pour moi qui ai paru vouloir prendre la vie plus parfaite, si j'allais me perdre après cela! Priez Dieu, Monsieur, afin que ce malheur ne m'arrive pas. Vous y êtes plus intéressé qu'un autre, puisque vous m'avez reçue dans l'Ordre, et, comme votre ancienne brebis, j'ai plus de droit à vos prières que tout autre. »

Elle n'attendait pas longtemps les occasions d'imiter les saints dans les plus solides vertus, et Dieu en suscita bientôt qui montrèrent plus évidemment encore la force de son amour pour lui, et son attachement à la sainte vocation à laquelle il l'avait appelée.

Vers la fin de l'année 1781, une lettre des Carmélites de Prague vint lui apprendre les ordres donnés par Joseph II, touchant la suppression d'un grand nombre de communautés de filles dans ses Etats. Cette nouvelle, si alarmante pour tous les gens de bien, perça douloureusement le cœur de l'héroïne de la religion ; ses compagnes partagèrent ses angoisses, et de cette communauté montèrent vers le ciel d'humbles prières, des vœux ardents, des actes expiatoires pour apaiser la colère divine, et arrêter la main qui déchirait le sein de l'Eglise de Dieu.

Ces vœux ne furent pas sans effet : ils ne détournèrent pas le coup que le Seigneur voulait frapper pour réveiller un bon nombre d'ames religieuses plongées dans le sommeil de la tiédeur ou de l'imperfection ; mais ils attirèrent des grâces puissantes qui animèrent de grands courages, qui suscitèrent une nombreuse phalange de ces vierges admirables, non moins généreuses que celles qui, dans les premiers siècles chrétiens, confessèrent le Seigneur Jésus devant les tyrans, et moururent pour son amour dans les fers et sur les bûchers. Entrevoyant de loin cette gloire qui pourrait revenir au divin Maître dans une épreuve si rigoureuse, notre vénérée Mère se consola dans sa douleur, et projeta de n'épargner aucun effort pour parvenir à cet heureux résultat.

Déjà elle voyait les Carmélites de Prague implorer sa protection pour obtenir les moyens de persévérer dans leur saint état, ce qu'elles demandaient également pour les monastères de Vienne, Gratz, St-Hippolyte, Neustad, Lintz et Léopold qui étaient sous la domination de l'empereur, en Bohême, ou dans la Pologne autrichienne.

L'estime profonde, l'amour sincère de l'auguste Carmélite pour la vie religieuse, lui inspiraient une tendre compassion pour cette foule d'ames menacées de se voir enlevées à ce bonheur ; mais que pouvait-elle pour changer les desseins de Joseph II? Elle se vit donc privée de secourir nos sœurs de

Bohême. Bientôt celles des Pays-Bas vinrent aussi lui confier leurs angoisses. La Mère prieure de Bruxelles lui écrivit d'abord, et trouva dans cette ame, si brûlante de la charité divine, un écho à sa douleur, un encouragement à sa vertu, et par là même une consolation : « Notre attachement à notre saint Ordre, lui répondit notre vénérée Mère, et pour vous en particulier, nous fait partager bien sensiblement vos croix. Dieu veuille vous accorder les grâces dont vous avez besoin en pareilles tribulations. Notre peine est de ne pouvoir vous être utile en rien que par nos prières. »

Cependant, sa charité ne put rester inactive, et elle pria la reine de Sardaigne, Clotilde de France, de recommander les Carmélites de Flandre à l'archiduchesse Christine, qui lui fit donner une réponse bienveillante.

Elle était ainsi occupée lorsque d'autres épreuves vinrent l'assaillir. Et d'abord Madame Sophie fut atteinte d'une maladie grave dont sa pieuse sœur prévit aussitôt les conséquences. D'autres liens que ceux de la nature unissaient les quatre princesses, et cette union en Dieu, par la conformité des vertus, était bien plus étroite en même temps qu'elle était plus pure. Notre vénérée Mère sentait déjà vivement le coup qui allait la frapper ; mais, plus forte et plus généreuse à mesure qu'elle s'avançait dans la vie parfaite, elle ne laissa paraître, dans cette douloureuse circonstance, qu'une entière résignation à la volonté divine : « J'avoue, dit-elle alors à une personne de confiance, que l'état de Sophie m'a un peu troublée, mais sans ébranler cependant la ferme résolution où je suis intérieurement d'acquiescer toujours à la volonté de Dieu... Je suis bien éloignée d'espérer pour Sophie, écrivait-elle encore. C'est un état pour moi difficile à soutenir ; mais puisque Dieu le veut, il faut bien le vouloir. Mes sœurs sont auprès d'elle comme des héroïnes ; c'est Adélaïde qui lui a tout dit, et qui la maintient dans la soumission à la volonté de Dieu, et dans la confiance en notre divine Mère. Cela sera bien méritoire pour elle. »

Les prières et les vœux offerts au Seigneur par toute la France, et spécialement dans le monastère de Saint-Denis, ne purent retenir sur la terre celle que Dieu voulait couronner dans le ciel. Cette princesse, dont la vie à la Cour avait été celle d'une héroïne chrétienne, et dont la piété avait attiré tant de bénédictions célestes sur le royaume, s'élança vers la patrie avec les mérites des saints. C'est comme telle qu'elle fut pleurée de tous les gens de bien ; mais sa perte fut surtout douloureuse aux cœurs qui, par l'intimité, avaient mieux appris à la connaître. Notre vénérée Mère résume son éloge en quelques mots : « La mort de Sophie, en me perçant le cœur, me remplit de consolation par la manière dont elle a fait le sacrifice de sa vie. On a bien raison de dire : *telle vie, telle mort*[1] *!* Il m'eût été difficile de vous donner des détails sur sa vie, sa grande vertu ayant été la simplicité, et sa principale étude de cacher ce qu'elle valait. Tout ce que je puis vous dire, c'est que je voudrais bien n'avoir pas plus de reproches qu'elle à me faire. Je n'ai jamais vu d'ame plus pure. »

Cette perte douloureuse fut suivie d'une autre que la pieuse Princesse ressentit aussi vivement : sa maîtresse des novices, la vénérée Mère Térèse de l'Enfant-Jésus, fut enlevée à l'affection de la communauté, qui aimait à lui marquer sa reconnaissance en l'entourant des soins les plus assidus. Elle avait soixante-douze ans et accumulait ses mérites par les pratiques d'une parfaite résignation parmi ses nombreuses infirmités, lorsqu'une hydropisie de poitrine vint y mettre un terme. Elle s'endormit dans le baiser du Seigneur au commencement de l'année 1782, laissant à cette communauté un souvenir impérissable de ses vertus.

A mesure que le divin Maître multipliait pour

---

[1] Lettre à Mgr Hachette, évêque de Glandèves, 31 mars 1782.

sa fidèle servante les occasions de s'immoler à lui plus complètement, on la voyait correspondre à ses desseins rigoureux, en s'imposant elle-même plus de renoncement et d'abnégation : elle voulut se priver de voir aussi fréquemment les personnes de la famille royale pour lesquelles elle conserva toujours la plus tendre affection ; la seule crainte de les affliger la porta à conserver quelques-unes de ces relations. Souvent elle priait ses augustes parents de se rendre au parloir pour éviter les entrées dans le cloître, qui de jour en jour devenaient plus rares. Elles avaient lieu d'ailleurs d'une manière si simple, d'après les désirs du Roi et de la Reine, que, lorsque Leurs Majestés étaient dans le monastère, souvent la communauté l'ignorait jusqu'au moment des vêpres. Alors Louis XVI et Marie-Antoinette paraissaient au chœur, et se plaçaient dans les stalles des religieuses, au bout des rangs, et le monarque, dont la voix ne reproduisait que des sons discordants, chantait avec elles. Un jour, en sortant de cet exercice, la Reine, comme pour essayer d'embarrasser une fois la Mère Eléonore, remarquable par une grande présence d'esprit, lui dit : « N'est-ce pas que le Roi chante bien? — Madame, lui répondit-elle, Sa Majesté chante avec beaucoup de ferveur. »

La pieuse Reine amena au monastère la princesse sa fille, âgée de quatre ans. Elle était à la veille d'être inoculée et on lui faisait garder une diète assez sévère. Cependant, Sa Majesté consentit à lui laisser servir une légère collation. L'appétit de la jeune princesse n'étant pas satisfait, elle se contenta de recueillir en silence jusqu'à la moindre miette de pain. L'une des religieuses dit alors que Madame, par cet acte de pauvreté en usage au Carmel, annonçait quelques dispositions à ce genre de vie, et demanda à la Reine si elle en aurait du déplaisir : « Loin de là, répondit-elle, j'en serais au contraire très flattée. » Marie-Antoinette ayant désiré que toutes les religieuses vissent sa fille, demanda à celle-ci, lorsqu'elles furent assemblées, si elle n'avait rien à leur dire : « Mesdames, dit alors l'auguste enfant, priez pour moi à la messe. »

Notre vénérée Mère, si zélée pour la glorification des saints, et les intérêts de notre saint Ordre, désirait vivement la béatification de la bienheureuse Marie de l'Incarnation, notre fondatrice en France. En 1782, Louis XVI, à sa sollicitation, en écrivit au Souverain-Pontife. Nos respectables visiteurs, au nom du Carmel français, joignirent leur supplique à celle que Son Eminence le cardinal de La Rochefoucault, président de l'assemblée des évêques à Paris, fit déposer aux pieds de Sa Sainteté. L'auguste Carmélite vint à son tour lui exprimer ses vœux avec tout l'abandon de la confiance filiale. Pie VI accueillit favorablement cette demande, et, par ses brefs, ranima l'espérance du succès d'une si sainte œuvre. Celui qu'il adressa à notre pieuse Mère est si rempli de marques d'estime pour sa vertu, et d'ailleurs il est si propre à encourager nos désirs de la glorification de cette illustre Princesse, que nous le reproduisons ici en entier :

A notre très chère fille en Jésus-Christ, Louise-Marie, Dame de France.

« L'affliction où, dans les circonstances présentes, Nous vous voyons plongées[1], vous et les religieuses vos sœurs, Nous est presque aussi propre qu'à vous-mêmes, et Notre cœur paternel en est pénétré. Que pourrions-Nous donc désirer plus vivement que de trouver une grande consolation qui Nous serait commune? Telle serait certainement, N. T. C. F. en Jésus-Christ, celle que votre admirable piété vous a suggéré de Nous proposer comme l'objet de vos vœux et de ceux de vos sœurs. C'est que la vénérable Servante de Dieu, Marie de l'Incarnation, fondatrice des Carmélites déchaussées de France, et qu'à ce titre vous appelez votre première Mère après sainte Térèse, soit mise par le Saint-Siége

[1] La suppression des monastères dans la Belgique.

CHAPITRE XXIV.

au nombre des bienheureux, et proposée au culte public des fidèles. Vous le demandez avec instance, persuadée que l'honneur qui en résulterait pour le Carmel le dédommagerait des pertes qu'il souffre et que nous déplorons, et que ce serait un sujet de joie pour tous ceux qui aiment la religion, de voir cette sainte montagne illuminée d'un nouveau rayon de la gloire des Saints. Rien de plus efficace que de pareilles prières de votre part, rien qui puisse Nous engager plus fortement à désirer l'accomplissement de vos vœux. Nous voyons de plus en plus combien vous êtes affectée des intérêts de la religion, combien vos désirs sont conformes à votre vocation, et que vous ne respirez que la gloire de Dieu. Notre inclination Nous porte à réveiller l'émulation de la piété dans le cœur de tous les fidèles, en leur offrant de nouveaux exemples de vertus, et à procurer en même temps à l'Eglise, à Nous-même et à tout votre Ordre, un surcroît de protection auprès de Dieu. Mais vos instances qui, à tant de titres, Nous paraissent mériter de Notre part la plus grande considération, augmentent de beaucoup Notre propre penchant. Soyez donc bien assurée que lorsque la cause que vous recommandez Nous sera référée, Nous y apporterons toute la diligence, tout le soin et tout le travail possibles, et que Nous prierons Dieu de tout Notre cœur, de

Nous conduire lui-même, par son Esprit de sagesse et de conseil, à ce qu'il veut que Nous fassions pour sa gloire. Car, vous le savez très bien, l'évènement d'une affaire de si grande conséquence pour l'Eglise n'est dans la libre disposition d'aucune volonté humaine, c'est de la grâce divine qu'il faut l'attendre; et, à Notre tour, Nous vous demandons vos prières les plus assidues, et celles de vos sœurs, pour Nous obtenir de Dieu le secours dont Nous avons plus besoin que jamais, dans une affaire si importante. De Notre côté, Nous supplions l'Auteur de tout bien de vous combler de ses célestes consolations. Que Notre bénédiction apostolique vous en soit le gage. Elle le sera aussi des sentiments paternels les plus tendres dont Nous sommes pénétré pour vous. Et c'est véritablement de tout Notre cœur, très chère fille en Jésus-Christ, que Nous vous la donnons.

» Donné à Rome, etc., le 25 décembre 1782, le huitième de notre pontificat. »

Dès-lors les démarches se poursuivirent à Rome avec activité. De nouveaux miracles, dus à l'intercession de notre bienheureuse sœur, manifestèrent plus sensiblement encore la volonté divine. A la sollicitation de M. l'abbé de Bourbon, Son Eminence le Cardinal d'York ordonna au promoteur de la foi de suspendre les autres causes pour ter-

CHAPITRE XXIV.

miner les affaires de celle-ci. Mais la Mère Térèse de Saint-Augustin n'eut pas la consolation de voir sur la terre la gloire de celle dont elle aimait à se dire la fille, Dieu voulut plutôt lui faire partager ses joies dans la patrie, et nous donner l'espérance, en nous laissant l'exemple de ses admirables vertus, de voir un jour la Térèse de la France, et la bienheureuse sœur Marie de l'Incarnation, notre Mère et notre Fondatrice, honorées ici-bas d'un même culte, et nous protégeant du haut du ciel avec une égale puissance.

Au mois de novembre de cette année 1782 expirait le premier triennat de la Mère Julie. La communauté projetait en secret de se remettre sous la conduite de celle qu'elle savait si digne et si capable de la gouverner. Mais l'humilité de la Mère Térèse de Saint-Augustin triompha des plus véhéments désirs des religieuses. Elle sut se prévaloir des heureux résultats de l'administration de la Mère Julie, et aux divers motifs qu'elle présenta à ses supérieurs, elle joignit aussi la faiblesse de sa santé pour porter un si lourd fardeau : « Je vous avoue, écrivit-elle à M. l'abbé Bertin, je vous avoue, comme à mon supérieur à qui je dois toute la vérité, que j'ai besoin pour ma santé de n'être pas replacée à la tête de la maison. Il n'y a qu'un an environ que je commence à me remettre des fatigues que j'ai eues pendant mes six années, qui ont été pour moi un temps de travail forcé... Je regarde comme un miracle de la Providence que j'aie pu le soutenir; mais ce miracle ne subsisterait pas toujours apparemment, si dans une élection il pouvait entrer des vues humaines. Pour moi, je suis très en repos de conscience en vous priant de recommander à nos capitulantes de ne me point élire, parce que ma santé a notablement besoin d'un repos d'esprit qu'il ne serait pas en moi de prendre étant prieure, et que mon intérieur en a besoin aussi pour acquérir les vertus qui me manquent. Le travail que j'ai n'est pas au-dessus de mes forces. Le dépôt ne me fatigue pas parce qu'il ne m'en coûte pas d'écrire et que je suis faite actuellement aux comptes. L'autre emploi (de maîtresse des novices) que j'ai et que, vraisemblablement on me laissera, n'est pas de moindre importance, et le travail n'en est pas petit, mais il n'approche pas de celui de la prieure.

» Ce n'est, je pense, ni fausse humilité, ni paresse qui me fait parler. Je sais que je suis sous l'obéissance d'une façon ou de l'autre, et si j'insiste sur la continuation du priorat entre les mains de notre Mère, c'est que cela serait sûrement ainsi, sans qu'on pût penser autrement, si jadis je n'avais pas été *Madame Louise*. C'est parce que la communauté est dans d'excellentes mains, et qu'elle le sent bien... Je suis dans la résolution, mon Père, de devenir bonne religieuse ; secondez la grâce de Dieu en me procurant de vivre encore ces trois ans sous l'obéissance : vous ferez mon bonheur en cette vie et vous l'assurerez pour l'autre; car, je suis bien résolue, surtout depuis deux mois, de profiter des grâces que Dieu me fait, et je crois pouvoir vous assurer que, depuis ce temps, je commence à devenir Carmélite.... Tels sont, mon Père, mes vrais sentiments, mes besoins spirituels et temporels. Au nom de Dieu, soutenez ma faiblesse et la bonne volonté que j'ai de faire ce que je pourrai. »

Les religieuses, n'attribuant qu'à son humilité ses efforts pour se soustraire à leurs désirs, insistèrent auprès du supérieur, et lui dirent que cette élection serait agréable au Roi et aux Dames de France. M. l'abbé Bertin informa notre vénérée Mère qu'il se proposait d'accorder cette satisfaction à la famille royale. L'apparence d'une vue humaine dans une affaire de cette nature, alarma cette ame si droite. Elle écrivit sur-le-champ à Louis XVI qui, édifié du penchant de sa vertueuse tante pour la vie cachée, lui fit une réponse conforme à ses désirs, ajoutant que son supérieur et elle étant du même avis, cela devait suffire pour obliger les religieuses à sacrifier le leur. La pieuse

Princesse s'empressa de communiquer cette lettre à M. l'abbé Bertin : « Vous pourrez la lire aux capitulantes, lui dit-elle, mes sœurs pensent de même aussi, et trouvent fort étrange qu'il y ait de nos religieuses qui s'imaginent qu'elles seraient bien aises de me voir prieure. »

M. l'abbé Bertin favorisa alors les désirs de l'humble Carmélite, afin de ménager à ses filles les plus mémorables exemples d'humilité, de dépendance et d'abnégation qui remplissaient la vie de l'héroïque Princesse, dans sa position d'inférieure. Les élections eurent lieu immédiatement, et laissèrent la Mère Julie dans sa charge; la Mère Térèse de Saint-Augustin fut aussi confirmée dans celle de dépositaire. Elle en eut une joie comparable à celle d'une personne échappée à de grands périls : « Faites-moi votre compliment, écrivit-elle à la sœur Térèse de Jésus, Carmélite d'Alost; nos élections sont faites, et nous sommes toutes continuées, au grand chagrin de notre Mère; mais c'est dans cette occasion, uniquement, que je puis dire que mes prières ont été plus efficaces que les siennes... »

CHAPITRE XXV.

La suppression des Ordres religieux dans les Pays-Bas ayant été décrétée, notre vénérée Mère projette de faire venir en France toutes les religieuses obligées de quitter leurs monastères. — Elle obtient à cet effet l'autorisation de Louis XVI, et la permission de nos Pères visiteurs pour ce qui concerne notre Ordre. — Elle déploie le zèle le plus ardent et la charité la plus tendre pour déterminer les religieuses bannies à accepter ses offres généreuses. — Elle aplanit toutes leurs difficultés, éclaire leur conscience en leur communiquant les décisions des docteurs et du Souverain-Pontife qu'elle avait consultés. — Elle s'adresse au très révérend Père Général qui seconde son zèle en l'admirant. — Pie VI la loue hautement et témoigne sa satisfaction de la demande qu'elle avait faite pour recevoir à Saint-Denis les corps de nos vénérables Mères Anne de Jésus et Anne de Saint-Barthélemy.

La révérende Mère Térèse de Saint-Augustin ne perdait pas de vue les évènements des Pays-Bas; ils étaient toujours fort affligeants, et le sort des communautés devenait de plus en plus déplorable. Insensiblement l'incertitude se changeait en conviction sur les malheurs étrangement redoutés d'un prochain avenir. Le Souverain-Pontife Pie VI, prévoyant le coup fatal qui menaçait l'état religieux, se rendit à Vienne. Cette démarche réveilla l'espérance dans les cœurs affligés. Néanmoins, on vit bientôt qu'elle serait sans succès, le Seigneur ayant résolu, toujours dans ses vues infiniment miséricordieuses, de purifier les siens par cette nouvelle épreuve. Ainsi, les habitants des cloîtres, un instant consolés par l'intervention du chef de l'Eglise dans cette importante affaire, furent de nouveau plongés dans une angoisse profonde.

Ce fut alors que la pieuse Princesse conçut le grand projet d'attirer en France toutes les religieuses dont les monastères allaient être supprimés dans les Pays-Bas. Appréciant au plus haut point la grâce de la vocation qu'elle avait reçue du ciel, elle se persuada qu'il leur suffirait de connaître ses intentions pour y correspondre. La première qui lui adressa sa demande fut une jeune Carmélite d'Alost, la baronne de Méer, nommée en religion sœur Térèse de Jésus, laquelle sollicitait la dernière place du monastère de Saint-Denis, dans le cas où elle se verrait forcée de quitter le sien. Pour être renseignée sur la conduite de cette religieuse, la Mère Térèse de Saint-Augustin engagea sa prieure à écrire à celle d'Alost. La réponse ayant été satisfaisante, elle eut hâte de faire connaître à la sœur Térèse de Jésus le plaisir que lui avait causé sa demande, et avec quel dévouement les supérieurs l'avaient accueillie : « Ah! ma très honorée sœur, ajoute-t-elle, que nous vous plaignons et que nous avons d'empressement à faire passer quelque consolation dans votre ame, si nous en sommes capable! Nous ne cessons de faire des vœux pour toutes nos sœurs d'Allemagne et de Flandre. »

Quelques jours après elle lui annonçait combien grande avait été la joie de la communauté de Saint-Denis, en apprenant qu'elle pouvait espérer de lui ouvrir un jour ses rangs et son cœur. Elle l'assurait que si elle n'a pas sa pension elle n'en sera pas moins reçue avec la plus tendre charité, et la priait d'offrir ses sentiments à la Mère prieure.

Cette prieure d'Alost ne paraissait pas fort empressée de venir en France, et notre vénérée Mère était remplie de sollicitudes à son sujet. Elle disait à la sœur Térèse de Jésus, dans une autre lettre : « Ce qui m'intéresse bien, ma chère sœur, c'est votre révérende Mère. Quel âge a-t-elle? Comment s'appelle-t-elle de son nom de famille? Que va-t-elle devenir? Elle a l'air si occupée de ses filles qu'elle s'abandonne elle-même. Mandez-moi tout cela, je vous prie. »

La sœur Térèse de Jésus lui écrivit enfin que sa prieure projetait de se retirer avec son frère, ce qui attrista fort la pieuse Princesse en réalisant ses craintes : « Ce n'était pas sans dessein, dit-elle dans sa réponse, que je vous avais demandé tous ces détails sur votre révérende Mère, nous voulions savoir quel parti elle prenait, pour l'engager à vous accompagner, si elle ne trouvait mieux. » Elle lui fit offrir, de la part du supérieur et de la prieure de Saint-Denis, la première place, et lui fit dire que déjà, parmi les religieuses, il y avait des contestations de charité, chacune désirant être choisie pour lui prodiguer ses soins; que sous tous les rapports elle serait mieux dans une maison de son Ordre, et enfin qu'elle ne devait point s'occuper de sa pension : « Quelque attachement qu'elle puisse avoir pour M. son frère, ajoute notre vénérée Mère, c'est le pis-aller pour une religieuse, et surtout pour une Carmélite, d'être hors du cloître. »

La Mère prieure d'Alost ne pouvant résister à des offres si généreuses, accepta la place qu'on lui offrait; la pieuse Princesse, comme si on lui eût rendu un service de la plus haute importance, l'en remercia avec effusion de cœur. Ses expressions ne marquent que faiblement le bonheur qu'elle éprouve en procurant à une ame le moyen d'être fidèle à son Dieu. Elle va au-devant de tout ce qui aurait pu la retenir : « Nous vous prions, ma révérende Mère, lui dit-elle, de ne penser ni à votre âge, ni aux infirmités que peuvent vous procurer vos peines et vos chagrins. Cet état d'incertitude où vous êtes ne fait qu'augmenter et allonger votre martyre. Mais, en ces inquiétudes et agitations, je crois que vos oraisons sont bien agréables au Seigneur..... Je vous prie de nous mander tous les évènements qui pourront vous arriver, car je ne saurais vous dire à quel point notre Mère et moi sommes affectées de votre situation... » Elle lui offre des places pour toutes celles de ses filles qui voudront venir en France, et lui laisse voir que plus le nombre en sera grand, mieux elle sera satisfaite.

On n'imaginerait pas jusqu'où cette ame, digne émule de notre sainte Mère, portait le zèle de la gloire du divin Maître et du salut du prochain. Un mot d'une lettre de la sœur Térèse de Jésus lui ayant fait comprendre que cette prieure, envers laquelle elle déployait une si tendre charité, hésitait à y répondre, en tergiversant avec son devoir, elle fit de nouveaux efforts, exposa encore toutes les concessions qu'elle pouvait faire, toutes les peines qu'elle voulait se donner : « Il ne faut pas que son âge l'arrête, dit-elle entre autres choses à la même sœur, nous savons bien que toutes ne peuvent pas être jeunes. Eh bien ! nous aurons soin des vieilles, la charité embrasse tout. »

La sœur Térèse de Jésus la consola dans cette peine par ses sentiments généreux. Elle continua à demander comme une faveur insigne la place qu'on lui avait promise à Saint-Denis, et, aux observations qui lui furent faites, dans son monastère, sur une démarche qui paraissait prématurée, elle répondit qu'elle ne pouvait s'assurer trop tôt du bonheur de pratiquer jusqu'à la mort la sainte Règle qu'elle avait embrassée. Cette disposition excita encore les sympathies de notre vénérée Mère pour la généreuse Carmélite, ce qu'on peut remarquer dans les lettres qu'elle lui adressait.

Souvent elle lui exprimait ses regrets de ne pas trouver dans toutes les religieuses persécutées les mêmes sentiments : « Hier, lui écrivait-elle le 22 novembre, hier, en renouvelant mes vœux, je pensais à ce que perdent celles qui comptent rentrer dans le monde ; car, enfin, je vois bien qu'elles espèrent garder leurs trois vœux ; mais de les garder dans toute leur étendue, comme nous les avons faits, *selon la Règle primitive qui est sans mitigation, et ce jusqu'à la mort*, elles ne peuvent s'en flatter ! A qui obéiront-elles ? Que de soins et de soucis pour leur nourriture et leur vêtement ! que de propriétés ! que d'attaches de cœur qui étaient légitimes avant leur engagement ne vont-elles pas reprendre ! Cela m'a occupée si fort, qu'après avoir prié de toute mon âme et de toutes mes forces, j'ai été obligée d'en détourner mon esprit parce que cela m'affectait trop. »

Le gouvernement s'occupait en Flandre du mode à adopter pour supprimer les monastères. L'empereur avait consulté les autorités de Bruxelles, dont les opinions étaient partagées ; le conseil privé, suivant l'avis de son président, opinait pour une extinction successive, en laissant mourir les religieuses dans leurs cloîtres, ou les réunissant en congrégations. Cette incertitude n'ayant pour objet que les moyens à prendre, puisque la destruction était décrétée, on se mit à faire l'inventaire des communautés. Les Carmélites furent inscrites à la tête d'une liste dressée dans ce but ; leurs seize maisons de la Flandre et du Brabant y étaient désignées, ainsi que celles de Crémone, de Mantoue et de Milan en Italie.

Cette nouvelle, apportée en France, affligea profondément notre vénérée Mère. Elle ne pouvait un instant perdre de vue les souffrances de tant de sœurs bien-aimées ; et le zèle du salut, de la perfection de leurs ames, la tenait dans de cruelles angoisses sur leur avenir. Elle était dans les mêmes sentiments que ce grand homme suscité de Dieu pour conduire son peuple, et aurait voulu faire entendre à toutes les religieuses persécutées ces mêmes paroles de Mathathias : *Que celui qui a le zèle de la loi me suive*. Imitant ainsi notre sainte Mère Térèse qui, touchée des outrages que faisaient les hérétiques à la gloire et aux intérêts divins, voulut former une sainte phalange d'ames uniquement occupées à procurer cette gloire du Seigneur, en remportant une entière victoire sur le monde et sur elles-mêmes. La Térèse de la France, ne pouvant se faire entendre de toutes les religieuses des Pays-Bas, voulut, dans sa correspondance privée, s'expliquer au moins avec quelques-unes : « A titre de française, écrivait-elle à la Mère prieure de Bruxelles, vous devriez bien demander à venir en France ; je suis très sûre que MM. nos Visiteurs vous recevraient avec grand plaisir, quand même vous ne seriez pas française..... Ne craignez pas, ma révérende Mère : quoique nous ne soyons pas sous le gouvernement des religieux, c'est toujours le même esprit. »

Voulant s'assurer des sentiments de MM. nos Visiteurs touchant cette œuvre de zèle qu'elle avait tant à cœur, elle leur en écrivit, et ayant reçu une réponse conforme à ses vues, elle s'empressa d'en informer la prieure de Bruxelles, en lui exprimant le plaisir qu'elle goûtait, voyant ses supérieurs partager ses désirs de les recevoir toutes en France. Elle lui désigne ensuite les diverses communautés qui sont ouvertes aux sœurs flamandes [1], ajoutant que son bonheur eût été complet si elle eût pu recevoir à Saint-Denis toutes celles de Bruxelles : « Mais, quand vous viendrez, lui dit-elle, vous verrez que nos cellules sont plus que remplies; toutefois, dussions-nous ne pas nous coucher, vous aurez des lits (à votre passage), et nous serons fort em-

---

[1] MM. nos Supérieurs écrivirent eux-mêmes à diverses communautés des Pays-Bas pour leur témoigner la satisfaction qu'ils auraient de les recevoir en France. Nous insérons ici deux lettres de M. l'abbé Rigaud, dont l'une est adressée à la Mère prieure de Termonde : « J'ai appris, ma révérende Mère, avec une douleur bien sensible, le projet de destruction de vos maisons de Flandre. Si l'on en vient aux effets, et qu'on vous oblige à quitter vos chères solitudes, vous les retrouverez en France, où les portes du Carmel vous seront ouvertes, ainsi que les cœurs des saintes religieuses qui l'habitent. Je suis assuré que je n'aurai pas de peine à vous y trouver une place, ainsi qu'à vos chères compagnes. Je connais la régularité, la ferveur, l'union des Carmélites de Termonde; je ferai de mon mieux pour qu'elles soient placées à Paris ou aux environs, pour être à portée de les voir quelquefois; si cependant, ma Mère, vous en avez quelques-unes d'une santé trop faible pour soutenir les fatigues du voyage ou une pratique exacte de vos saintes observances, je pense que vous ferez bien de conseiller à ces infirmes de se retirer ensemble dans une communauté non supprimée, où elles puissent vivre en Carmélites, et en remplir les observances autant que leur santé le permettra.
» Dès ce moment, je compte sur le secours de vos prières et celles de votre sainte communauté. Je vous souhaite à

pressées d'en garder notre part. La cloche (de matines) sonne, ce qui fait que je n'ai pas la satisfaction de vous dire toute la part que nous prenons aux divers sentiments qui partagent vos cœurs en cette triste circonstance; mais je vais tout conter au bon Dieu pendant que je réciterai l'Office; ce n'est point là une distraction, autrement je pour-

toutes abondance de grâces et de bénédictions, et vous suis à toutes, ma très chère Mère, bien affectionné en Notre-Seigneur. »   L'abbé Rigaud.

La seconde lettre est datée de Paris, 15 janvier 1783.

« Madame Louise m'a fait part, ma révérende Mère, du désir que vous avez de vous retirer au couvent de nos Carmélites de Pontoise, avec deux de vos religieuses et une novice, en cas de suppression de votre communauté. Si ce malheur vous arrive, ce qui n'est que trop vraisemblable, vous trouverez cette respectable communauté toute prête à vous donner asile, et moi à y consentir et à vous procurer toutes les consolations qui seront en mon pouvoir. Vous ferez cependant bien de ne quitter votre maison que quand on vous mettra dans l'impossibilité d'y tenir plus longtemps. Il est douloureux de voir détruire des établissements si utiles à la religion par la prière et les bons exemples!

» Nous avons eu depuis peu la consolation de voir fonder une nouvelle maison de votre Ordre à Alençon, et Monsieur, frère du Roi, s'en est déclaré le fondateur et le protecteur. Que ne pouvons-nous transporter vos maisons dans plusieurs de nos villes de France où il n'y a pas de Carmélites, ce serait une bénédiction pour ce royaume! Je vous en souhaite de bien abondantes, et suis avec vénération, etc., etc. »

rais en marquer dans mon examen autant que je fais de prières. »

Elle voulut aussi avoir l'autorisation du Roi, et profita de la première visite qu'il fit à Saint-Denis pour l'entretenir de cette affaire. Louis XVI lui ayant tout accordé, elle s'en fit un nouveau motif pour promettre aux religieuses flamandes, non-seulement un asile dans les monastères de France, mais encore les ressources nécessaires à leur subsistance.

Ayant su que toutes les Carmélites de Bruxelles étaient résolues de suivre leur prieure, la pieuse Princesse fut vivement touchée du détachement et de la générosité de ces dignes vierges du Carmel, et désirant ne pas séparer une communauté si unie dans sa fidélité au bon Maître, elle songeait souvent aux moyens de l'admettre tout entière à Saint-Denis. Elle n'y voyait plus qu'un obstacle : l'impossibilité de la loger. Sa charité, comme à l'ordinaire, la rendit industrieuse, et un jour, se trouvant dans un vaste grenier au-dessus du chœur, il lui vint à la pensée, en le considérant attentivement, qu'on pourrait bâtir là au moins douze cellules. Le Roi étant venu la voir, elle le pria d'examiner son plan ; Louis XVI en fut charmé, l'autorisa et se chargea des frais de construction.

Ce n'était là que le prélude du dévouement et

de la tendre affection que notre vénérée Mère déploya envers nos sœurs persécutées. Celles de Bruxelles en furent souvent attendries, et leur admiration pour ses vertus croissait à mesure qu'elles étaient plus à même de la connaître. Elles la virent solliciter avec une tendre piété le bonheur de posséder, dans le monastère de Saint-Denis, leur trésor le plus précieux, c'est-à-dire les corps des vénérables Mères Anne de Jésus et Anne de Saint-Barthélemy, compagnes de notre sainte Mère Térèse et fondatrices du Carmel de France comme de celui de Flandre. C'était, ainsi que le leur écrivit plusieurs fois la pieuse Princesse, tout ce qu'elle souhaitait en récompense de son dévouement. Nos Mères le lui accordèrent d'autant plus volontiers, qu'aux premiers indices de la persécution elles avaient projeté de lui confier ce dépôt, le croyant d'une part plus en sûreté entre ses mains, et se persuadant d'ailleurs que, par son crédit, elle hâterait la béatification tant désirée de ces vénérées Mères.

Cependant, nos sœurs de Bruxelles nourrissaient l'espérance de voir leur communauté à l'abri du décret général. Ce monastère devait sa fondation à l'archiduchesse Isabelle-Claire-Eugénie, et dans l'acte que cette princesse en avait fait dresser, elle n'avait omis aucune précaution pour assurer son existence à l'avenir. Le prince Albert, son époux, avait sanctionné son œuvre, et le détail des dispositions insérées dans l'acte avait été approuvé par le Souverain-Pontife Paul V. Toutefois, ce couvent, que l'on croyait affermi sur des bases si solides, touchait à sa destruction, et, le premier, il reçut la visite des commissaires ayant l'ordre d'inventorier tous les effets. Cette scène déchirante eut lieu le 29 avril 1782. Les religieuses virent saisir tous les objets de leur sacristie, leurs papiers, leurs biens, et tous les pauvres meubles du couvent. On leur demanda jusqu'à leur vaisselle de table et leur batterie de cuisine : elles apportèrent leurs cuillères de bois et leurs plats de terre, leurs chaudrons et leurs casserolles. Les commissaires, étrangement surpris de cette extrême pauvreté, trouvaient que la plupart des objets présentés à l'inventaire ne valaient ni le temps, ni la peine employés à cette opération.

Lorsqu'elle fut terminée, le procureur-général annonça pour le lendemain l'examen des fonds et revenus de la communauté; mais la prieure refusa de lui ouvrir les portes du cloître, alléguant que ces opérations pouvaient se faire au parloir, et fit passer immédiatement tous les papiers et registres nécessaires à ce travail qui dura neuf jours.

Les angoisses des religieuses durant cet intervalle ne pourraient se dépeindre; l'une d'entre elles en mourut de douleur, les autres trouvèrent leur consolation dans la généreuse résolution qu'elles avaient formée de s'en aller jusqu'au bout du monde, s'il le fallait, pour retrouver la vie du Carmel. Comptant sur la bonté de notre vénérée Mère, elles sollicitèrent définitivement leur admission dans nos couvents, auprès de MM. nos Visiteurs, et reçurent de l'abbé Rigaud l'assurance que, non-seulement les Carmélites de France leur ouvriraient leurs monastères et leurs cœurs, mais que les supérieurs du Carmel français avaient déjà pour elles tous les sentiments paternels de ceux qui les avaient gouvernées jusqu'alors. Pour comble de consolation, elles apprirent que leur auguste protectrice venait de faire construire des cellules pour elles à Saint-Denis, et qu'elles n'avaient plus à craindre la dispersion de leur communauté.

La divine Providence ménagea encore à nos sœurs affligées d'autres dédommagements; elle leur avait destiné un ange consolateur qui se mit dès-lors en fonction auprès d'elles. C'était M. de Villegas d'Esteimbourg, membre du conseil supérieur de Bruxelles. Doué de toutes les qualités désirables dans un magistrat, inaccessible au respect humain et professant une haute piété, M. de Villegas se déclara le protecteur des religieuses des

CHAPITRE XXV.

Pays-Bas aux jours de leurs épreuves ; il rendit aux Carmélites, particulièrement à celles de Bruxelles, les services les plus importants ; il fut pour elles un vrai père et l'ami le plus dévoué. En un mot, M. de Villegas n'était connu en Flandre, en France et même à Rome, que sous le titre d'apôtre des religieuses persécutées.

La Mère prieure des Carmélites de Bruxelles confia à cet insigne bienfaiteur une caisse renfermant des reliques très précieuses, et qui avait échappé à l'attention du procureur dans l'inventaire général. Elle contenait un fragment de la colonne à laquelle Notre-Seigneur a été lié, avec une large épine de sa couronne, le doigt de notre sainte Mère, dont l'infante Eugénie avait enrichi ce monastère, une relique de sainte Anne, et une partie d'un os du cou de sainte Elisabeth de Turinge.

M. de Villegas se fit le dépositaire de ce trésor jusqu'à ce qu'il trouvât l'occasion de l'envoyer à notre vénérée Mère ; la Providence la lui ménagea bientôt dans une personne de qualité qui partait pour Paris. Le pieux magistrat la chargea de remettre la boîte à Mme de Flavigny, supérieure des religieuses de Fontevrault, qui professait un grand dévouement pour notre saint Ordre, et avait une singulière dévotion à notre sainte Réformatrice. En possession de l'un de ses doigts, précisément au 15 octobre, jour de sa fête, elle le fit exposer dans l'église de l'abbaye avec des honneurs tout particuliers, et la solennité du jour fut célébrée avec une pompe extraordinaire. L'abbesse chargea sa nièce, chanoinesse d'Epinal, de porter ces précieux objets à Saint-Denis. La joie de notre vénérée Mère fut au comble en les recevant, elle laissa éclater sa dévotion et sa tendresse filiale envers celle qui était en même temps sa Mère et le modèle qu'elle s'efforçait constamment d'imiter. La communauté, alors réunie en récréation, fut délicieusement surprise en voyant entrer la pieuse Princesse portant la relique de notre sainte Mère. Plusieurs religieuses, revêtues comme elle de leurs manteaux et ayant en main des cierges allumés, l'accompagnaient. Après avoir vénéré le saint doigt on l'examina, et on le vit dans sa forme naturelle recouvert encore de sa peau. Des larmes de dévotion coulèrent de tous les yeux, et nos Mères se crurent déjà plus que récompensées de la charité qu'elles exerçaient envers la communauté de Bruxelles.

En adressant le témoignage de sa gratitude à M. de Villegas, la Mère Térèse de Saint-Augustin lui fit connaître combien elle était sensible au dévouement qu'il témoignait aux Carmélites, et l'assura que c'était l'obliger elle-même. Elle écrivit à la prieure de Bruxelles : « Nous avons reçu, avec une grande joie et dévotion, ce que M. de Villegas nous a envoyé, non sans pleurer sur vous; mais nous ne le recevons qu'en dépôt, car, qui sait si Dieu ne se laissera pas toucher? J'ai bien envie que la chose se décide, votre situation étant trop pénible. Mandez-moi si vous espérez que vos affaires finissent bientôt. »

Nous nous étendons sur les épreuves des Carmélites de Bruxelles, et nous aurons à raconter en détail l'histoire de leur translation, puisque notre vénérée Mère y a eu une si grande part, et que ces sœurs bien-aimées devinrent ses filles à Saint-Denis; mais son zèle et sa charité ne furent pas moins ardents pour attirer en France les autres religieuses des Pays-Bas chassées de leurs monastères. Profondément affligée d'en voir un si grand nombre peu sensibles à ses invitations, à ses instances et à ses prières, elle écrivit au très révérend Père général des Carmes pour l'informer de ses intentions en faveur des Carmélites persécutées, et pour savoir quelques détails sur leur position. Elle apprit de lui que les six monastères d'Allemagne : Vienne, Prague, Gratz, Saint-Hippolyte, Lintz et celui de Léopold dans la Pologne autrichienne, avaient été les premiers supprimés. Que les religieuses de ce dernier, à l'exception d'une seule, étaient entrées dans les autres couvents des Carmélites de Pologne; que les communautés de Vienne, de Lintz et de Saint-Hippolyte étaient dispersées dans des couvents de divers Ordres, et que celles de Prague et de Gratz s'étaient réunies dans une même maison pour y continuer de remplir ensemble, autant que possible, leurs saints engagements.

Le très révérend Père général lui expose ensuite sa peine d'en avoir vu plusieurs des monastères d'Italie se séculariser, entraînées par les conseils et les instances de leurs parents; il lui dit combien il a été touché d'apprendre qu'elle veut recevoir ces religieuses en France, et la prie d'étendre sa protection sur le plus grand nombre possible, afin que ses filles demeurent au moins ses sœurs en notre sainte Mère.

Le zèle du très révérend Père général ne pouvait trouver ailleurs plus d'écho que dans le cœur de la pieuse Princesse; elle s'autorisa de cette lettre pour engager nos sœurs flamandes à répondre à ses invitations. Plusieurs copies en furent distribuées dans les divers monastères des Pays-Bas.

Tous nos couvents de France s'empressèrent de s'associer à la tendre sollicitude de notre vénérée Mère pour nos sœurs affligées, et lui offrirent les places dont elles pouvaient disposer. Rien n'était plus touchant que de voir un même sentiment animer tous les membres de cette grande famille dans un acte aussi généreux; car Joseph II n'accordait aucune pension aux religieuses qui quittaient leur patrie : « Nous le savons, écrivait la Princesse aux Carmélites de Flandre, l'empereur ne donne point de pension, et nos autres maisons de France qui s'offrent à vous recevoir le savent aussi; mais c'est un bonheur de plus de recevoir nos sœurs proscrites pour le pur amour de Dieu. »

A Saint-Denis, où se trouvait le foyer d'une charité si pure, les religieuses étaient transportées de joie dans l'espérance d'accueillir parmi elles toute une communauté affligée; chacune allait offrir à la Mère prieure et sa cellule, et ses petits meubles, et ses services pour une sœur flamande, la conjurant, à genoux, de les accepter : Dieu nous a donné du bien pour le leur partager, lui disaient toutes les sœurs à la fois. C'était combler les vœux de la Mère Julie qui partageait tous les sentiments de notre vénérée Mère; aussi pressait-elle de son côté les Carmélites de Bruxelles à se rendre aux invitations de la pieuse Princesse : « Venez, leur disait-elle, nous mêlerons nos larmes aux vôtres : larmes de douleur sur vos sacrifices, larmes de joie sur le bonheur de vous posséder. » Les sentiments de la Mère Térèse de St-Augustin surpassaient tous les autres en affectueuse tendresse : « O ma Mère, écrivait-elle à la même religieuse, que je suis occupée de vous! Dans quel état sont vos cœurs! combien nous avons de plaisir de vous préparer ici quelque consolation; car, en quittant la Flandre, vous quittez tout : patrie, couvent, parents, amis, directeurs, enfin tout! J'espère que le spirituel ici vous consolera. La maison est fervente, fort unie, un peu stricte pour la dureté de la vie; mais il y a une charité inexprimable pour les malades; j'aime à croire que vous serez bien dans cet asile, et déjà vous êtes toutes dans nos cœurs. »

Elle ne leur laissait rien ignorer de ce qui pouvait contribuer à leur consolation; dans ce but elle leur envoya une lettre du supérieur qui lui exprimait son empressement à recevoir les Carmélites de Flandre : « Ce n'est pas d'aujourd'hui, dit-elle à la Mère prieure, que M. l'abbé Bertin nous a témoigné toute sa bonté paternelle pour vous; il nous a souvent dit qu'assurément il fallait recevoir ces pauvres sœurs, dussions-nous ne manger que du pain et ne boire que de l'eau, en les partageant avec elles. »

Elle leur apprit aussi que les deux ecclésiastiques attachés au service de la communauté, en qualité de confesseur et de chapelain, étaient des jésuites recommandables, qui exerçaient ainsi le

CHAPITRE XXV.

saint ministère depuis l'extinction de leur Société, et ce fut un grand sujet de consolation à nos sœurs de Bruxelles, qui avaient conservé pour ces saints religieux l'estime et la vénération qu'elles tenaient de notre sainte Mère Térèse par ses illustres compagnes, les Mères Anne de Jésus et Anne de saint Barthélemy.

Les instances des parents, comme on l'a déjà vu, l'âge, la santé, les conseils peu éclairés des personnes qui méritaient d'ailleurs leur confiance, tout concourait à persuader à nos sœurs des Pays-Bas qu'elles pouvaient en conscience demeurer dans leur patrie, hors de leurs monastères.[1]

Affligée de voir les exhortations du très révérend Père général aussi peu efficaces que les siennes pour les convaincre, elle lui témoigna sa peine, en

---

[1] La Sacrée Pénitencerie, consultée à cette époque au sujet d'une religieuse qui se trouvait dans le cas susdit, fit, par ordre exprès de notre Saint-Père le pape Pie VI, la réponse suivante : « Cette religieuse doit, autant qu'elle pourra, persévérer dans sa vocation, et pour cela se retirer dans un monastère de son propre Ordre, ou de quelque autre institut, où elle gardera les vœux solennels par lesquels elle s'est consacrée à Dieu. Que si, par hasard, elle ne trouvait aucune maison qui la voulût recevoir, dans un tel malheur seulement elle pourrait demeurer dans le siècle ; mais autant précisément que la nécessité l'oblige, elle s'y comportera comme se souvenant de sa vocation, et sera constante dans la pratique de la vie régulière à laquelle

lui faisant connaître les bonnes dispositions du Roi et des supérieurs pour les recevoir en France, et la joie que causerait leur arrivée à tous nos monastères. Vivement touché de son zèle, le très révérend Père général lui répondit en ces termes : « Je ne saurais, Madame, vous exprimer la consolation que j'ai ressentie en recevant la lettre que vous m'avez fait l'honneur de m'écrire. J'y ai vu que notre sainte Mère vous a communiqué son double esprit de zèle et de charité pour être, dans les circonstances critiques où nous nous trouvons, le refuge et l'asile de ces pauvres filles persécutées. Je me suis empressé de leur en faire sentir les avantages, et de leur prouver avec quel zèle elles doivent correspondre à une grâce aussi signalée. J'ai réfuté leurs objections, aplani leurs difficultés;

elle est engagée, gardant exactement les vœux solennels qui doivent persévérer et demeurer toujours fermes; sachant que ce serait un sacrilège si elle commettait quelque chose contraire au vœu de chasteté, devant être observatrice de celui de pauvreté, en se conservant exempte du désir des biens terrestres, obéissante à l'évêque du diocèse dans lequel elle demeure ; portant sur ses habits quelques marques de sa profession religieuse, afin qu'on sache qu'elle n'y a pas renoncé.

                    Ceci seulement pour le for intérieur.
  Donné à Rome, à la Sacrée Pénitencerie, le 2 décembre 1784.
      L. C. Cardinal BOSCHI, grand Pénitencier.

j'ai tâché de leur persuader que toutes celles à qui l'âge et la santé le permettent, sont obligées de suivre cette voie que le ciel leur offre pour persévérer dans leur sainte vocation. J'espère que mes lettres auront tout l'effet que j'en désire pour le salut et la tranquillité de ces chères filles et pour la mienne... » Il l'informe en même temps qu'il a fait, auprès du révérend Père provincial et de la Mère prieure d'Anvers, les démarches nécessaires pour la mettre en possession du corps de la vénérable Mère Anne de St-Barthélemy : « Dans les secousses malheureuses que j'essuie dans mon généralat, ajoute-t-il, ce sera pour moi une grande consolation si je puis réussir dans le double objet de mettre en sûreté un dépôt qui nous est cher, et de sauver du naufrage de pauvres filles confiées à mes soins : ce sera à vous, Madame, que j'aurai cette double obligation. »

Peu après, le même Père, ayant eu une audience du Pape, l'informa du pieux dévouement de la révérende Mère Térèse de St-Augustin envers les religieuses persécutées dans les Etats de Joseph II, et du désir qu'elle avait manifesté d'avoir les corps de nos vénérables fondatrices. Sa Sainteté témoigna qu'Elle aurait pour agréable la translation de ces précieux dépôts à Saint-Denis, et loua le zèle de l'auguste Carmélite, disant qu'elle donnait autant de consolation et d'édification à l'Ordre, qu'elle lui procurait de gloire.

Infatigable dans la poursuite de ces vierges, qu'elle voulait voir fidèles au divin Epoux, notre vénérée Mère fit encore circuler parmi elles les lettres qu'elle avait reçues du très révérend Père général. Elle accompagnait ces moyens extérieurs des supplications les plus pressantes auprès de Celui qui, seul, peut incliner les cœurs à l'accomplissement de ses saintes volontés. Elle réclamait souvent les prières de ses compagnes, et celles-ci se faisaient un devoir de l'imiter encore dans les œuvres de pénitence qu'elle dirigeait à la même fin. Moins elle avait de succès, plus sa charité devenait ardente, heureuse en attendant d'en répandre les effets sur celles qui voulaient les recevoir. Par une correspondance active, elle essayait de les consoler, de les encourager en leur montrant la récompense attachée à leur fidélité : « J'ai appris, écrivait-elle à la Mère prieure de Bruxelles, que vous avez perdu M. votre frère, et j'en suis bien touchée. Assurément Dieu vous met sur la croix de toute façon ! Ah ! ma Mère, que votre couronne sera belle ! je mets votre état au-dessus des martyrs; car c'en est un qui dure comme celui de saint Vincent ! Ménagez bien votre santé, afin d'être en état de partir quand il faudra; mais, à moins que vous ne soyez alitée, venez, nous aurons bien soin de vous. Ne craignez pas que vos infirmités puissent nous être à charge. Nous avons reçu vos paquets..... Mon Dieu, ma Mère, que tous ces paquets m'arrachent l'ame : dans quel état sont vos cœurs en les faisant? Ne doutez pas de toute la tendresse des nôtres pour vous. Faites-nous donner de vos nouvelles par quelqu'une de vos filles, mais n'écrivez pas vous-même, cela vous fatiguerait. Bon soir, ma Mère, je vous quitte pour aller achever mon grand silence au chœur avant matines, et prier notre divin Epoux de vous donner autant de consolations qu'il vous envoie de croix. »

Après lui avoir parlé de la réception de plusieurs sujets à Saint-Denis, elle ajoute : « Nous avons pourtant encore place pour vous loger toutes, dussé-je vous prendre dans notre cellule... Hélas! ma chère sœur, écrivait-elle à la sœur Térèse de Jésus, d'Alost, quelle semaine sainte vous avez passée! Vous voilà bien devenue semblable à votre Epoux! votre croix est bien pesante, et votre couronne bien pleine d'épines; mais que celle-ci sera belle un jour! »

Elle essayait aussi de les égayer pour leur faire oublier un instant leurs cruelles angoisses : « Je ne sais, écrivait-elle toujours à la prieure de Bruxelles, je ne sais si on vous a fait le portrait de notre Mère? mais pendant (que j'entendais) ma troisième messe, le bon Jésus m'a dit de vous le faire. Est-ce distraction ou inspiration? je vous laisse à en juger : Notre Mère est au-dessus de la moyenne taille, a le visage ovale, les yeux bleu-blond, le nez fort spirituel, encore de jolies dents. Elle a l'air tout ensemble irlandais et flamand. Elle paraît froide, mais prend le cœur aussitôt qu'elle vous parle, par un air franc, simple, spirituel. Votre servante est fort petite, grosse tête, grand front, sourcils noirs, yeux bleu-gris-brun, nez long et crochu, menton fourchu, grosse comme une boule et bossue. On dit cependant que depuis qu'elle est revêtue de l'élégant habit du Carmel, sa bosse ne paraît que peu. Elle s'en moque, cela ne lui a jamais rien fait depuis qu'elle a l'âge de raison. Au reste (je serai contente) pourvu que sa figure ne vous répugne pas, et que vous ne voyiez en elle que son cœur qui vous est tout dévoué.»

Mais son zèle si suave et si tendre dans l'épanchement de l'amitié pour ses sœurs, s'enflammait en présence d'un écueil pour leur fidélité : « Est-il vrai, écrivait-elle à la même, que l'empereur, que le ciel a fait naître pour éprouver votre vertu, en vous faisant passer par le creuset de la tribulation, que l'empereur dis-je, a établi un bureau (composé) de magistrats et de deux évêques, pour régler ce qu'on fera à l'égard des communautés religieuses de Flandre, et qu'on va vous changer tous vos usages?... Au nom de Dieu, ma révérende Mère, ne le souffrez pas : tant que vous n'y consentirez pas on ne peut vous y forcer. Venez plutôt en France pratiquer ce que vous avez voué, et ne craignez pas les menaces. Quelles violences peut-on vous faire? Nous sommes toutes en prières pour vous, comme les fidèles de la primitive Eglise dans le temps des persécutions. Ecrivez-nous, je vous le demande en grâce, ce qui se passe et ce qu'on vous fera; nous prenons un vif intérêt à ce qui vous regarde. Vous n'avez qu'à dire : Je ne consens pas aux changements qu'on veut faire, et je me retire en France où l'on nous promet un asile dans l'Ordre, parce que je veux vivre et mourir Carmélite comme je l'ai promis à Dieu par vœu. Et, à tout ce qu'on vous proposera, (répondez :) je ne puis, je ne demande rien à l'empereur, je m'en vais. Et donnez bien du courage aux autres communautés. Enfin, ma révérende Mère, ne vous découragez pas. Si j'osais vous prêcher, je vous dirais de penser au courage qu'a eu notre sainte Mère à établir sa réforme, et à tout ce qu'elle a subi, presque la prison, et cela sous un roi bien pieux. C'est un bel exemple à suivre. Si mon cher neveu impérial me lisait, il aurait peut-être envie de me tordre le cou ; mais mon neveu de France me défendrait, puisqu'il veut bien vous ouvrir un asile dans son royaume. De vos nouvelles, ma révérende Mère, je vous prie, et ne vous scandalisez pas de mon zèle amer. »

Elle n'inspirait aux autres que ses propres dispositions sur la fidélité au divin Maître : « Qu'elles sont heureuses, disait-elle, en parlant de nos sœurs des Pays-Bas ! Nous n'avons pu nous consacrer à Notre-Seigneur qu'une fois, et elles deux ! et cette seconde consécration est pour elles bien plus méritoire que la première ! Aussi doubles couronnes les attendent dans le ciel ! »

Elle s'appliquait avec toute l'ardeur de sa charité à dissiper les illusions de celles qui alléguaient mille prétextes pour demeurer dans leur patrie. Quant aux difficultés matérielles, elle les faisait bientôt disparaître : si on lui objectait l'âge, les infirmités : « Nous soignerons les vieilles, disait-elle, les infirmités ne nous font pas peur : on a ici une très grande charité pour les malades, selon l'esprit de notre sainte Mère…. Nous ne demandons pas de pension, ni de trousseau à celles qui n'en ont point, écrivait-elle à d'autres. » Si on paraissait craindre les incommodités du voyage, elle indiquait les précautions à prendre pour les prévenir ou y remédier, et lorsqu'elle prévoyait que leur itinéraire leur permettrait de s'arrêter à Saint-Denis, elle leur promettait les soins les plus tendres pour les dédommager de leurs fatigues.

Souvent elle exaltait leur bonheur de pouvoir, dans des circonstances si fâcheuses, donner au divin Epoux des marques de leur amour; mais d'ailleurs, elle leur faisait envisager cette fidélité comme un devoir essentiel, dont l'omission compromettrait leur salut. A cet égard, elle leur transmettait les décisions des docteurs, celles même du Souverain-Pontife, qu'elle avait consultés.

Son zèle n'étant point encore satisfait, elle voulut envoyer en Flandre l'abbé Consolin qui, par sa vertu, sa science et son dévouement à cette œuvre, était à même d'éclairer et d'encourager tant d'ames livrées aux agitations d'une position critique. Cet ecclésiastique, ancien confesseur de la communauté, avait toute la confiance de notre vénérée Mère, et ses occupations lui permettant alors de répondre à ses vues, il partit immédiatement pour la Flandre, malgré le froid rigoureux de la saison.

La pieuse Princesse l'adressa d'abord à nos sœurs de Bruxelles : « C'est M. l'abbé Consolin qui vous remettra cette lettre, leur écrivit-elle : il a été pendant plusieurs années confesseur de la communauté, et il est fort ami de la maison. Il fait le voyage exprès pour nous faire plaisir; c'est le meilleur homme du monde, il est fort discret. Il pourra vous être utile pour les envois. Notre Mère et moi lui avons donné carte blanche pour vous dire tout ce qu'il sait de nous, bien ou mal. »

Cette délicate attention de leur auguste bienfaitrice fut appréciée de nos sœurs, et elles en usèrent largement : chaque religieuse eut la permission de parler en particulier à M. l'abbé Consolin, et de l'interroger sur le personnel de St-Denis. Ainsi les perplexités qui fatiguaient quelques-unes d'entre elles sur leur avenir furent pour toujours dissipées, et la pensée d'aller habiter ce monastère fut dès-lors pour toutes une immense consolation.

L'abbé Consolin exerça un dévouement spécial envers la communauté de Bruxelles; mais il ne laissa pas, entrant dans les intentions de la Princesse, de parcourir la Belgique pour y remplir sa mission. Il s'arrêta quelques temps à Alost pour y voir la Mère prieure et la sœur Térèse de Jésus, auxquelles on avait promis des places à St-Denis. Les autres religieuses de ce monastère se montrèrent peu disposées à passer en France, et il n'était pas facile de les faire changer de sentiment.

A son retour à Saint-Denis, le pieux ecclésiastique fut interrogé par notre vénérée Mère, dans les plus munitieux détails, sur l'état des Carmélites des Pays-Bas. Il lui apprit, ce que M. de Villegas lui annonça aussi, que seulement deux de nos communautés, celles de Bruxelles et de Termonde, répondaient à son appel; que quelques autres de nos sœurs, appartenant à divers monastères, mais en petit nombre, témoignaient le désir de venir en France. Ces nouvelles l'affligèrent vivement; mais ce qu'on lui dit du courage de celles qui se disposaient à quitter leur patrie adoucit sa douleur. Elle savait que la fidélité du juste est bien puissante pour désarmer le Seigneur, et que, souvent, il ne demande qu'un petit nombre de ceux-ci pour faire miséricorde à tout un peuple. Elle vit mieux encore combien les prétextes qui retenaient la plupart des religieuses en Flandre étaient spécieux, lorsqu'elle sut de l'abbé Consolin qu'on avait fait circuler parmi elles le bruit étrange que Louis XV avait donné le titre de *marquise* à chacune des religieuses de Saint-Denis, et qu'ainsi elles se persuadaient que l'humilité même devait leur inspirer l'éloignement de ce monastère.

Plus tard, on lui écrivit encore qu'on disait en Flandre qu'elle avait amené son cuisinier au Carmel. Ceci lui servit pour égayer la communauté en récréation; elle en écrivit un mot sur le même ton à M. de Villegas : « On a donc ajouté à mon titre de *marquise*, lui dit-elle, que j'avais un cuisinier? Vraiment, ce n'était pas la peine pour accommoder des pois et des carottes! » En voyant tant de pièges tendus à la fidélité des épouses du Seigneur, elle sentait son zèle s'enflammer pour les y soustraire : « Venez donc bien vite, écrivait-elle à la sœur Térèse de Jésus, d'Alost, d'abord que tout sera déclaré. J'ai craint que le voyage de votre révérende Mère à Gand, qui l'éloigne encore de quelques lieues, ne la fatigue et ne la dégoûte d'en faire un plus long. Nous allons bien prier pour elle. Qu'elle ne s'effraie pas de son âge; elle se porte à merveille, à ce que m'a dit M. l'abbé; et puis, nous aurons bien soin d'elle. Si je n'étais dépositaire et maîtresse des novices, je demanderais d'en prendre soin moi-même; ce serait ma dévotion, car je vous regarde comme des martyres, et assurément votre martyre est bien long! »

CHAPITRE XXVI.

A l'occasion des évènements de la Flandre, notre vénérée Mère manifeste des sentiments admirables sur son attachement à sa sainte vocation. — Son zèle s'active encore lorsque le moment est venu pour les religieuses d'abandonner leurs monastères. — Elle accueille, à leur passage à Saint-Denis, toutes celles qui s'y rendent en arrivant en France. — Détails sur la réception des Carmélites de Termonde et des Clarisses de Gand. — Pie VI lui adresse un bref de félicitation.

L'édit, qui devait mettre le comble aux angoisses des religieuses dans les Pays-Bas, en abolissant tous leurs monastères, fut enfin promulgué. Il parut à Bruxelles avant même d'avoir été revisé au conseil. Notre vénérée Mère l'envisagea comme un châtiment de Dieu, qui interceptait ainsi le canal par lequel il répand ses meilleures bénédictions sur la terre. Elle savait ce qu'obtient la prière, et ce que peuvent, auprès du Seigneur, les ames qui, ayant quitté le monde et sacrifié leurs affections les plus légitimes, se sont dévouées à l'accomplissement de ses volontés saintes dans une vie d'abnégation, de renoncement et de sacrifice : « Je ne cesse de prier, écrivait-elle à M. de Villegas, pour celui dont Dieu se sert pour nous châtier, afin qu'il lui pardonne un jour. J'espère qu'alors il verra que nous autres *contemplatives* ne sommes pas si inutiles qu'on a voulu le lui persuader; je fais souvent pour lui et tous ceux qui l'entourent la prière de saint Etienne : *Mon Dieu, pardonnez-leur, ils ne savent ce qu'ils font !* »

Compatissant aux souffrances de toutes ces vierges persécutées, elle ressentait des angoisses profondes à la pensée que plusieurs manqueraient de courage. Combien elle eût été heureuse de pouvoir elle-même, dans une épreuve semblable, donner des marques éclatantes de son attachement à ses engagements sacrés. Ces sentiments, on le sait, l'animaient dès l'enfance, lorsqu'elle nourrissait le regret de n'être pas née turque, afin de professer hautement son tendre amour pour Dieu et sa religion sainte, en faisant une abjuration solennelle du mahométisme. Sa fidélité au service du divin Maître, parmi tous les dangers du monde et les séductions de la Cour, la générosité avec laquelle elle brisa tous ses liens pour se retirer dans une solitude profonde, toute sa conduite, en un mot, avait justifié de si nobles dispositions; dans la circonstance dont il s'agit, elles parurent plus admirables encore : « J'aimerais mieux, s'écriait-elle, être Carmélite à Constantinople, que de retourner au château de Versailles ! » Une personne s'attendrissant en sa présence sur l'exil de ces vierges du Seigneur : « Ce ne sont pas celles qui saisissent une si belle occasion de marquer leur fidélité au divin Epoux que nous devons plaindre, répondit-elle, mais celles qui la laissent échapper. Nous devons plaindre encore tant d'ames qui, dans la suite des temps, auraient trouvé leur salut dans ces retraites qui leur seront désormais fermées. »

En apprenant à la Mère Juppin, supérieure des religieuses de la Visitation à Paris, la prochaine arrivée de nos sœurs de Flandre, elle lui dit en terminant sa lettre : « Je regrette toujours de n'avoir qu'un moi-même à offrir au Seigneur, il me semble que si j'en avais deux, le second serait encore mieux donné, parce qu'il le serait avec plus de connaissance de cause. Pardonnez-moi, Madame, cette extravagance; mais, connaissant vous-même le bonheur de la vie religieuse, vous ne serez pas surprise des transports qu'il cause, surtout dans certaines circonstances qui en font sentir tout le prix. »

Le moment était venu où les religieuses devaient prendre une détermination. Notre vénérée Mère redoubla ses instances auprès du Seigneur, et fit les démarches les plus actives pour leur faciliter les moyens de venir en France. Elle demanda au Roi un acte en forme du consentement qu'il avait donné à la translation des religieuses des Pays-Bas dans son royaume. Louis XVI le lui fit expédier par M. de Vergennes, ministre et secrétaire d'Etat : « Sa Majesté, lui écrivait le ministre, s'en remet entièrement à Madame touchant le nombre qu'elle voudra en admettre, et la distribution qu'elle trouvera bon d'en faire. J'ai déjà prévenu M. de Villegas d'Esteimbourg que c'était de Madame uniquement qu'il devait recevoir des ordres. Je me féliciterai d'avoir pu seconder ses pieuses intentions. »

La correspondance de notre vénérée Mère avec M. de Villegas devint alors très active. Elle excitait son zèle déjà si agissant pour les intérêts spirituels des épouses du Seigneur; elle lui montrait ouverts tous les couvents de France, en particulier ceux du Carmel : « et, ajoutait-elle, pas une de celles qui les habitent qui ne préférât le salut de ces ames à tous les intérêts du monde. » Le défaut de ressources et de pension était souvent allégué par celles des religieuses qui hésitaient à passer en France, et presque à chacune de ses lettres adressées en Flandre, la pieuse Princesse protestait de son désintéressement et de celui de tous nos monastères : « Je vous assure, dit-elle un jour à M. de Villegas, que nous ne désirons rien, sinon que Dieu ne soit pas offensé, et que nos pauvres sœurs sauvent leurs ames que je vois en grand péril pour celles qui restent, à moins qu'il n'y ait une vraie impossibilité. »

La générosité que pratiquait ici la Mère Térèse de Saint-Augustin et sa communauté n'était pas sans mérites. Cette maison, il est vrai, avait été bien dotée, mais les aumônes considérables qu'elle répandait sur un grand nombre de nos monastères absorbaient tout son superflu, au point que, pour suffire aux dépenses que nécessita l'admission de nos sœurs flamandes, il fallut, à Saint-Denis, s'imposer des privations et se réduire à un état de gêne. C'était, il est vrai, un bonheur pour la Princesse. Une fois, cependant, elle ressentit elle-même l'amertume de cette pauvreté qu'elle aimait tant d'ailleurs : la Mère prieure des Carmélites de Bruxelles lui avait appris que la vente de leurs effets, saisis par le gouvernement, allait avoir lieu, et notre vénérée Mère aurait voulu empêcher au moins l'aliénation des vases sacrés; elle témoigna la douleur que lui causait alors son dénûment, et fit des démarches pour obtenir que ces objets vénérables ne fussent pas livrés à une vente publique, ce qu'on accorda à sa piété.

Ses lettres, remplies d'offres généreuses, de sollicitations pressantes, de touchantes marques de la plus tendre charité, arrivaient sur tous les points de la Belgique. Partout on donnait des éloges à son zèle, on admirait sa vertu, mais on ne répondait pas à ses vœux : le désir qu'elle nourrissait de recevoir en France toutes les religieuses forcées de sortir de leurs monastères ne fut point satisfait, un petit nombre entendit son appel. Son cœur en fut blessé, et chercha un dédommagement dans les soins et les témoignages d'affection qu'elle prodigua à celles qui acceptèrent ses offres. Elle appréciait leurs moindres souffrances, les soutenait et les défendait dans les moments de faiblesse : « Ne sachez pas mauvais gré à nos pauvres sœurs, écrivait-elle à M. de Villegas, de leur affliction, surtout aux deux qui quittent leurs oncles ; mais, ne serait-ce que leurs murs, il y a bien de quoi s'affliger ! Et leur pays qui va devenir Dieu sait de quelle religion ! Et tous leurs parents ! Ah ! leur situation est terrible, et encore ce sont les moins maltraitées, jugez des autres ! J'ai vu des détails d'Ypres qui déchirent le cœur d'un bout à l'autre ; ce sont de vraies martyres, mais sans en avoir la gloire devant les hommes ; et la mort ne s'ensuivant pas, Dieu sait dans quel danger elles se trouveront par la suite des temps !... Et les religieuses des autres Ordres, s'écrie-t-elle dans une lettre écrite en ce même temps, que vont-elles devenir? C'est un objet qui me perce le cœur plus que je ne saurais dire, lorsqu'il me vient à la pensée. »

Quoique l'édit touchant la dissolution des monastères eût été général, chacun d'eux attendait pour l'exécuter un avertissement positif. Celui d'Alost le reçut des premiers, et notre vénérée Mère fit tout disposer pour la réception des deux religieuses de cette communauté auxquelles on avait promis des places à Saint-Denis; elles y étaient attendues avec une sainte impatience. M. le baron de Méer, frère de l'une d'entre elles, les accompagna, et elles arrivèrent le 7 juin 1783. M. l'abbé Rigaud, notre visiteur, les accueillit et voulut présenter lui-même à la pieuse Princesse les premières exilées du Carmel de Flandre. Sa joie fut au comble et éclata en transports; la générosité de ces vierges fidèles au Seigneur lui donnait une consolation ineffable, et lui inspirait pour elles une sorte de vénération. Avec la Mère pricure, elle leur ouvrit les portes du cloître, et nos deux sœurs s'étant jetées à ses pieds, elle les releva aussitôt, les embrassa tendrement, les combla de témoignages d'amitié. On fit sur-le-champ la petite réforme nécessaire à leur coiffure, pour se conformer à l'ordonnance qu'avait faite notre respectable supérieur, le cardinal de Bérulle, de porter habituellement le petit voile. La sœur Térèse de Jésus reçut le nom de Louise-Térèse, une sœur de Saint-Denis portant celui qui la distinguait à Alost, et la sœur Ferdinande [1] fut nommée Louis-de-Gonzague. Dès-lors les deux étrangères furent incorporées à la communauté, à laquelle ce jour apporta de bien douces joies. Prévoyant qu'il lui serait difficile de les concentrer dans le parfait silence qu'exigeait la retraite de l'Octave de l'Ascension dans laquelle on se trouvait, M. l'abbé Rigaud permit la récréation, et cette journée laissa dans les cœurs de mémorables souvenirs.

Notre vénérée Mère ne pouvait détacher sa pensée de ces scènes déchirantes qui se renouvelaient incessamment dans les monastères de la Belgique, et les nouvelles qu'elle en recevait chaque jour ne faisaient qu'accroître sa douleur. Tant de faiblesse de la part des religieuses blessait vivement son cœur si étroitement lié aux intérêts du divin Maître, si reconnaissant et si fidèle sous le joug sacré de ses saints engagements. Parfois, cependant, de douces consolations venaient faire trêve à ses angoisses : elle apprenait que des ames généreuses

---

[1] Cette religieuse avait désiré occuper la place promise à sa prieure qui se détermina à rester en Flandre.

se montraient dignes de leur vocation et demandaient à la suivre aux dépens de leur vie. Une Carmélite âgée et infirme, étant sur le point de partir pour la France, fut sollicitée par ses parents de rester dans sa patrie, eu égard à son état de souffrance : « Que me proposez-vous, leur répondit-elle? Sachez qu'avec mes jambes paralysées, je me traînerais jusqu'au bout du monde, s'il le fallait, pour aller mourir dans un monastère et sous l'habit de sainte Térèse! » D'autres religieuses ayant pris généreusement la route de la France, passaient devant la demeure de leurs parents sans vouloir s'y arrêter.

Elles étaient dédommagées de ces privations en arrivant à Saint-Denis. La vue seule de la Princesse leur faisait oublier leurs souffrances, et quand elles se voyaient l'objet de ses soins, de sa tendresse, de ses maternelles sollicitudes; lorsque quelques instants d'entretien leur avaient fait entrevoir l'esprit de foi, le zèle brûlant pour la gloire de Dieu et le salut du prochain qui consumait cette nouvelle Térèse, elles étaient dans l'admiration et bénissaient le Seigneur du don qu'il avait fait au Carmel, se félicitant d'avoir à marcher sur les traces de l'héroïne placée sous leurs yeux.

Plus tard, elles transmirent aux novices qu'elles formèrent le récit de ses vertus, exaltant en particulier son humilité profonde et la simplicité de ses manières qui les avaient si souvent frappées. L'une d'entre elles aimait à raconter qu'en arrivant à Saint-Denis, se voyant accueillie par une religieuse dont les prévenances et la bonté cordiale la mettaient parfaitement à l'aise, elle lui demanda où était donc la Princesse de France : pour toute réponse, elle eut un sourire qui lui désigna celle qu'elle réclamait.

Ne pouvant, selon le vœu de son cœur, les recevoir toutes auprès d'elle, notre vénérée Mère les envoyait dans les divers monastères où elle leur avait obtenu des places, quelquefois à la condition, vu la pauvreté de ces couvents, de rester chargée de leur nourriture et de leur entretien. Elle donna asile en cette manière à soixante-quatre Carmélites des Pays-Bas. Dix-neuf autres furent également reçues par sa protection dans les communautés de la Flandre française qui étaient sous l'Ordre. Dans ce nombre, on comptait seulement un ou deux membres de chacun des monastères abolis, excepté toutefois la communauté de Termonde qui émigra en corps. La pieuse Princesse en eut tant de joie qu'elle témoigna de vifs regrets de ne pouvoir la garder à Saint-Denis. Du moins, elle voulut éviter, autant que possible, la dispersion de cette famille religieuse. N'ayant pu l'incorporer tout entière à aucune autre en France, elle obtint de ne la diviser qu'en deux parts, dont l'une fut accordée au couvent de la rue Saint-Jacques, et l'autre à celui de la rue de Grenelle qu'elle avait en vue de favoriser. Cette organisation imposait un nouveau sacrifice à nos sœurs déjà si affligées. Notre vénérée Mère en porta seule la douleur jusqu'au moment où la communauté de Termonde quitta Saint-Denis; alors elle leur annonça leur destination, et ne pouvant surmonter sa douleur profonde, elle se retira afin de ne pas accroître l'affliction générale.

Victorieuses de tant d'obstacles pour demeurer fidèles à leur sainte vocation, nos sœurs se montrèrent encore ici de dignes filles de notre Sainte Réformatrice. Deux voitures les attendaient à la porte; la prieure et six de ses filles montèrent dans l'une, ayant ordre de les conduire à la rue de Grenelle. Dans l'autre, la Mère sous-prieure et les cinq religieuses complétant le nombre allaient être transportées à la rue Saint-Jacques, lorsque, parmi celles-ci, la sœur Emmanuelle des Anges, ne pouvant soutenir la pensée de se séparer de sa prieure, s'élance de la voiture et se précipite dans celle où était la révérende Mère, bien résolue de ne pas la quitter. Cependant, chacune des maisons de Paris n'attendait que le nombre de religieuses indiqué, et on ne pouvait convenablement changer une disposition sanctionnée par les supérieurs. Il fallait partir, et une foule de peuple attendait le dénouement de cette affaire, lorsque la sœur Constance, extrêmement attachée à sa prieure, se sentit pressée intérieurement de sacrifier le partage que Dieu même lui avait fait à l'exercice d'un acte de charité héroïque envers sa compagne. Fidèle à cette inspiration, alors même qu'elle ressent profondément toute la douleur du sacrifice, elle baisse la tête, verse des larmes abondantes, et, sans proférer une seule parole, va prendre la place de la sœur Emmanuelle dans la voiture se dirigeant à Saint-Jacques.

Ces actes généreux se renouvelèrent plusieurs fois parmi les exilées du Carmel de la Flandre. Près de deux cents religieuses de différents Ordres consolèrent de la sorte le corps dont elles étaient membres, et, en se rendant dans les monastères de France qui leur étaient assignés, la plupart venaient à Saint-Denis payer un tribut de reconnaissance à leur bienfaitrice. La communauté entière des Clarisses de la ville de Gand, que notre vénérée Mère avait placée dans un couvent du même Ordre en Franche-Comté, eut cet avantage. Admises auprès de celle dont elles avaient appris à connaître les vertus, toutes les religieuses se jetèrent à ses pieds, lui donnant des marques de vénération ; mais l'humble Princesse, en se prosternant aussi, s'écria : « Que faites-vous, mes chères sœurs ? n'êtes-vous pas religieuses comme moi, et bien au-dessus de moi devant Dieu, par les sacrifices que vous faites à la religion et à notre saint état ? Asseyez-vous de grâce, ou je reste à vos pieds ! » Dans cette pieuse contestation, ce ne fut point l'élévation du rang, mais la grandeur de l'humilité qui triompha : la Princesse baisa les mains de toutes les religieuses étrangères, en signe de sa profonde estime, en leur disant : « C'est ainsi que la religion honore celles qui ont le courage de confesser la religion. »

Impuissantes à exprimer leur admiration et leur gratitude, les Clarisses voulurent offrir à leur illustre bienfaitrice ce qu'elles possédaient de plus précieux : une relique de sainte Colette. Touchée de leur générosité, notre vénérée Mère agit de manière à leur en laisser tout le mérite, sans leur permettre de s'imposer une privation si sensible. Elle accepta la sainte relique, l'exposa à la vénération de la communauté, et passa elle-même une partie de la nuit à satisfaire sa piété envers la bienheureuse Réformatrice de l'Ordre de sainte Claire. Le lendemain, les religieuses étant sur le point de partir, elle leur dit : « Vous m'avez fait votre présent, je veux vous faire aussi le mien : je vous rends ce trésor trop précieux pour que vous ne l'offriez pas à la maison qui va vous recevoir. » Les religieuses s'en allèrent ainsi plus comblées de bienfaits qu'elles n'avaient pu offrir de reconnaissance.

Le Souverain-Pontife Pie VI, touché de l'édification que le zèle d'une si grande princesse donnait au monde, lui adressa un bref [1] pour l'en féliciter. Sa Sainteté l'assurait que sa conduite envers les religieuses de la Flandre autrichienne était la plus douce consolation de son cœur, dans la douleur où la plongeaient les évènements de cette contrée, lui donnait les éloges les plus éclatants, et lui déclarait qu'Elle reconnaissait, plus que jamais, les desseins de miséricorde que Dieu avait eus sur l'état monastique en l'appelant à vivre dans la solitude du Carmel. Enfin, le Saint-Père lui rendait des actions de grâces comme d'un service important qu'elle avait rendu à l'Eglise affligée, et lui donnait, en récompense, le gage de toutes les bénédictions du ciel.

---

[1] Pièces justificatives (T).

CHAPITRE XXVII.

Détails sur les épreuves des Carmélites de Bruxelles. — Touchante sollicitude de notre vénérée Mère à leur égard ; elle adoucit leur position par tous les moyens imaginables. — Départ de nos Mères de Bruxelles et leur arrivée à Saint-Denis.

Les Carmélites de Bruxelles, dont les places étaient fixées à St-Denis, reçurent, les dernières, l'ordre officiel de quitter leur couvent. Ainsi, selon l'expression de notre vénérée Mère, leur martyre fut prolongé, et elle-même fut mortifiée dans ses ardents désirs de prodiguer des soins et des consolations aux chères exilées : « Il paraît, écrivait-elle à M. de Villegas, qu'on garde les Carmélites de Bruxelles pour la *bonne bouche,* comme l'on dit : Dieu soit béni ! c'est ainsi qu'il agit envers moi : ce que je désire le plus, est toujours ce qu'il me fait attendre davantage ! Il a ses vues ; c'est à moi de patienter. Je ne comprends pas pourquoi les commissaires sont si longs, sinon parce que Dieu veut purifier nos sœurs de plus en plus pour les sanctifier. »

Enfin, le 10 de mai, les Carmélites de Bruxelles reçurent la visite du conseiller fiscal : il se présenta d'abord au parloir, et demanda ensuite à entrer dans la clôture. Il lut, à la communauté assemblée, sa commission qui n'était qu'une ample explication de l'édit, et lui déclara qu'elle devait, en huit jours, se déterminer pour l'un des quatre partis qu'il proposa : 1° de se séculariser pour que chaque religieuse retournât dans sa famille ; 2° de passer dans d'autres couvents non supprimés ; 3° de vivre ensemble dans une maison de religieuses supprimées ; 4° de passer dans un pays étranger pour y retrouver un couvent de leur Ordre.

D'une voix unanime, nos sœurs dirent au conseiller qu'elles n'avaient besoin d'aucun délai pour déclarer leur choix, étant depuis longtemps résolues à passer en France pour rentrer dans leur sainte vocation, et qu'elles étaient attendues dans le monastère de Saint-Denis. Le magistrat écrivit cette déclaration et la fit signer aux religieuses. Il les pria ensuite de lever leurs voiles, mais elles répondirent que, demeurant Carmélites, elles désiraient ne pas cesser d'accomplir leur règle. On mit alors les scellés sur tous leurs meubles ; on obligea la portière à livrer l'argent qu'elle avait en main pour la subsistance de la communauté, et désormais, la tourière fut tenue de s'adresser au receveur-général pour l'acquit journalier de son mémoire.

L'archiprêtre de Bruxelles, informé de la situation des Carmélites, se rendit aussitôt chez elles, et les ayant demandées au parloir, il leur adressa des paroles de consolation et d'encouragement dans cette cruelle épreuve. En terminant, il leur donna lecture de la lettre circulaire de Son Eminence le cardinal-archevêque de Malines à toutes les religieuses de son diocèse qui étaient plongées dans la même affliction [1].

---

[1] « Mes très chères filles en Dieu. Quelque affligeant que soit le coup qui vous frappe, ne vous laissez point abattre dans ce moment douloureux, où il a plu à la divine Providence de mettre à de rudes épreuves votre résignation et votre vertu.

» Plongé moi-même dans une profonde tristesse, je sens parfaitement, en partageant la vôtre, combien il doit vous en coûter de vous arracher à un état qui a fait jusqu'à cette heure votre bonheur, et dans lequel Dieu avait répandu si abondamment sur vous ses grâces et ses bénédictions. Mais c'est dans ce grand Dieu même, et dans l'accomplissement de sa sainte volonté, sans laquelle rien ne se fait dans ce monde, que vous devez chercher, et que vous trouverez infailliblement de quoi adoucir vos justes peines. Songez que jamais personne ne pourra vous séparer de l'Epoux céleste que vous avez choisi au pied des

Ce fut tout ensemble une joie et une douleur pour la Mère Térèse de St-Augustin d'apprendre le dénouement de leur cruelle position : elle appelait depuis longtemps le moment où elle pourrait les recevoir à Saint-Denis, et ses désirs allaient

autels. Il résidera toujours au milieu de votre cœur ; partout où vous serez, il y sera le témoin fidèle de la sincérité de vos regrets de ne pouvoir plus remplir, dans toute leur étendue, les engagements solennels que vous prîtes avec lui à la face de l'Eglise. Il connaît tout le prix et la grandeur de votre sacrifice, qui sera d'autant plus méritoire qu'il vous aura coûté plus de larmes et de soupirs. Il se contente de l'observance de votre règle que les circonstances vous permettront, et saura bien suppléer, par lui-même et par des grâces spéciales, aux avantages de la vie commune, de l'obéissance, et de tant d'exemples de vertus dont on vous prive malgré vous.

» Jetez-vous donc avec la plus vive confiance dans ses bras ; remettez votre sort entre ses mains ; ressouvenez-vous surtout que tout passe dans le monde, que le temps est court, que votre récompense approche, et qu'une patrie céleste vous attend, où de pareilles vicissitudes n'auront pas lieu, mais où tout sera stable, permanent, éternel. Ne perdez jamais de vue l'heureux terme de nos espérances, et soyez bien assurées que la voie la plus certaine pour y parvenir est celle des afflictions, des pleurs, des adversités, des souffrances, puisque Jésus-Christ, notre divin chef et modèle, l'a lui-même choisie, préférablement à toute autre, pour entrer dans sa gloire. C'est tout ce que l'affliction me permet de vous dire, mes chères filles en Dieu, en vous offrant, au reste, mes faibles prières, mes conseils, et tous les secours qui pourront dépendre de moi. »

CHAPITRE XXVII.

s'accomplir enfin. D'autre part, nos sœurs devaient, en quittant leur cher monastère, ressentir des angoisses profondes, et elle les partageait vivement. Elle eut hâte de leur écrire pour leur offrir des consolations, en leur réitérant toutes les marques de son affectueuse tendresse. Pour faire diversion à leurs peines, elle leur raconte avec enjouement que, depuis la veille, toutes leurs paillasses sont prêtes, qu'elle-même en a fait une entière : « C'est-à-dire, ajoute-t-elle, que nos sœurs du voile blanc la rempliront, car si c'était moi, elle pourrait bien être un peu par peloton, et notre amour-propre est d'avoir des lits unis comme de vraies planches... Quel bonheur pour nous, écrivait-elle à M. de Villegas, dont le zèle était alors en pleine activité, quel bonheur d'avoir à donner asile aux dignes victimes de l'état religieux ! Toutes les grâces les accompagneront ici, et nous en serons inondées ! » Elle le priait ensuite de rappeler aux Carmélites de Bruxelles que les malades comme les saines sont appelées à Saint Denis, et que tous les soins, les attentions de la plus délicate charité attendent celles-là.

De leur côté, nos sœurs affligées s'empressèrent de témoigner à leur bienfaitrice quelle reconnaissance excitaient dans leurs cœurs ses bontés maternelles; et, vivement touchées de l'humilité admirable qu'elles remarquaient dans toutes ses manières d'agir, elles lui déclarèrent, par l'organe de leur prieure, que leur vœu à toutes était de n'avoir que le dernier rang parmi les religieuses de St-Denis. Cette place, la pieuse Princesse l'occupait de cœur depuis longtemps, et elle n'était pas disposée à la céder : elle répondit donc que la Mère prieure, aussi bien qu'elle, ne pouvait en cela entrer dans leurs vues ; que les deux communautés réunies seraient confondues dans la charité du divin Maître, ne formant qu'un seul corps comme elles n'auraient qu'une même ame, et que chaque religieuse indistinctement prendrait son rang selon son âge de religion. Le supérieur de la maison, auquel nos sœurs de Bruxelles s'étaient adressées dans le même but, leur écrivit une lettre toute paternelle, dans laquelle il leur faisait toucher au doigt l'impossibilité pour elles d'obtenir ce qu'elles souhaitaient, les Carmélites de Saint-Denis ne pouvant consentir en aucune sorte à traiter comme des étrangères celles que leurs cœurs appelaient depuis si longtemps comme des sœurs chéries. Il leur exposait ensuite les motifs graves qui devaient les obliger au sacrifice de leurs désirs sur ce point :

« 1° Le malheur que vous éprouvez exige qu'on vous témoigne tous les égards possibles : le moindre est de vous recevoir dans la communauté comme membres. 2° Cette place, après les professes, est une place d'humiliation et de pénitence qui ne s'inflige qu'aux coupables dans tous les Ordres religieux : vous êtes affligées, mais vous ne méritez nulle ombre de reproches, bien au contraire. Pourquoi donc donner lieu de penser, et peut-être au détriment de la religion, qu'il faut bien qu'il y ait quelque chose à vous reprocher, puisqu'on n'a pas voulu vous recevoir membres de la communauté? 3° Une distinction aussi marquée entretiendrait, entre les membres d'un même corps, une différence qui refroidirait les sentiments qu'on doit avoir les unes pour les autres, et conséquemment serait nuisible à l'union et à la charité. 4° Cette distinction serait attribuée à nos filles de Saint-Denis, imputée à un orgueil de leur part bien éloigné d'elles, et le public ne le leur pardonnerait jamais. Plus votre malheur est sensible et intéressant pour toutes les bonnes ames, plus on leur ferait un grand crime, et très grand, de ne vous avoir pas forcées, par amitié et par adresse, à devenir leurs égales : vous ne voudriez pas, sans doute, leur porter un si grand préjudice. 5° L'humilité vous dicte cette manière de penser, mais il est dans le public des esprits si extraordinaires, qu'il faut prévoir qu'ils pourraient imaginer que c'est plutôt l'humeur et le chagrin attachés à votre malheur, et la crainte de resserrer vos engagements, qui vous ont portées à refuser la qualité et les droits de membres de la communauté qui vous reçoit; en sorte que, par ces malheureuses tournures, on en ferait un sujet de scandale, au lieu d'un sujet d'édification. Toutes ces raisons me font penser que vous ne devez pas insister sur ce point, et qu'il faut se défier des sentiments d'humilité lorsqu'ils pourraient tourner au préjudice de la religion ou au scandale de nos frères, suivant le conseil et l'exemple de l'apôtre saint Paul.

» Vous voyez la candeur avec laquelle je vous parle et je contredis, pour ainsi dire, le premier désir que vous m'avez témoigné. Vous trouverez toujours en moi la même franchise pour tout ce qui concerne vos intérêts et votre conduite. J'y joindrai toute ma vie les sentiments de zèle, d'attachement, de tendresse paternelle, d'estime et de respect que vous m'avez inspirés, en vous vouant tout de nouveau à la volonté divine pour votre plus grande consolation. »

En autorisant les Carmélites de Bruxelles à passer en France, le gouvernement leur ôtait tout droit à la pension qu'il accordait aux religieuses des couvents supprimés, et mettait seulement à la disposition de chacune 240 florins pour ses frais de voyage. En outre, il leur défendait de partir avant le 10 juin; ce qui les retenait trois semaines encore dans cette triste position.

M. de Villegas avait projeté de les accompagner, et assurément elles auraient eu besoin des services d'un bienfaiteur si dévoué ; mais le gouvernement y mit opposition, et retint à Bruxelles le conseiller d'Etat. Notre vénérée Mère leur envoya, dans la personne de l'abbé Consolin, un autre guide non moins dévoué, et qui pouvait en même temps leur prodiguer des secours spirituels. Ce digne ecclésiastique possédait déjà la confiance du Carmel de Bruxelles, il en fut alors l'ange consolateur. Il partit le 20 mai, emportant les dépêches et mille recommandations de la pieuse Princesse. Elle n'omit pas de faire savoir à nos sœurs que son titre le plus cher étant celui qu'elle avait reçu en religion, rien ne l'affligeait comme une dénomination qui rappelait son passé; elle demandait que la prieure l'inculquât en principe à ses filles, tandis qu'elle avait encore sur elles de l'autorité.

M. l'abbé Consolin arriva à Bruxelles au moment où sa présence et ses conseils étaient plus nécessaires à nos sœurs affligées; on venait de leur enlever jusqu'aux moindres objets de leur mobilier; leurs vases sacrés, qu'elles espéraient conserver, furent également saisis; en vain demandèrent-elles à les racheter avec l'argent qu'on destinait à leurs frais de voyage : elles eurent la douleur de les voir porter à la Monnaie.

Tout, dans ces derniers moments, concourait à aggraver leurs souffrances : sur le point de quitter leur chère solitude, elles eurent à soutenir les assauts des affections de famille. Les cris de leurs parents étaient unanimes pour les arrêter dans leurs généreux desseins, et leur offrir en Flandre tous les avantages d'une heureuse position. L'abbé Consolin les soutint admirablement dans une lutte si périlleuse, et elles se montrèrent dignes de leur sainte vocation. L'une d'entre elles, à qui sa famille voulait persuader qu'elle rencontrerait bientôt en France la persécution qu'elle fuyait : « Dussions-nous, lui répondit-elle, ne trouver dans notre fuite d'autre avantage que celui d'être Carmélites trois mois de plus, nous ne croirions pas avoir acheté trop cher ce bonheur. Et si, contre toute apparence, nous sommes obligées de quitter une seconde fois nos saints asiles, nous mendierons notre pain s'il le faut! » Les parents de la prieure furent les plus tenaces dans leurs instances, mais ils la trouvèrent inviolablement attachée au divin Epoux, et digne de servir de modèle à la troupe d'élite qu'elle conduisait.

On connaissait à Saint-Denis cette complication d'épreuves, et on multipliait les prières les plus ferventes, les neuvaines à la divine Reine du Carmel et à saint Michel, protecteur de la France. Les œuvres expiatoires étaient aussi offertes en grand nombre pour toucher le cœur de Dieu en faveur de ses épouses fidèles. La Mère Térèse de Saint-Augustin visait toujours à accélérer leur départ. Dans ce but, elle voulut leur envoyer des voitures qu'elles auraient eu peine à se procurer aussi convenables à Bruxelles : le comte de Vergennes, ministre d'Etat, et le baron d'Ogny, intendant général des postes, auxquels elle s'adressa, la secondèrent, et celui-ci mit à sa disposition deux diligences de huit places, avec assurance, au retour, de huit chevaux pour chacune, à tous les relais.

Elle les fit partir le 25 mai, avec une des tourières de Saint-Denis et un flamand qui avait été au service de l'abbé Consolin, lequel était adroit et entendu aux affaires. La tourière, sœur Marianne, méritait sous tous les rapports la confiance que lui accordait notre vénérée Mère, et fut très utile à nos sœurs dans leurs préparatifs de départ. On laissa les diligences à Valenciennes, afin de ne pas attirer à Bruxelles l'attention publique sur l'émigration des religieuses.

A Saint-Denis, on préparait activement leur réception, et la Mère Térèse de Saint-Augustin, les croyant à leurs dernières luttes, leur écrivit : « Voici le moment où vous avez besoin de tout votre courage : mais que peut-on craindre ou regretter à la suite de Jésus-Christ? C'est un si bon Maître! vous aurez l'avantage sur nous qui ne nous sommes consacrées à lui qu'une fois et vous deux; aussi doubles couronnes vous sont réservées dans le ciel. »

Plusieurs fois, dans ses lettres à Bruxelles, elle avait exprimé le désir de recevoir dans son monastère les corps précieux de nos vénérables Mères Anne de Jésus et Anne de St-Barthélemy. Elle avait même informé M. de Villegas qu'elle était autorisée en cela par le très révérend Père général, et lui avait tracé la voie par laquelle il pourrait la mettre en possession de ce saint dépôt, et de toutes les pièces nécessaires pour continuer le travail relatif à la béatification des Servantes de Dieu. De plus, elle l'avait prié de demander, en son nom, le corps de saint Albert, qui, ayant été tiré de Rheims, « doit tout naturellement, disait-elle, retourner en France. »

Lorsque le moment fut venu de présenter sa requête, M. de Villegas ne crut pas devoir agir par lui-même, vu la défense qu'on lui avait faite d'accompagner les Carmélites à Saint-Denis. Il fit parvenir sa demande à l'empereur par un secrétaire

CHAPITRE XXVII. 233

d'Etat ; et pour toute réponse, on lui dit que le gouvernement disposerait des objets demandés par Madame Louise, sur les requêtes adressées par les Carmélites. D'après cela, la Mère prieure de Bruxelles fit la demande du corps de saint Albert et des deux autres : ceux-ci seulement lui furent accordés.

Cependant, M. de Villegas et l'abbé Consolin désirant satisfaire la tendre dévotion de la pieuse Princesse pour les saintes reliques, firent de nouvelles démarches pour obtenir le corps de saint Albert. Voulant une troisième fois en adresser la demande au gouvernement, ils employèrent l'intermédiaire de la duchesse d'Aremberg, amie dévouée du Carmel. Leurs Majestés eurent égard à sa sollicitation, et le corps du saint martyr fut mis à la disposition de nos sœurs. Mgr Evelani, évêque d'Anvers, fit faire, dans toutes les formes juridiques, la levée de celui de la Mère Anne de Saint-Barthélemy, et députa plusieurs dignitaires de son chapitre pour l'accompagner à Bruxelles, où il arriva le 6 juin.

Le corps de la vénérable Mère Anne de Jésus reposait dans le caveau des Carmélites de Bruxelles, et Son Eminence le cardinal-archevêque de Malines ordonna de l'en retirer. On trouva le cercueil entièrement pourri, mais les fleurs artificielles dont le corps avait été couvert et une partie des vêtements étaient conservées. Une odeur suave s'exhalait de ces précieuses dépouilles qui furent déposées dans une châsse en étaim. Son Eminence écrivit à notre vénérée Mère qu'elle ne faisait qu'à ses pieux désirs, et dans l'espérance de la canonisation de cette grande Servante de Dieu, le sacrifice d'un dépôt si cher.

Ce digne prélat voulut aller en personne consoler ses filles du Carmel de Bruxelles. Il offrit une dernière fois le saint Sacrifice dans ce sanctuaire, qui devait bientôt n'être plus qu'un désert abandonné. Après avoir communié les religieuses de sa main, il les réunit au parloir pour leur adresser ses adieux paternels; mais son émotion ne lui laissa prononcer que quelques paroles entrecoupées, et il bénit de cœur ces brebis qu'il voyait à regret s'éloigner de son bercail. Cette séparation l'affecta d'autant plus que, sur ce théâtre de leurs épreuves, la vertu de nos sœurs paraissait dans un plus grand jour.

Rien ne devait plus, ce semble, ajourner le départ de la communauté, à laquelle s'était jointe la sœur Caroline de Vilvorde, destinée à habiter le monastère de Compiègne. On était à la veille de l'exécuter, lorsque le receveur-général vint demander à la Mère prieure l'acte original de sa fondation, et toutes les lettres qu'elle avait reçues de Madame Louise. Cette digne religieuse refusa généreusement l'un et l'autre, malgré les instances réitérées qu'on lui fit. Défense alors leur fut intimée de partir; on arrêta les ballots, on les ouvrit de force, et on signifia à la prieure que le gouvernement retiendrait de même le corps de saint Albert qui leur avait été accordé.

Pressée de nouveau pour livrer l'acte de fondation, la Mère prieure répondit qu'elle l'avait déjà envoyé à Madame Louise. Quant aux lettres qu'elle avait reçues de cette Princesse, elle déclara qu'elle mourrait plutôt que de s'en dessaisir, et on vit bien qu'il ne fallait pas insister sur ce point. Le procureur ordonna à toutes les religieuses de faire serment d'envoyer à Bruxelles, avant deux ans, cet acte de fondation : elles s'y refusèrent. Le magistrat manda alors le révérend Père provincial; mais il ne parut pas. Il était dix heures du soir et on devait partir le lendemain à la pointe du jour. Pour mettre fin à toutes ces difficultés, la prieure se détermina à faire, avec ses religieuses, le serment demandé, déclarant, au reste, que, lorsqu'elles seraient rendues à Saint-Denis, elles ne seraient plus libres d'agir en cela; on leur fit promettre de faire au moins tout ce qui dépendrait d'elles pour que l'acte fût renvoyé, et on les laissa en repos.

L'heure était fort avancée, et cependant elles récitèrent les matines en chœur. Jusque-là, malgré tous leurs embarras et le bouleversement dans lequel elles vivaient depuis si longtemps, elles n'avaient omis aucun exercice régulier; et voulant que, jusqu'à la fin, leur présence dans le monastère fût signalée par l'accomplissement de la Règle, elles résolurent de partir le matin avant l'heure de l'oraison, afin que les séculiers, n'entendant pas sonner cet exercice, pussent comprendre que cette solitude n'était plus habitée.

Ce fut le 10 juin 1783 qu'eut lieu cet évènement, le plus douloureux de tous ceux qui peuvent servir d'épreuves aux habitants des cloîtres. A eux seuls, d'ailleurs, il est donné de comprendre ce qu'il en coûte pour s'arracher à ces lieux vénérés, séjour d'ineffables suavités intérieures, où l'ame, séparée du monde, affranchie de sa captivité, rendue à la véritable liberté des enfants de Dieu, ne vivant que pour lui plaire et le glorifier, reçoit, pour prix de sa pauvreté, de son obéissance, de tous ses renoncements, un centuple d'une si grande valeur que rien ne la surpasse, sinon les jouissances éternelles de la patrie. Un jour seulement, elle quittera volontiers ces murs sacrés, à l'abri desquels elle aura vécu si heureuse; ce sera lorsque, à l'invitation de son divin Epoux, il lui sera permis d'échanger la terre pour le ciel. Nos sœurs ne s'arrachaient alors à leur solitude que pour se retrouver dans l'exil; leur résignation, dans cette douleur profonde fut donc bien méritoire.

Avant deux heures du matin, le révérend Père provincial de l'Ordre en Flandre célébra le saint Sacrifice, et, une dernière fois, ses filles reçurent de sa main le pain des forts. Après la messe, il entra dans le cloître, accompagné de l'abbé Consolin et de M. de Villegas. La communauté s'assembla au Chapitre, récita l'itinéraire et les litanies de la très sainte Vierge; puis elle suivit la prieure au lieu des sépultures. Après avoir prié sur les tombes de leurs sœurs chéries, les religieuses baisèrent cette terre doublement sanctifiée, et s'en éloignèrent avec une indicible affliction.

Les quatre voitures qu'on avait préparées étaient rendues dans la cour intérieure; dans l'une, on plaça les corps de saint Albert et ceux de nos vénérables Mères. Les autres furent occupées par les religieuses et les personnes venues de Saint-Denis. Le révérend Père provincial et l'abbé Consolin fermaient la marche. Il n'était pas encore cinq heures du matin lorsque la communauté sortit du monastère, et tout d'abord elle s'aperçut que les précautions prises pour éviter la foule étaient vaines. A la porte du cloître, un nombre prodigieux de personnes de tout rang exprimaient la plus vive douleur, ou une profonde consternation. Les tourières, les ouvriers, les marchands, les pauvres surtout ne pouvaient retenir leurs sanglots. Le sacristain du monastère, ne voulant pas consentir à s'éloigner, suivit les voitures jusqu'à Hall. La colonie s'y arrêta un instant pour visiter le sanctuaire de la sainte Vierge. A peine avait-on satisfait à ce devoir de piété, que la sœur de l'une des plus jeunes religieuses, étant venue la voir à son passage, lui fit les plus vives instances pour l'obliger à visiter ses parents qui habitaient la ville. La jeune Carmélite, pratiquant à la lettre le renoncement évangélique, s'y refusa constamment. Cet exemple se renouvela plusieurs fois dans la route, lorsque les religieuses rencontraient leurs familles.

L'une d'entre elles parut plus généreuse encore dans une circonstance bien délicate : un de ses parents s'approcha de la voiture où elle se trouvait, et lui dit que son père, subitement frappé d'apoplexie, ne pouvait être rappelé à la vie qu'en la voyant rentrer dans la maison paternelle. Pénétrée d'une amère douleur, elle n'en demeura pas moins forte et courageuse dans son sacrifice, et continua sa route vers St-Denis où Dieu l'appelait. Bientôt elle apprit que l'évènement dont on lui avait parlé n'était qu'une chimère et un piège tendu à sa fidélité.

M. de Villegas, privé, d'après les ordres de l'empereur, d'accompagner les Carmélites en France, avait pris les devants avec Mme la douairière sa cousine, M. le baron de Peuty et son épouse, pour les attendre à Chilenghin, abbaye de l'Ordre de Saint-Benoît, à dix lieues de Bruxelles, où ils avaient retenu un logement pour les voyageuses. L'abbesse les reçut avec une cordiale bonté et les conduisit d'abord dans l'église où il y eut un Salut solennel. Les larmes des nombreux assistants annoncèrent combien la Flandre regrettait celles qu'elle aimait à regarder comme des médiatrices auprès de Dieu.

Un dîner, trop peu en rapport avec l'austérité de notre vie, leur avait été préparé, et la plupart des personnes de l'abbaye y participèrent. Selon l'usage du pays, plusieurs toasts furent portés à la santé de l'héroïne du Carmel de France, dont les vertus avaient hautement retenti dans toute la Flandre. Le soir de cette journée de repos, nos sœurs eurent à faire leurs adieux à M. de Villegas qui avait été plus qu'un père à leur égard, et dont la sollicitude pour leurs intérêts spirituels et matériels ne fut nullement ralentie par cet éloignement.

Le lendemain, elles partirent pour Valenciennes. Il leur tardait de quitter la Flandre, où elles craignaient encore d'être retenues. A peine eurent-elles mis le pied sur les terres de France, que l'abbé

Consolin s'approcha de leurs voitures pour le leur annoncer. La joie fut soudaine et unanime, et ces paroles : *Vive le Roi! Vive Madame Louise!* sortirent simultanément de toutes les bouches. Arrivées à Valenciennes, elles descendirent dans un hôtel, où l'oncle de deux d'entre elles avait préparé leur réception.

Le douze juin, troisième jour de leur voyage, Dieu leur demanda un grand sacrifice : le révérend Père provincial qui, par la sagesse et la douceur de son gouvernement, avait acquis tant de droit à leur confiance, allait les quitter pour retourner à Bruxelles. Attendri lui-même sur cette séparation, ce bon Père versa des larmes en s'éloignant des religieuses après les avoir confessées, et il leur promit d'aller les voir à Saint-Denis.

Les voyageuses séjournèrent à Valenciennes jusqu'au quinze; ce jour-là elles partirent de grand matin dans les diligences de Paris qui les attendaient depuis trois semaines. M. l'abbé Consolin les suivait en chaise de poste, et son domestique, à cheval, allait en avant pour faire préparer les relais, et informer les bureaux de la douane que, d'après les ordres du baron d'Ogny, on ne devait pas visiter les voitures. Le soir, elles couchèrent à Saint-Quentin et arrivèrent le lendemain de bonne heure à Compiègne. Nos Mères de cette ville les attendaient à dîner ; mais elles ne prirent qu'un rafraîchissement, le désir de se rendre au plus tôt à leur destination les obligeant d'aller coucher à Senlis. Elles laissèrent la sœur Caroline de Vilvorde à Compiègne, et partirent comblées des témoignages d'affection de cette fervente communauté.

Dès l'arrivée à Senlis, M. l'abbé Consolin envoya son domestique à St-Denis pour annoncer la pieuse troupe. Ce fut dans tout le monastère une véritable explosion de joie : on allait posséder enfin des sœurs tendrement chéries et longtemps disputées à cette cordiale affection. Le lendemain, 16 juin 1783, à neuf heures un quart du matin, la communauté de Bruxelles était à la porte de celle de Saint-Denis ; en un instant tout fut prêt et on ouvrit. On vit alors le spectacle le plus attendrissant : l'abbé Consolin présentait une à une les religieuses de Bruxelles à leur auguste bienfaitrice, et bientôt les treize se trouvèrent à ses pieds, sans expression sur leur bonheur et leur reconnaissance. Notre vénérée Mère, plus heureuse encore en quelque sorte, se jeta à genoux avec elles pour les obliger à se relever ; puis, avec une bonté touchante, elle les pressa affectueusement sur son cœur, et par des paroles que lui dictait la charité la plus tendre, par des manières simples et attrayantes, elle leur apprit, bien plus énergiquement encore que par ses lettres, qu'elle avait véritablement quitté les titres et les grandeurs de la princesse, pour se revêtir de l'humilité et de la charité de Jésus-Christ : « Mes chères sœurs, leur dit-elle, vous ne nous devez rien, et c'est nous qui vous devons tout : vous nous apportez vos personnes avec vos bons exemples, et, pour dot, les corps des saints, trésor plus précieux pour nous que tout l'or du monde. Si vous deviez quelque chose à quelqu'un, ce serait au Roi beaucoup plus qu'à nous ; mais les prières que vous ferez pour lui ne le dédommageront-elles pas bien de ce qu'il a fait pour vous? Songez actuellement que vous êtes dans votre propre maison. »

Les deux communautés s'embrassèrent avec de touchants témoignages d'affection, et furent immédiatement confondues, ne formant plus qu'une seule famille. Chaque sœur prit son rang de religion, et, ainsi organisées, elles se rendirent au chœur, ayant toutes leurs manteaux et des cierges à la main. On avait préparé deux crédences pour y déposer les corps de saint Albert et de nos vénérables Mères. L'abbé Consolin les fit alors transporter dans le monastère, et les déposa lui-même sur les crédences. La communauté chanta le *Te Deum* en reconnaissance des bienfaits que Dieu répandait sur elle en ce jour mémorable. Un artiste peignit le touchant tableau des Carmélites de Bruxelles reçues par la pieuse Princesse et toutes ses sœurs de St-Denis; on en fit plusieurs copies, mais l'original resta à la communauté. Nous le possédons encore.

L'heure de la récréation vint fort à propos donner lieu à mille questions qu'on avait à se faire réciproquement : une permission spéciale l'avait prolongée au-delà du temps ordinaire, mais c'était toujours bien insuffisant, et MM. nos Visiteurs accordèrent huit jours de licence, afin de donner aux religieuses le moyen de se connaître, et de former les liens qui devaient les unir dans la plus pure et la plus parfaite charité.

La prieure de Bruxelles remit à notre vénérée Mère une croix de Caravaque, dont notre sainte Réformatrice avait fait usage : la Mère Anne de St-Barthélemy l'avait trouvée dans le lit de la sainte, après son décès, et l'avait portée longtemps sur elle. Plus tard, elle en avait fait présent à la Mère Anne de Jésus qui la garda jusqu'à sa mort, c'est-à-dire pendant quatorze années. Depuis, les prieures de Bruxelles la portaient tout le temps de leur charge, ce que la pieuse Princesse ayant appris, elle s'empressa de la remettre à la révérende Mère Julie, alors prieure de Saint-Denis. Sur cette croix on lisait en langue espagnole qu'elle avait appartenu à sainte Térèse. Ce fut vraisemblablement sur ce modèle qu'on fit faire celle que portait notre Mère Térèse de Saint-Augustin, et que nous avons le bonheur de posséder.

Mgr le Nonce et l'Archevêque de Paris se rendirent au monastère, pour témoigner aux nouvelles venues la satisfaction que leur causait leur arrivée. Elles reçurent aussi la visite de MM. nos Visiteurs et Supérieurs, qui leur prodiguèrent des marques de bonté et de dévouement. La première fois que les Dames de France entrèrent dans le couvent, les Carmélites flamandes leur furent présentées, et en reçurent des félicitations sur le courage qu'elles avaient fait paraître dans leur malheur. Le Roi parut satisfait lorsqu'il vit les deux communautés réunies, et il accorda *gratis,* aux Carmélites de Bruxelles, des lettres de naturalisation, faveur que le monarque étendit sur toutes les religieuses des Pays-Bas réfugiées en France.

Deux mois après l'arrivée de nos sœurs, notre vénérée Mère invita M. de Villegas à venir passer ses vacances à Saint-Denis, afin de le rendre témoin du bonheur de celles qu'il avait environnées d'une bienveillance si paternelle. Ce pieux magistrat recueillit alors tous les fruits de son dévouement et de sa sollicitude : ses chères Carmélites étaient demeurées fidèles à leurs devoirs, et les accomplissaient avec une ferveur toute nouvelle, dans cette maison où elles avaient retrouvé le parfait bonheur attaché à leur sainte vocation. Sa reconnaissance envers la Mère Térèse de Saint-Angustin n'avait pas d'expression. L'estime qu'il avait de sa vertu s'accrut de beaucoup lorsqu'il la vit de près, et la Mère prieure de Saint-Denis lui ayant offert le portrait de cette admirable Princesse, il se crut trop récompensé de toutes ses fatigues, et le conserva avec une pieuse vénération.

Le T. R. P. général de l'Ordre n'eut pas plus tôt appris l'arrivée de ses filles à Saint-Denis qu'il leur adressa une lettre toute paternelle ; nous la copions textuellement :

« Ma révérende Mère et mes très chères sœurs, après avoir pleuré avec vous les persécutions qu'on vous a fait souffrir, je viens me consoler avec vous de vous en voir sorties victorieuses. Vous avez franchi courageusement tous les obstacles qu'on avait mis à votre départ, et vous vous trouvez heureusement arrivées au port après la tempête. Quelles actions de grâces ne devez-vous pas à la Providence ! L'exemple de celles qui n'ont pas osé s'expatrier doit nous faire trembler pour elles, et vous remplir d'une grande reconnaissance envers Dieu, qui, par un effet de sa pure miséricorde, vous a donné la grâce de la persévérance. Vous devez la considérer comme une seconde vocation qui, par conséquent, doit redoubler votre gratitude et votre ferveur. Je ne pense pas qu'il soit nécessaire de vous faire sentir tout ce que vous devez à l'auguste Princesse qui s'est donné tant de peines pour vous recueillir du naufrage. Quoique nous paraissions de différentes congrégations maintenant avec vous, soyez sûres que nos cœurs demeureront toujours unis, aussi bien que nos prières, et vous me trouverez toujours prêt à vous prouver le sincère attachement avec lequel je suis, etc.

» F^{re} HILARION de Tous les Saints. »

Les deux communautés vécurent dans une parfaite union jusqu'aux jours malheureux où l'Eglise eut à déplorer en France de plus grands désastres que ceux qui l'avaient affligée dans les Pays-Bas. Les Carmélites de Bruxelles retournèrent alors dans leur patrie ; il leur fut permis de rentrer dans leur monastère qui fut bientôt repeuplé par des sujets longtemps privés de l'objet de leur désir. Pour leur inspirer l'amour de la régularité et de la vertu, nos Mères employaient un moyen infaillible, en leur racontant ce qu'elles avaient admiré dans la Princesse Carmélite de Saint-Denis.

CHAPITRE XXVIII.

Notre vénérée Mère reçoit la visite de plusieurs princes étrangers. — Elle remet dans la paix et la fidélité une Carmélite flamande tentée de retourner dans sa patrie. — Son amour pour la solitude qu'elle sait d'ailleurs sacrifier à ses devoirs. — Elle pourvoit à la décoration de l'église dont la construction est terminée. — Grâces qu'elle reçoit dans cette circonstance. — Coup d'œil sur son état de victime. — Elle le complète, en quelque sorte, par la séparation de la Mère Julie, appelée à une vie meilleure.

La ferveur du monastère de Saint-Denis parut s'accroître avec le nombre des religieuses; la charité réciproque entre les Flamandes et les Françaises, et les diverses vertus, dont les occasions sont plus fréquentes dans les maisons nombreuses, étaient un sujet constant d'édification. Mais, parmi ces fleurs odoriférantes qui donnaient de la joie au divin Epoux, celles que produisait le cœur de la vénérée Princesse étaient toujours remarquables, et malgré ses efforts pour les envelopper de voiles, leur parfum s'exhalait autour d'elle et se répandait au loin. Ses compagnes, découvrant toujours de nouveaux mérites dans ses œuvres, ne se lassaient pas de les admirer, et les étrangers aspiraient au bonheur de les contempler un instant. Les rois, les princes, les plus saints prélats de l'Eglise, les personnes de tout rang, que sa renommée attirait à Saint-Denis ou que leurs affaires y appelaient, enchérissaient encore sur ses compagnes dans l'énergie de leurs expressions pour louer sa vertu. On vit même des princes hérétiques solliciter la faveur d'une visite à l'héroïne du Carmel français, dont les éloges avaient retenti jusqu'au pied de leurs trônes.

Le roi de Suède fut de ce nombre. Etant venu en France, en 1784, il employa l'intermédiaire des princesses pour obtenir de voir l'auguste Carmélite. Notre vénérée Mère, ne pouvant convenablement s'y refuser, posa la condition que, par respect pour la clôture, un seul des seigneurs de Sa Majesté entrerait avec elle. Le Roi fut reçu avec les honneurs que comporte notre humble profession. La pieuse Princesse, accompagnée de quelques religieuses, lui fit visiter le monastère, et se montra devant lui telle que la voyaient journellement ses compagnes, c'est-à-dire, alliant toujours avec les convenances la pratique des vertus requises dans les occasions présentes. En parcourant la maison on arriva au chœur, et notre vénérée Mère, quittant le monarque, s'avança pour adorer le Saint-Sacrement. Lorsqu'elle eut satisfait à sa piété, elle rejoignit le roi et parut plus disposée encore à continuer son accueil plein de charité. On était parvenu au pied d'un escalier, lorsque Sa Majesté lui dit : « Si j'osais, j'offrirais mon bras à Madame ! — Je l'accepterais volontiers, répondit-elle, tant parce que la Règle des Carmélites ne dit rien sur le cas où des rois présenteront le bras, que parce que nos familles sont en possession de se le donner depuis longtemps. » Le roi lui ayant demandé si le prince du Nord était venu la voir, elle répondit : « Il aura su que je n'aime pas les visites; mais je suis bien aise que Votre Majesté l'ait ignoré. » Rendu à la cellule de la Princesse, le monarque fut saisi en voyant l'étrange mobilier, plus pauvre à ses yeux que le complet dénûment : « Quoi ! s'écria-t-il, c'est ici qu'habite une Fille de France ! — Et c'est ici encore, reprit notre vénérée Mère, qu'on dort mieux qu'à Versailles; c'est ici qu'on prend l'embonpoint que vous me voyez, et que je n'avais pas ailleurs. » Elle lui fit ensuite le détail de ses occupations journalières, lui dit quels aliments servent à la nourriture des Carmélites, et lui montra au réfectoire la place qu'elle occupait parmi ses sœurs. Le roi examina la vaisselle de terre, la cuillère de bois, et, témoin du vide qui s'était fait autour d'une si grande princesse, en même temps que du parfait bonheur empreint sur sa physionomie, il demeurait sans parole dans sa profonde admiration. Le prince qui l'accompagnait partageait son étonnement, et il dit aux religieuses en se retirant : « Non, Mesdames, ni la France, ni l'Italie, n'ont rien de magnifique comme la merveille renfermée dans le couvent de Saint-Denis! »

Le prince Henry, frère du roi de Prusse Frédéric II, voyageait en ce même temps dans les différentes Cours de l'Europe. Arrivé en France, il désira, comme le roi de Suède, voir l'auguste Carmélite. Mgr Doria, Nonce de Sa Sainteté, auquel il demanda cette faveur, en informa notre vénérée Mère qui consentit à recevoir le prince. Elle l'accueillit avec bonté, et lui donna lieu de se convaincre du parfait bonheur qu'elle goûtait dans sa vie austère. Henry, en se retirant, assura qu'il n'oublierait jamais cette visite à Saint-Denis, qui l'avait rendu témoin des sublimes vertus d'une princesse incomparable.

Ces communications extérieures lui étaient à charge, et nous pouvons les compter parmi les actes d'abnégation qu'elle fit en faveur du prochain. Lorsqu'elle en était débarrassée, sa solitude lui paraissait plus délicieuse encore. C'était son attrait le plus doux ; elle y goûtait, dans l'exercice d'une pénitence laborieuse, des joies inconcevables, au point de se croire parfois hors de l'étroit sentier qui mène en Paradis, ou du moins dans celui qui exige à la mort de rigoureuses expiations : « Il y a des ames, disait-elle, qui vont au ciel tout droit, sans passer par les flammes du purgatoire, je désespère d'être de ce nombre, car je suis trop heureuse Carmélite. Oh! qu'il est bien vrai qu'*un seul jour passé dans la maison du Seigneur vaut mieux que mille* dans le palais que j'habitais! » Cependant, elle quittait son silence et son désert lorsque le devoir ou la charité l'exigeait. Une correspondance étendue l'en arrachait souvent; mais pour ne manquer ni à sa piété, ni à son dévouement envers le prochain, elle utilisait ses moindres loisirs, et s'imposait mille petites privations journalières. Cette correspondance lui était ainsi doublement pénible, et ce ne fut pas le moindre de ses exercices de charité. Aussi Dieu se plut-il à y répandre une bénédiction singulière, et plusieurs ames lui durent, ou leur conversion, ou le retour à des pratiques de fidélité dont elles s'étaient éloignées.

Dans nos monastères surtout on enviait le bonheur d'y avoir part, parce qu'on y trouvait toujours quelque stimulant pour la vertu. Notre vénérée Mère avait tant de franchise et de laisser-aller avec ses sœurs, que celles-ci ne voyaient en elle que des sujets d'édification, lors même qu'elle leur racontait ses faiblesses et s'efforçait de leur insinuer sa manière d'envisager ce que d'autres nommaient ses vertus : « Je gèle, ma chère Mère, écrivait-elle à une Carmélite de la rue de Grenelle, et quelquefois je crois que mes doigts tomberont. Je me chauffe non sans douleur; cependant, j'ai été favorisée, car j'ai eu peu de crevasses aux mains cette année... Pour moi, lui dit-elle, au commencement du carême 1783, je suis un *Roger Bontemps;* si je ne m'en donne pas ce carême, le bon Dieu sera autorisé à me faire, à Pâques, de vifs reproches de paresse. La santé ne me manque pas; cela a été publié aux prônes des paroisses du diocèse. » A ce propos, elle parle du mandement pour le carême de cette même année : « Oh! le beau mandement, dit-elle, comme il drape la *bienfaisance!* J'en suis ravie, car je déteste dans la bouche des chrétiens ces expressions que la philosophie ne fait tant ronfler que pour bannir la charité. Ce n'est pas que la bienfaisance soit un mal, mais les motifs trop humains sont insuffisants pour remplacer l'aumône et en remplir le précepte. Le premier placet qu'on m'a présenté, où, au lieu de charité, on me demandait l'aumône en sollicitant ma *bienfaisance,* m'a révoltée. »

Ce qui frappe surtout dans ses lettres à nos monastères, c'est l'expression de son humilité et de sa charité. Elle saisit toutes les circonstances, tous les moyens de faire du bien à ses sœurs ; rien ne lui échappe de ce qui peut même leur être agréable. On y voit un tact admirable pour tout rapporter à Dieu et à la vertu ; son attrait pour le recueillement et la prière s'y fait également remarquer ; plusieurs sont ainsi terminées : « Je vous quitte pour aller achever mon grand silence au chœur... Je vais tout conter au bon Dieu... Je n'ai plus que quelques instants avant matines, et je vais prier pour vous.... »

Souvent elle avait adressé ces paroles bienveillantes à nos sœurs de Bruxelles ; alors, elle considérait avec une indicible satisfaction le bonheur qu'elles goûtaient dans la communauté de Saint-Denis ; plusieurs y remplissaient divers offices, et la parfaite union régnait parmi les religieuses, au nombre de soixante. C'était une bénédiction du ciel d'autant mieux appréciée par nos Mères, que plusieurs Carmélites flamandes n'ayant pu s'accoutumer dans nos autres monastères, on avait été obligé de les transférer dans la Flandre française. Notre vénérée Mère n'avait pas manqué d'intervenir pour consoler et fortifier ces bonnes sœurs, procurant leur changement lorsqu'elle le voyait indispensable; mais rendant de vives actions de grâces à Notre-Seigneur lorsque, par ses exhortations, elle parvenait à inspirer à ces religieuses tentées la fidélité dans les sacrifices que leur imposait l'amour de leur saint état. Elle eut ce succès dans le zèle qu'elle exerça en particulier envers l'une de ces chères exilées. Cette sœur avait passé deux années parfaitement heureuse dans le monastère qui l'avait reçue, édifiant ses compagnes par des vertus précieuses, parmi lesquelles la candeur et la piété étaient remarquables. Alors, il lui survint une maladie de langueur qui, affectant le moral, lui inspira le dégoût de sa communauté et le désir de retourner dans sa patrie. Elle en vint à se persuader qu'elle ne pourrait guérir qu'en prenant les eaux d'Aix-la-Chapelle, et voulait demander la permission de s'y rendre. Ses compagnes lui représentèrent que, les lois de la clôture n'autorisant pas la sortie en ce cas, elle ne pourrait l'effectuer sans se rendre coupable, et sans voir se fermer sur elle, pour toujours, les portes de ce saint asile. Persistant dans son dessein, cette chère sœur pensa que la Mère Térèse de Saint-Augustin lui obtiendrait, par son crédit, la permission qu'elle souhaitait si ardemment, et pria ses supérieurs de se faire, auprès d'elle, les interprètes de ses désirs. Ceux-ci, persuadés que le zèle de la pieuse Mère

CHAPITRE XXVIII. 255

agirait efficacement sur l'esprit de la malade, lui permirent de réclamer elle-même sa protection. La réponse qu'elle en obtint est une expression si fidèle des sentiments de notre vénérée Mère, que nous la reproduisons en entier :

« La lettre que vous m'avez écrite, ma très honorée sœur, est une trop grande marque de confiance que vous me donnez, pour que je n'y réponde pas avec toute la franchise que la situation de votre ame demande. D'abord, pour commencer, je vous dirai que tout ce que vous éprouvez est une pure tentation, ou une épreuve de l'Epoux de votre ame. Si c'est tentation, il faut y résister; si c'est épreuve, il faut la supporter. En ce cas vous n'avez d'autre parti à prendre qu'à vous soumettre aux décisions qu'on vous donne.

» Vous sentez bien que, si votre conscience vous a obligée à chercher un asile pour suivre votre saint état, elle ne pourrait être en sûreté en retournant dans le pays d'où vous avez fui pour sauver votre ame; il n'en est pas de même d'une novice, qui, avant de s'engager, peut renoncer à la Règle si elle la trouve trop forte, pouvant avoir d'autres moyens de sanctification; mais, une fois qu'on est lié, il n'y en a pas d'autre que de suivre jusqu'à la mort ce que l'on a promis. Nous en avons la preuve dans celles de nos sœurs qui sont restées en Flandre, s'appuyant sur les décisions de leurs casuistes tolérants : elles sont infiniment à plaindre, et pour le corps et pour l'esprit. Elles se disent tranquilles, mais on sait, à n'en pouvoir douter, qu'elles sont dévorées de peines, d'inquiétudes et de chagrins.

» Outre cela, ma très honorée sœur, quel tort feriez-vous à la religion, et quel triomphe pour les mécréants! D'ailleurs, vous savez qu'en France les Carmélites ne sortent jamais de leur monastère pour raison de santé, et moins encore pour aller prendre les eaux. Voudriez-vous donner un pareil exemple à toutes nos sœurs de France, que votre sacrifice a tant édifiées? Dans la circonstance où vous êtes, je regarde la généreuse résolution des Carmélites de Flandre qui, comme vous, se sont expatriées pour suivre Jésus-Christ, comme égale au martyre.

» En effet, ma très honorée sœur, si l'empereur, au lieu de prendre le prétexte de contribuer au bonheur et à la liberté des religieuses, n'eût montré que des échafauds à celles qui n'auraient pas voulu renoncer à notre saint état, auriez-vous hésité à y monter? Auriez-vous voulu en descendre à la première douleur, ou à la suite des supplices qu'on vous y aurait fait endurer? Non, j'en suis sûre, et vous vous seriez fait une gloire et un triomphe de répandre jusqu'à la dernière goutte de votre sang pour une si belle cause.

» Croyez-vous que si vous fussiez restée tranquille dans votre maison, sans qu'elle eût été détruite, vous y eussiez vécu sans souffrance et sans croix? Pesez tout cela, ma très chère sœur, au pied de votre crucifix, et dites à Notre-Seigneur : *Ecce nos reliquimus omnia*, et vous ne tarderez pas à entendre, au fond de votre cœur, la même réponse qu'il fit à ses apôtres. Puis, ma chère sœur, avec tranquillité, ferveur, courage et confiance, nous unirons nos prières aux vôtres, et, au nom de Jésus-Christ, auquel le Père céleste ne refuse rien, nous obtiendrons votre persévérance, et je pourrai dire alors, avec ce divin Sauveur : *Je n'ai perdu aucune de celles que vous m'aviez données.*

» Ma lettre vous paraîtra peut-être un peu forte; mais je suis si pénétrée de votre état, et je crains tant que vous ne perdiez la couronne qui vous est réservée et le salut de votre ame, par cette action, que, quoique j'aie bien envie et bien besoin de vivre pour avoir le temps de faire pénitence, s'il ne fallait que le sacrifice de ma vie pour le salut de votre ame, je le ferais tout-à-l'heure. Assurément je n'y ai nul intérêt personnel ni humain. Cette faute, non plus que votre perte, ne retomberait pas sur moi. Mais que ne ferais-je pas pour sauver une ame qui a tant coûté à Jésus-Christ : trente-trois années de travaux et la mort sur la croix !

» Au nom de Dieu, ma très chère sœur, ne consultez pas tant de directeurs et de casuistes, ni de médecins : notre vrai médecin, notre modèle est Jésus en croix, Jésus au très Saint-Sacrement de l'autel. Il y est aussi puissant, pour guérir votre ame et votre corps, qu'il l'était lorsqu'il vivait parmi les hommes, à qui il disait : *Votre foi vous a guéri ; allez en paix.* C'est cette paix que je vous souhaite de tout mon cœur. »

Sœur Térèse de St-Augustin,
R. C. I.

Cette lettre eut le plus heureux succès. La sœur, l'ayant lue au pied de son crucifix, se trouva instantanément toute changée. En même temps qu'elle fut délivrée de ses préoccupations pénibles, elle connut clairement que Dieu la voulait dans la retraite où il l'avait conduite, que son projet de sortie momentanée lui avait été suggéré par l'esprit de mensonge, et qu'elle n'avait d'autre parti à prendre que celui de l'obéissance. Elle s'y détermina sur-le-champ, et, dès-lors, sa conduite édifiante fit cesser les appréhensions qu'elle avait inspirées à la communauté sur son avenir. Sa santé se rétablit à vue d'œil, et fut désormais des plus satisfaisantes. Pénétrée d'une vive reconnaissance envers son auguste bienfaitrice, elle ne tarda pas à la lui témoigner par une nouvelle lettre.

Ce zèle que notre vénérée Mère déployait en faveur des ames, dans les circonstances que Dieu lui ménageait pour cela, agissait toujours sur son propre cœur : elle essayait de perfectionner en elle les dispositions qu'elle inspirait aux autres, se croyant inférieure à tous dans la vertu. Ces sentiments humbles étaient l'un des motifs qui lui faisaient aimer la solitude où elle approfondissait devant Dieu, pour s'en humilier, les mauvaises inclinations de la nature avilie par le péché. Non contente de recueillir chaque jour les avantages de cette vie cachée, elle aspirait après l'heureux moment de la retraite annuelle, où il lui était permis d'entrer dans la profondeur du désert, ou de gravir la cîme du mont Sacré. Jamais elle n'omit, ni même ne différa, sans de graves motifs, ces saints exercices, dont elle retirait les plus heureux fruits. Son ame, fortifiée par l'étude spéciale qu'elle faisait alors de notre divin Modèle, toute pénétrée des plus sérieuses vérités que la foi nous présente, et renouvelée dans les élans d'un amour toujours plus généreux, sortait du désert embaumée de tous ses parfums, et entrait immédiatement dans le nouveau sentier de perfection que lui avait ouvert son Epoux bien-aimé. Nous reproduisons ici quelques-unes des résolutions de sa retraite de cette année 1784 :

« Faire toutes mes actions en esprit de pénitence, et pour réparer le temps perdu depuis quatorze ans que je suis ici. M'étudier à la présence de Dieu habituelle, même à la récréation, et prendre des moyens pour m'y maintenir. Méditer habituellement les grandes vérités, et la Passion de Notre-Seigneur.

» Faire de toutes mes contradictions, peines temporelles ou spirituelles, des actes de pénitence, ainsi que de toutes les actions qui pourront me déplaire; ce que j'appelle pénitence du moment.

» Exactitude à la mortification en toute circonstance. Avoir un attachement inviolable à nos saintes Règles. Mourir plutôt que d'en violer la plus petite de propos délibéré. En les suivant exactement je suis sûre de gagner le ciel.

» En conséquence : silence exact, même avec les novices, aux heures qui y sont spécialement consacrées, sauf lorsque le devoir m'obligera à le rompre. »

Ces résolutions, elle les gardait avec la ferveur d'une novice et la générosité d'une ame consommée dans la vertu. Rien ne pouvait interrompre un instant cette vigilance habituelle sur ses œuvres, pour les diriger toutes à la gloire de Dieu et au bien des ames. Sa franchise naturelle lui en arrachait quelquefois l'aveu : « Tout mon but, dans ce que j'ai fait pour l'Ordre, écrivait-elle à une religieuse flamande qui lui témoignait de la reconnaissance, a été de sauver des ames, pour lesquelles, à l'exemple de notre divin Epoux, je donnerais jusqu'à la dernière goutte de mon sang.» Ce travail sur elle-même, pour compléter son immolation à l'amour divin, ne l'empêchait pas de s'appliquer aux moyens extérieurs par lesquels elle pouvait le faire glorifier.

A cette époque, elle vit terminer les diverses réparations faites aux bâtiments du monastère, et la construction de l'église commencée en 1780. La bénédiction de la maison eut lieu au printemps de l'année 1785, celle de l'église fut ajournée au 15 octobre, jour de la fête de notre sainte Mère Térèse. Ce fut Mgr de Juigné, archevêque de Paris, qui fit les deux cérémonies, et un an après il consacra solennellement le nouvel édifice. Les vœux de notre vénérée Mère furent remplis lorsqu'elle vit le monastère convenablement réparé : « Nous nous sommes appliquées, écrivit-elle à Mgr l'évêque de Glandèves, à ne point sortir de notre état : rien de beau, tout propre et simple. » Le temple de Dieu était digne de sa piété, et, selon ses désirs, on l'avait achevé sans qu'aucun ouvrier y eût travaillé le dimanche. Elle pourvut à sa décoration de manière à faire connaître son zèle pour la beauté de la maison du Seigneur. Les magnifiques chandeliers d'argent que le Souverain-Pontife Clément XIV lui avait envoyés, furent placés sur le maître-autel, et y restèrent jusqu'à ce jour à jamais déplorable où ils furent portés à la Monnaie. Tout était d'un goût exquis dans ce sanctuaire, et, tandis que la Princesse habitait un humble réduit et reposait sur un pauvre grabat, le saint temple paraissait enrichi de toutes les splendeurs qu'elle avait sacrifiées pour Dieu.

Elle fut comblée de consolations la première fois qu'elle assista au saint sacrifice célébré dans la nouvelle église, et que, réunie à ses compagnes dans le chœur, elle consacrait, par le chant des divines louanges, ces voûtes récemment construites à la gloire du Seigneur. Elle reçut alors dans le temple intérieur de son ame une grâce ineffable de renouvellement. De plus vives lumières éclairant son passé et son avenir, brillèrent à ses yeux. Alors, voyant d'une part la perfection sublime à laquelle Dieu l'appelait, de l'autre elle s'humilia profondément et pleura comme des crimes les plus légères fautes échappées à la fragilité humaine, pendant le cours de sa vie religieuse. Fidèle comme toujours à cette nouvelle faveur du ciel, on la vit,

CHAPITRE XXVIII. 263

non-seulement marcher avec courage, mais voler dans les pratiques des plus austères vertus, ne paraissant plus assujettie aux exigences d'un frêle tempérament et d'une santé délicate. Elle-même en rend compte à son supérieur dans une lettre confidentielle : « Ce qui me prouve plus que jamais que le bon Dieu me veut tout à lui, c'est que, plus je suis fidèle, plus je suis forte et disposée à tout. Rien ne me fatigue davantage à présent que de me reposer. Ah! mon Père, il n'y a rien de tel que de prendre une bonne résolution. Non, je ne me consolerai jamais d'avoir été treize ou quatorze ans à la prendre, tant il est vrai, comme je l'éprouve, qu'on fait ce qu'il y a de plus fort, et qu'ensuite on saigne du nez pour des misères. Mais, enfin, le bon Dieu a ses desseins. Il y a bien en ceci de quoi me tenir dans l'humiliation le reste de mes jours. Priez bien, mon Père, pour votre pauvre fille aînée, qui mériterait d'être au dernier rang pour le temps et pour l'éternité. Oui, elle serait bien heureuse si elle obtenait la plus petite place dans le paradis, derrière la porte. Ainsi soit-il ; mais elle a encore bien du chemin à faire pour y parvenir. Vous ne me croirez pas : je voudrais bien que le bon Dieu pensât comme vous ; mais il sonde le fond des cœurs, rien ne lui est caché. »

Elle croyait sincèrement n'avoir encore rien fait

pour Dieu et lui demeurer comptable d'une multitude d'infidélités. De là, ce mépris profond qu'elle avait d'elle-même et qu'il n'était pas en son pouvoir de dissimuler. Elle ne tenait aucun compte de ce qu'elle endurait chaque jour, croyant n'avoir aucun droit aux mérites de la souffrance, tandis que, destinée à devenir une véritable épouse de Jésus crucifié, elle avait bu dès l'enfance dans le calice amer de ce divin Sauveur, en l'imitant dans sa résignation. On l'a vu : à cet âge déjà, et plusieurs fois dans sa jeunesse, elle eut à briser les liens les plus intimes, et à offrir à Dieu, sur l'autel de son cœur, ce qu'elle avait de plus cher ici-bas. Successivement ce bon Maître l'avait séparée de ses neveux, de ses frères, de ses sœurs, émules de sa vertu, et qu'elle regardait comme ses modèles ; d'une mère chérie et méritant la vénération qu'elle attacha toujours à sa mémoire. Puis, que d'angoisses lui avaient causées ses désirs ardents de se consacrer à Dieu, combattus par les exigences d'une position de famille qui la retint près de vingt années. Que de luttes en elle-même contre des affections si douces à son cœur! Quelle persévérance à repousser des jouissances qu'elle pouvait goûter sans offenser Dieu ! Quelles perplexités lorsque, recevant les caresses de son auguste père qui l'aimait d'une tendresse spéciale, l'espoir, en restant près de lui, d'agir enfin sur son cœur assez puissamment pour l'amener à rendre sa conduite plus digne de sa foi, venait contrebalancer son désir d'embrasser une vie pénitente pour obtenir son salut ! Que de soupirs devant Dieu à cette fin ! que d'oraisons prolongées ! que de rigueurs exercées même au sein de la Cour, sur son corps délicat, et qui ne cessèrent qu'après qu'elle eut obtenu de la bonté du Seigneur le retour de ce père chéri.

Elle était donc déjà victime lorsqu'elle vint s'immoler à Dieu dans la vie du Carmel ! Mais ayant alors tout ce qu'elle souhaitait au monde, elle parut si satisfaite et si joyeuse dans sa vocation, qu'à part les austérités qui s'y rattachaient, plusieurs crurent qu'elle n'avait plus rien à souffrir, et se contentèrent d'admirer en elle l'héroïsme de l'amour divin, qui lui avait fait échanger les douceurs de la Cour contre les pénitences du cloître. De nos jours il arrive encore que, forcés de lui donner le titre d'héroïne en examinant ses excellentes vertus, plusieurs s'étonnent de celui de victime, d'épouse crucifiée, que lui ont décerné ses panégyristes et tous ceux qui ont eu le bonheur de la connaître : Qu'est-ce donc qu'elle a souffert à part les austérités de sa Règle, nous demande-t-on, puisqu'elle trouvait son bonheur dans ce genre de vie? Ces observations nous suggèrent la pensée de faire ici un exposé succinct du partage que lui fit l'Epoux bien-aimé dans le don précieux de sa croix.

Et d'abord, nous savons bien que ce contentement qu'elle manifestait, et qui sans doute était réel, ne provenait que du plaisir qu'elle goûtait à se crucifier chaque jour, à l'exemple du divin Sauveur, n'aspirant à d'autre repos ici-bas qu'à celui qu'elle trouvait sur cette croix bénie, sa fidèle compagne. Dès son entrée dans le cloître, elle eut à soutenir, contre sa délicatesse naturelle, des luttes effrayantes pour réaliser un tel changement de vie. Dieu et ses anges en furent seuls les témoins; ses supérieurs même ne les connurent qu'en partie, d'après des aveux intimes dont ils étaient surpris, vu le courage avec lequel cette humble Princesse s'acquittait de ses devoirs et des diverses pratiques de vertu. Il lui arriva toutefois de se trouver tellement à bout de forces, qu'elle fut sur le point de revenir sur ses pas, dans la crainte que sa répugnance, provenant d'une mauvaise volonté, ne rendît son sacrifice désagréable à Dieu.

Cependant, le Seigneur la soutint intérieurement, et même il lui donna des marques sensibles de son appel à cet état de vie : son tempérament, si frêle à la Cour, se fortifia au Carmel, et les crachements de sang, qui l'avaient fatiguée pendant dix-huit années, disparurent pour toujours. Nos aliments grossiers s'alliaient avec la disposition de sa santé, et, pris avec l'appétit que lui donnait le jeûne, ils lui paraissaient savoureux. Enfin, ses forces physiques, insuffisantes pour soutenir le jeûne de Versailles, lui permirent dans le cloître de porter toute l'austérité de la Règle. C'était une faveur de Dieu qu'elle savait apprécier, mais qui, dans les desseins de ce bon Maître, devait servir à compléter son état de victime; car elle ne jeûnait qu'en supportant toute la matinée une faim importune. Elle était sujette à des migraines qui ne l'arrêtaient dans aucun de ses devoirs; des douleurs de goutte et d'autres encore qu'elle endurait en secret la travaillaient souvent; une oppression presque incessante la tourmentait à faire pitié. Elle était fort sensible à la rigueur des saisons; le froid la pénétrait jusqu'à lui arracher des larmes; les chaleurs de l'été l'accablaient et lui causaient des transpirations si abondantes, que le matin elle retrouvait sa robe toute trempée des sueurs de la veille. Dans ces conditions, non-seulement elle s'acquittait de tous ses devoirs, alors même qu'ils étaient pénibles et multipliés dans le gouvernement d'une communauté nombreuse, mais elle exerçait envers ses filles un dévouement presque sans exemple, inspiré par sa tendre charité et son zèle ardent pour leurs intérêts spirituels. L'accomplissement de la Règle ne pouvait non plus suffire à sa ferveur; pour répondre aux vues de Dieu, qui la voulait victime, elle se chargeait d'instruments de pénitence, et déchirait son corps par de rudes disciplines qu'elle prolongeait considérablement, et dont les murs du grenier portaient des marques ensanglantées.

Mais, toutes ces immolations corporelles n'auraient pu satisfaire, ni à l'empressement du divin Epoux pour graver en l'ame de son épouse fidèle les plus beaux traits de ressemblance avec lui, ni au brûlant désir qu'avait celle-ci de donner quelques marques d'amour à ce Bien-Aimé de son cœur. Des souffrances plus sensibles la crucifièrent intérieurement : un état habituel de sécheresses, de privations, d'angoisses intimes fut substitué, pour elle, dans sa vie pénitente, aux douces jouissances de la présence sensible du bon Maître, dont elle avait été favorisée à la Cour. Que n'eut-elle donc pas à souffrir, lorsqu'après avoir tout quitté, et s'être détachée de tout objet sensible pour faire à Dieu une parfaite consécration d'elle-même, elle tournait les yeux vers lui sans obtenir un seul de ses regards, l'appelait sans être entendue, le cherchait sans le trouver jamais, s'efforçait constamment de lui plaire, sans jamais sentir qu'il s'en fût aperçu? L'esprit de foi, au degré où nous pouvons l'admirer en elle, a pu seul lui faire soutenir si longtemps toutes ces rigueurs, et la diriger dans les actions de zèle auxquelles l'attachait l'amour le plus pur et le plus généreux. Cette douloureuse épreuve fut aussi longue que sa vie, et ce ne fut qu'au moment de briser la chaîne de sa prison mortelle que le bon Sauveur favorisa de nouveau cette ame fidèle de la douceur de son regard, et qu'il lui donna de saints transports d'aller s'unir à lui pour jamais.

Il est facile maintenant de comprendre quel mérite avaient aux yeux du Seigneur la fidélité constante que nous avons pu admirer dans le cours de la vie de notre vénérée Mère, et sa parfaite conformité à la volonté divine, lorsque quelque nouveau sacrifice, exigé par le Seigneur, venait caractériser plus sensiblement son état habituel d'immolation. Nous avons à la considérer maintenant dans une de ces circonstances douloureuses.

La révérende Mère Julie de Mac-Mahon, alors prieure, était sur le point de succomber à de cruelles souffrances qui, depuis longtemps, la tenaient clouée sur un fauteuil. On le sait, cette religieuse avait guidé les premiers pas de notre vénérée Mère dans le cloître, et le zèle qu'elle avait déployé pour insinuer à cette grande Princesse la plus haute perfection du Carmel, lui avait acquis son amitié et sa reconnaissance. Ce dévouement de la Mère Julie ne s'était jamais ralenti, selon les désirs de l'auguste Carmélite, et avait uni intimement ces deux cœurs pour leur avantage mutuel et celui de toute la communauté qu'elles furent appelées à gouverner tour-à-tour. La Mère Térèse de Saint-Augustin eut donc à exercer ici son héroïque résignation : elle sut dire le *Fiat voluntas* du divin Maître ; mais, comme lui, elle pria pour éloigner le calice, et associa à ses supplications auprès de Dieu celles des ames pieuses avec lesquelles elle était en rapport :

« Priez bien Dieu de nous conserver notre Mère, écrivait-elle à nos sœurs de la rue de Grenelle, car c'est une Mère unique. Elle est d'une sainteté éminente ; la simplicité de ses manières enchante, rien ne peut altérer son égalité d'humeur dans quelque situation qu'elle se trouve, dans les souffrances, les contradictions, les sacrifices de toute espèce, et au milieu de l'importunité des sœurs qui, l'aimant aussi tendrement, ne lui laissent pas une minute... Nous trouvons un paradis anticipé à vivre sous son obéissance. Et voilà le sujet de mes grandes inquiétudes, c'est que, lorsqu'on en est là, on n'est pas longtemps à attendre sa récompense...

» Notre partage, dit-elle à M. l'abbé Bertin, est le *Fiat voluntas* dans toute son étendue ; il faut vivre et mourir sur la croix. Cette chère Mère était mon soutien, avec elle j'espérais toujours apprendre. Quand elle ne sera plus, je ferai ce que je pourrai, et il faudra bien que Dieu me fasse grâce du reste. Il me faut faire pénitence de mes péchés, et ma pénitence à Saint-Denis eût été trop douce avec elle. » Elle prodigua les soins les plus tendres à cette chère malade, dont tout le corps n'était, pour ainsi dire, qu'une plaie; et, toujours à ses côtés, elle ne perdait rien du spectacle déchirant offert par de si cruelles souffrances. Le désir de retenir sur la terre celle qui lui était si unie en Dieu, et qu'elle croyait encore si utile à sa perfection, fut concentré en son cœur, de telle sorte que, pas une seule fois, on ne la vit manifester des sentiments humains. Les luttes lui donnaient occasion de renouveler le sacrifice, sans jamais en diminuer la valeur. « Je suis humiliée, lui dit une fois la Mère Julie, de la pensée qui m'est venue que je pourrais encore vous aider en quelque chose. » Dans une autre circonstance, elle lui avoua que le consentement à leur séparation lui avait coûté une demi-heure de combat : « Mais, ajouta-t-elle, actuellement ce sacrifice est fait, entièrement fait! » Celui de notre vénérée Mère avait été plus généreux ; mais, loin de le soupçonner, elle se prémunit, bien plus encore, contre sa faiblesse. Les rapports de ces deux ames furent dès-lors tout célestes, et, comme s'il n'eût plus été question de souffrance ou de séparation, on ne s'occupa, de part et d'autre, qu'à procurer à la mourante les moyens de perfectionner les admirables dispositions qu'elle manifestait. Ce fut un spectacle fort édifiant pour toutes les religieuses, déjà bien convaincues que Dieu seul était le lien qui unissait entre elles leurs Mères vénérées. La malade, s'affaiblissant toujours, prononça une dernière fois ces paroles qui lui étaient familières dans ses cruelles souffrances : « Mon Dieu, mon tout, mon partage pour l'éternité ! » Presque aussitôt, cette douce colombe s'envola vers la patrie, où sa précieuse innocence et d'innombrables mérites l'avaient devancée.

Le sentiment de la douleur fut alors comme réveillé en notre vénérée Mère ; mais son amour de la volonté divine, plus vif encore, lui offrit de justes sujets de consolation. Ayant à écrire à la dépositaire du couvent de la rue de Grenelle, elle s'épancha ainsi : « Ah ! ma chère Mère, vous parler de ma douleur est chose inutile ! Je la vois dans le ciel, mais je ne la vois plus sur la terre ! Il n'y a pas une seule de mes pensées qui ne me la rappelle, et pas un instant où elle ne me manque. Trois ans de souffrances sans une seule impatience, trois mois et demi de douleurs affreuses et ne jamais dire que : Mon Dieu, mon tout, mon partage à jamais! Une Mère sous la conduite de laquelle j'étais depuis quinze ans! une société presque habituelle, une confiance entière : comment se consoler si Dieu n'était pas au-dessus de tout? Mais j'espère que cette croix amènera mon salut, je n'en veux rien perdre. Vous voyez, au désordre de ma lettre, qu'il m'est impossible d'écrire à d'autres qu'à des gens qui l'ont connue comme vous et moi. Je me porte bien, je mange parce que Dieu veut que je vive pour souffrir plus longtemps. » Elle pleura la Mère Julie comme on pleure une sœur, une amie véritable, comme les saints pleurent ceux auxquels ils sont unis en Dieu, comme saint Bernard pleurait son frère bien-aimé; avec ces larmes qui coulent sans altérer la parfaite résignation, qui laissent l'ame humble et soumise sous la main de Dieu. On la vit donc, loin de se laisser abattre par la douleur, remplir, à la mort de la Mère Julie, tous les devoirs que lui imposait en pareil cas sa charge de dépositaire. Elle régla le temporel, écrivit l'acte mortuaire et autres, et fut même assez forte pour soutenir la Mère sous-prieure et les religieuses qui succombaient à leur affliction.

Frappée d'avoir vu la Mère Julie, modèle de perfection, employer une demi-heure pour briser les liens d'une amitié pure et surnaturelle, au moment où elle était appelée à goûter les douceurs ineffables de l'union céleste, la pieuse Princesse en conclut que l'ame, épouse du Dieu jaloux, doit s'efforcer de demeurer libre des attachements les plus saints. Elle n'en contracta jamais plus aucun, et son dévouement au service de ses sœurs, en devenant plus pur, produisit des effets encore plus merveilleux; il s'insinuait tellement dans les ames, que chacune de ses filles croyait y voir pour elle des marques d'une affection spéciale.

CHAPITRE XXIX.

Notre vénérée Mère est élue prieure pour la troisième fois. — Elle charge la sœur Séraphine de surveiller sa conduite personnelle. — Trait frappant de son humilité lorsqu'on lui offre un travail fait avec ses cheveux. — Elle se défend de donner des conseils aux autres prieures qui les lui demandent. — Le très révérend Père général des Carmes d'Espagne réclame son intervention auprès de Charles III, dans une affaire délicate. — Elle fait sa retraite annuelle. — Madame Elisabeth sert la communauté à dîner. — Coup d'œil sur la piété de notre vénérée Mère. — Sa douleur à la vue des outrages faits à la religion. — Elle écrit à Mgr de Clermont pour l'engager à défendre la loi de l'abstinence.

Le vide qu'avait fait dans le cœur de la pieuse Princesse la mort de la Mère Julie avait donné plus de rapidité à son essor vers Dieu, centre de la charité. L'union intime avec une créature, quoique sainte, l'aurait gênée désormais pour répondre aux opérations de la grâce; l'Epoux divin sut la rompre, et plus rien ne lui fit obstacle pour élever cette ame généreuse au degré de pureté que comporte le règne de l'amour de Dieu.

Et d'abord, il lui redonna la croix qu'elle estimait la plus lourde parmi toutes celles qu'elle avait portées jusqu'alors, c'est-à-dire la supériorité. Les religieuses ne pouvaient se consoler de la perte de la Mère Julie qu'en plaçant à leur tête la vénérée Mère Térèse de Saint-Augustin. Celle-ci ressentit le coup; mais, ne pouvant s'y soustraire sans contrevenir aux ordres de la Providence, elle s'y soumit humblement. Elle entra dans les fonctions de sa charge avec un parfait dégagement d'elle-même, se livrant sans réserve au service du divin Sauveur et des ames qu'il lui confiait.

Jusque-là, sans en excepter le temps où elle remplissait les fonctions de supérieure, elle avait été le modèle de ses filles dans la pratique des plus humbles vertus religieuses; maintenant, celles-ci, frappées de la voir parvenue à une perfection si élevée, la trouvaient inimitable, et s'entre-disaient avec amertume que le Seigneur, jaloux de couronner ses mérites, ne la leur laisserait pas posséder longtemps.

Les sentiments de l'héroïne de l'humilité étaient bien contraires; elle n'apercevait en elle qu'un complet dénuement de mérites et de vertus. Sa longue habitude de parfaite fidélité à ses devoirs, et sa tendre charité pour ses filles, ne lui laissaient pas un instant de relâche dans sa sollicitude et son travail. En se perdant de vue d'une manière si méritoire, elle se persuada qu'elle négligeait sa perfection, et éclairée de la lumière des saints, elle se mit à l'œuvre comme une novice pour acquérir les premiers degrés des vertus fondamentales. Dans cette entreprise, elle sentit que la Mère Julie lui manquait, et, adorant les décrets de la Providence, elle résolut de se choisir une autre surveillante parmi ses filles, ce qu'elle exécuta sans délai.

Mais, qui n'admirerait ici les secrètes conduites de Dieu sur ses saints, et les vues de sagesse profonde par lesquelles il fait ressortir le faible de la prudence humaine? Plusieurs religieuses de poids et d'expérience auraient pu fixer l'attention de la digne prieure dans le choix qu'elle fit d'une directrice; cependant, inspirée par la grâce, et suivant l'attrait de son humilité, elle porta ses vues sur une jeune professe sa novice, fervente, fort régulière, n'ayant ni dissimulation, ni timidité, et manquant peut-être d'un certain tact de sentiment qui aurait pu la faire hésiter quelquefois dans l'exercice de son zèle. Notre vénérée Mère la connaissait à fond, et ne fut pas trompée dans son espérance d'être bien surveillée par celle qui, l'estimant comme une sainte, n'aurait pas supporté dans sa conduite les plus légères imperfections.

Elle obéissait à cette religieuse, nommée sœur

Séraphine, comme elle eût obéi à Dieu même, recevait ses avertissements avec une profonde reconnaissance, et se félicitait du secours qu'elle y trouvait pour son avancement spirituel. Quelquefois, la ferveur de la jeune directrice ne s'harmonisait pas avec une parfaite sagesse; mais la prudente Mère savait admirablement allier l'obéissance avec les autres vertus auxquelles, parfois, elle se voyait en danger de manquer. Un état de souffrance presque habituel de la sœur Séraphine la mit un jour un peu en mauvaise humeur, et son zèle en devint amer, même déraisonnable. Ayant remarqué à complies l'absence de sa prieure, elle sort vivement et va la trouver dans sa cellule où elle écrivait une lettre : « Ma Mère, lui dit-elle, c'est l'heure de complies. — Le courrier du duc de Parme attend cette lettre, lui répond notre vénérée Mère, et il m'a été impossible de trouver dans la journée un instant pour la faire. — N'importe, ma Mère, c'est l'heure de complies. — Ma sœur, vous m'embarrassez beaucoup. — A complies, ma Mère, à complies! » La bonté d'ame de l'humble Princesse la portait à éviter au courrier la peine d'attendre; l'obéissance et la méfiance d'elle-même lui firent sacrifier cette inclination; elle laissa la plume et suivit sa novice qui rentrait triomphante au chœur. Le lendemain, la sœur Séraphine, parfaitement remise de sa crise, fut saisie à son réveil par le souvenir de sa conduite de la veille. En proie à de vifs regrets, et plongée dans une étrange confusion, elle va trouver sa bonne Mère, et, se jetant à ses pieds, lui fait les plus humbles réparations en s'expliquant sur la cause de sa manière d'agir : « Que vous me faites de bien, mon enfant, lui répondit la digne prieure! Je dois vous l'avouer : hier, j'ai craint un instant de vous voir tomber dans un état voisin de la folie. » Une telle vertu édifiait tout le monastère, et la sœur Séraphine contribua de telle sorte à la faire ressortir et à l'alimenter, que les religieuses les plus graves reconnurent l'inspiration de l'Esprit saint dans le choix que la Mère Térèse de Saint-Augustin avait fait de sa zélatrice.

Il ne se passait pas de jour, pour ainsi dire, sans que quelque nouveau trait ne vînt caractériser en elle les plus humbles vertus. Tous les ans, aux approches de sa fête, la plupart des communautés de Paris, et même des provinces, s'empressaient de lui offrir leurs bouquets : c'était pour l'ordinaire divers ouvrages de goût et de piété qu'elle faisait vendre ensuite au profit des pauvres maisons de l'Ordre, et qu'on payait à un prix fort élevé par vénération pour celle qui, pensait-on, les avait au moins maniés. Les dames chanoinesses d'une certaine abbaye projetèrent de confectionner, pour cette circonstance, de petits tableaux d'un travail fort délicat; mais elles voulurent n'y employer que les cheveux de la Princesse. Cette prétention n'était pas facile à réaliser : on y essaya cependant. L'une des religieuses chanoinesses en chargea la parente d'une Carmélite de Saint-Denis, et on espéra un plein succès de cette affaire lorsqu'on l'eut mise entre les mains de la sœur Raphaël. Celle-ci, en qualité d'infirmière, était chargée de couper quelquefois les cheveux de la digne prieure. La circonstance était favorable : c'était le lendemain que devait avoir lieu cette opération. Mais la sœur, ayant été prise plusieurs fois sur le fait, avait une défense expresse de réserver, pour elle ou pour d'autres, un seul de ces cheveux. Elle dit donc à sa compagne : « Venez chez notre Mère à trois heures, vous me trouverez à l'œuvre. Ayez quelque faute à accuser, et, en baisant la terre, saisissez tous les cheveux que j'aurai soin de faire tomber sous votre main. » La sœur s'en tira parfaitement, tout succéda à souhait, et on fit de magnifiques tableaux. La veille de la fête, ils furent offerts à notre vénérée Mère qui ne se lassait pas de les admirer. Voulant savoir à qui elle devait ce beau travail, elle prit la lettre qu'on lui avait remise en même temps : malheureusement le mot de l'énigme y était dévoilé. « Quoi! s'écria-t-elle, ce sont mes cheveux! »

Elle accusa aussitôt la sœur Raphaël qui, se sentant à moitié coupable, prit le parti de s'humilier, comptant bien tout réparer à ce prix. Elle se trompa : « Pour vous apprendre quel cas je fais de *mes reliques*, lui dit l'humble Princesse, prenez ces tableaux et allez les jeter aux lieux. » La bonne sœur eut beau supplier, demander grâce pour elle et pour les chers tableaux : l'ordre fut irrévocable et elle dut l'exécuter. Jamais peut-être rien ne lui avait tant coûté, et ce trait fut ineffaçable dans son souvenir, au point qu'elle nous le racontait encore à quatre-vingt-dix ans, avec une mémoire toute fraîche.

Plus la Mère Térèse de St-Augustin s'efforçait de se cacher, de se faire oublier, plus sa réputation de vertu avait de retentissement. Une foule de personnes venaient à Saint-Denis demandant un objet quelconque qui lui eût appartenu ou qu'elle eût seulement touché. La sœur Raphaël, chargée des petits ouvrages de goût, en mettait à chaque instant dans les mains de sa pricure, sous prétexte de les lui faire examiner, ou de la consulter sur leur confection. Quelquefois même elle la priait de commencer son travail, et obtenait de la sorte ce que bien des personnes désiraient. Puis elle distribuait ces objets qu'on ne trouvait jamais assez nombreux.

Telle était la haute estime que lui conservaient

ceux qui avaient seulement ouï raconter quelques traits de ses vertus; mais dans l'Ordre, où elle était mieux connue, on avait pour elle la plus profonde vénération. La plupart des prieures de nos monastères s'adressaient à elle pour avoir ses conseils dans les circonstances délicates, où il s'agissait de maintenir la perfection de la régularité. Les réponses de notre vénérée Mère étaient toujours franches et simples, comme son cœur et son dévouement; mais, se croyant incapable de donner des avis, elle ne le faisait qu'à regret, et pour ne pas contrister celles qui les lui demandaient. Ainsi, on admirait en même temps dans ses réponses, et la sagesse de ses conseils, et l'humilité qui lui inspirait la plus grande réserve en les donnant. On peut en juger par la lettre suivante adressée à la Mère prieure des Carmélites de Chalon-sur-Saône, en janvier 1786 :

« Je suis honteuse, ma révérende Mère, que vous vous soyez donné la peine de nous écrire pour nous consulter, et savoir comment il faut se conduire lorsqu'on est prieure. Je pense que vous ne l'avez pas encore été, sans cela ce serait sûrement à moi à vous demander vos avis, car je pense que vous êtes plus ancienne dans la religion, et que vous en connaissez mieux les pratiques que moi. Je ne sais qu'une chose : c'est de faire la Règle de son mieux, et de la faire faire aux autres de même; mais avec beaucoup de charité, de condescendance pour les faibles, sans tomber dans la faiblesse. J'avoue que cela n'est pas aisé, et quand il faut tenir le Chapitre, ou reprendre une sœur, surtout une de ses anciennes, on aimerait mieux prendre un psautier de discipline tout entier. Mais saint François de Sales me rassure toujours, parce qu'il dit que, d'abord qu'on remplit les offices de son mieux, ils sont bien devant Dieu. S'ils ne sont pas toujours bien remplis aux yeux des hommes, on nous change. Ainsi, ma révérende Mère, faisons de notre mieux pendant nos trois ans, car je pense que nous avons été élues à peu près ensemble. Si on s'ennuie de nous, dans trois ans on nous enverra nous reposer, et nous n'aurons à nous reprocher ni sévérité, ni faiblesse.

» Amour de Dieu, amour du prochain, grande provision de patience : je crois que voilà ce qu'il faut à une pauvre prieure pour cheminer vers la céleste patrie. C'est-là où nous nous verrons j'espère. En attendant, ma révérende Mère, prions beaucoup l'une pour l'autre, et du pied de la croix où notre divin Epoux nous tient clouées tant que nous sommes dans cette charge, élançons-nous sans cesse dans son cœur. C'est-là le but où doivent tendre les filles de notre sainte Mère Térèse. »

Nous regrettons que l'humilité de notre vénérée Mère l'ait empêchée de donner plus fréquemment de ces avis, qui, dans leur concision, tracent aux prieures un plan de conduite complet et d'une grande perfection. Elle y a suppléé en pratiquant elle-même ces grandes leçons évangéliques, illustrant ainsi le Carmel par les plus humbles et les plus admirables vertus. L'Ordre entier fixait sur elle ses regards, soit pour y trouver un modèle, soit pour être aidée de sa charité ou de sa protection. Le très révérend Père général des Carmes d'Italie avait plusieurs fois sollicité le concours de son zèle; celui de la congrégation d'Espagne réclama son intervention auprès de Charles III son souverain, pour une affaire qu'il avait fort à cœur.

Il s'agissait d'obtenir la grâce de l'un de ses religieux, coupable d'un grand crime. Ce moine, d'ailleurs d'une vertu exemplaire, appartenait à la province de l'Andalousie, et on remarquait en lui les traits spéciaux du caractère des habitants de cette contrée, si bien dépeints par notre sainte Mère Térèse. Il était donc d'une extrême promptitude, et malheureusement, dans une grave circonstance, il ne sut arrêter l'emportement de son zèle. Une jeune sœur qu'il avait, désirait contracter une alliance que sa famille ne pouvait approuver, car elle était évidemment contraire aux convenances, et devait préparer à cette jeune personne un malheureux avenir. Le révérend Père en avait un déplaisir extrême, et son irritation fut telle un jour, que, rencontrant sa sœur dans la rue, au sortir d'une église, il s'emporta jusqu'à la frapper si rudement, qu'elle tomba sur la place et mourut presque aussitôt. Ce malheureux Père, arrêté sur le fait, fut livré à la justice humaine. Le jugement suivit de près, et on le condamna à la peine capitale.

Le T. R. P. général, plongé dans la consternation, avait fait en vain beaucoup de démarches pour empêcher l'exécution de cet arrêt; tout ce qu'il avait obtenu, c'est que l'affaire fût annoncée avec quelque réserve par les papiers publics. Il fit mettre tous ses couvents en prières, et eut l'heureuse pensée de recourir à la Térèse de la France, pour être aidé de sa protection dans une circonstance si délicate. Extrêmement affligée à cette nouvelle, notre vénérée Mère fit paraître sa force d'ame et son extrême prudence, en ne la communiquant à personne. Elle écrivit immédiatement au roi d'Espagne pour demander la grâce du religieux, promettant, ainsi que le T. R. P. général l'avait notifié, qu'on le ferait passer dans une autre province, et qu'il recevrait, au couvent, la pénitence de l'Ordre pour les fautes les plus graves. Charles III accorda tout à la vertueuse Princesse qui se hâta de consoler par cette nouvelle le T. R. P. général [1]. Ce fut une occasion, pour tout l'Ordre en Espagne, de connaître le mérite de celle à qui l'on devait une si grande faveur, et son nom fut béni dans tous les monastères. Son souvenir y était encore vivant, lorsqu'en 1795 deux de nos sœurs de Saint-Denis, étant passées en Espagne pour rentrer dans leur saint état, furent admises dans le couvent de Ségovie. Ce fut là qu'elles apprirent le fait que nous venons de rapporter; et elles durent, en grande partie, à la reconnaissance du Carmel d'Espagne envers l'auguste prieure de Saint-Denis, l'accueil bienveillant et les touchantes sollicitudes dont on les entoura dans ce royaume étranger.

En rentrant dans les fonctions de sa charge, notre vénérée Mère s'était appliquée à bien pourvoir les offices ; les élections qui venaient d'avoir lieu y avaient nécessité divers changements. Tout étant bien réglé, elle songea à faire sa retraite annuelle qu'elle avait été obligée de différer depuis le mois de septembre, anniversaire de sa profession. Elle sentait vivement le besoin de la solitude pour ou-

---

[1] De nos jours, la justice la plus exacte ne frappe de la peine capitale que les meurtres commis avec préméditation. La Mère Térèse de Saint-Augustin n'allait donc pas contre les justes exigences des lois en demandant une commutation de peine.

vrir son ame tout entière aux attraits de la grâce et à la lumière divine qui, depuis la mort de la Mère Julie, traçaient devant elle comme un nouveau sentier de perfection. Ce fut le 14 mai de cette année 1786 qu'elle commença ces saints exercices. Dieu lui apprit, d'une manière admirable, comment le détachement parfait doit remplacer, dans l'ame parvenue à un certain degré d'union divine, les mille moyens et appuis humains nécessaires pour soutenir ses premiers pas dans la carrière de la perfection. Elle ressentit de nouveaux désirs de faire au Seigneur un parfait sacrifice d'elle-même, et se proposa, comme objet de ses efforts, ce complet dépouillement intérieur, qui est le plus haut degré de la pauvreté religieuse.

Voici le détail de ses résolutions :

« 1° Avoir toujours Dieu en vue comme notre dernière fin, et agir en conséquence de cette vérité.

2° Haïr le moindre péché plus que tous les maux, non en considérant la punition qu'il mérite, ou le désir de la récompense, mais parce qu'il offense Dieu qui mérite tout notre amour. Se servir néanmoins des motifs de crainte et d'espérance pour s'animer à la pénitence et s'avancer dans le service de Dieu.

3° Prendre en esprit de pénitence tous les évènements de la vie, depuis le plus considérable jusqu'à la moindre souffrance ou contradiction.

4° Ne me point épargner dans le service de Dieu, l'accomplissement de la règle, les actes de charité et de parfait dévouement envers nos sœurs.

5° Me résigner parfaitement à la mort, comme à la pénitence due à mes péchés.

6° Mourir chaque jour, me séparer de moi-même pour me disposer à la mort, qui doit me mettre en possession de l'éternelle récompense. »

En terminant sa retraite, elle mit ces résolutions entre les mains de sa jeune zélatrice et lui dit : « Voilà ce que Dieu demande de moi, et ce que, par sa grâce, je suis résolue de faire. Vous me prouverez votre amitié en me jugeant sans indulgence, et d'après cette règle. »

Les témoignages que nos Mères de Saint-Denis nous ont rendus de vive voix sur les vertus de notre vénérée Mère, comme les mémoires qu'elles en ont écrits, nous apprennent qu'à cette époque de sa vie, elle leur paraissait tellement élevée au-dessus des faiblesses humaines, qu'elles ne l'approchaient qu'avec un sentiment de vénération, et que l'impression de sa sainteté se faisait sentir dans ses actions les plus simples. Les princesses partageaient ces sentiments, et elles voulurent, dans leurs intérêts spirituels, multiplier leurs visites à Saint-Denis. Madame Elisabeth trouvait, dans ces rapports, un dédommagement au sacrifice des désirs qu'elle nourrissait depuis longtemps de partager le bonheur de sa pieuse tante.

Non contente de venir souvent s'édifier de ses vertus, la jeune princesse aimait encore à participer à ses pieux exercices et aux humbles fonctions de la vie du cloître. Etant arrivée un jour d'assez bonne heure au monastère, elle témoigna le désir de servir le dîner à la communauté ; notre vénérée Mère lui inspira la pensée de remplir cet emploi dans les formes religieuses, ce qui fut fort de son goût. S'étant donc rendue au réfectoire au moment indiqué, elle mit un tablier, et, après avoir baisé la terre, elle se présenta à la porte de service ; on lui remit une planche sur laquelle étaient les portions des sœurs. Elle les distribuait adroitement, lorsque tout-à-coup la planche s'incline et une portion tombe à terre. Son embarras fut au comble. Pour l'en tirer, l'auguste prieure lui dit : « Ma nièce, après une telle gaucherie, la coupable doit baiser la terre. » Aussitôt Madame Elisabeth se prosterna ; puis elle continua le service sans aucun autre contre-temps.

C'était une vraie jouissance pour notre vénérée Mère de voir les vertus de son auguste famille reproduites dans cette jeune princesse ; elle croyait, avec raison, que rien n'est plus influent sur l'esprit des peuples pour les porter au bien, que les grands exemples qu'ils reçoivent de leurs souverains. C'est dans ces vues qu'elle pressait l'abbé Proyart de publier la Vie du Dauphin, et de mettre au plus tôt la dernière main à celle de Marie Leczinska, à laquelle cet auteur travaillait depuis quelque temps. Elle ne devait pas avoir la consolation, avant sa mort, de voir ces ouvrages livrés au public, car, ainsi que ses filles le pressentaient, le lien qui la retenait dans l'exil allait se rompre bientôt.

A cette époque, elle jouissait d'une bonne santé, et, cependant, on l'entendait souvent parler de la mort. Jusqu'à ce moment la basse estime d'elle-même lui avait inspiré de vives appréhensions des jugements de Dieu, et, conséquemment, elle redoutait le passage du temps à l'éternité; mais alors elle aimait à s'en occuper avec cette crainte filiale qui, d'une part, porte à se préparer avec soin à recevoir une sentence favorable, et, de l'autre, engage à se confier au Dieu infiniment bon qui doit nous juger.

Elle se préoccupait quelquefois de la pensée que l'affection de ses filles ne leur permettrait pas de lui annoncer à temps l'approche de sa dernière heure, et, voulant se précautionner à cet égard, elle dit un jour à la sœur Raphaël : « Une de mes grandes craintes, c'est d'être privée à la mort de la grâce des derniers sacrements, et que nos sœurs alors se déchargent les unes sur les autres du soin de m'avertir de mon état. Convenons d'une chose : si vous me savez en danger de mort, vous m'en avertirez ; de mon côté, je vous promets qu'en pareil cas je vous rendrai le même service. » La sœur le promit, et on verra plus tard comme elle tint parole.

Sa piété prenait toujours de nouveaux développements. Ses journées, toutes consacrées à l'esprit de prière, ne lui suffisaient plus, elle employait une partie des nuits à ce saint exercice, particulièrement pendant le carême et quelques autres jours de l'année, comme aussi lorsqu'elle avait à solliciter pour elle-même, ou pour d'autres, quelque grâce spéciale. Alors elle ne se couchait qu'après minuit, ce qui ne l'empêchait pas d'être rendue des premières à l'oraison du matin. Les veilles de certaines solennités, telles que Noël, Pâques, le Vendredi saint, ses filles l'ayant laissée le soir au pied des saints autels, l'y retrouvaient le lendemain. Une religieuse lui ayant représenté que ces pieux excès ne pouvaient qu'altérer sa santé, elle lui répondit : « Ne me parlez pas de ma santé, je suis honteuse de l'avoir si bonne : c'étaient les nuits de Versailles qui me fatiguaient ; celles de Saint-Denis me soulagent. Et puis je vous avouerai que, lorsque je suis devant Dieu, mes besoins se présentent en foule à mon esprit; après les miens je passe à ceux des autres, des vivants je passe aux morts, et je n'en puis finir.»

La ferveur de ses actions indiquait assez que son ame était toujours unie à Dieu par la prière, et sa tendre compassion pour les besoins du prochain la tenait sans cesse dans l'état de suppliante devant lui. Quelque occupation qui lui survînt, elle gardait toujours son cœur libre pour prier. Toutefois, dès qu'elle avait un loisir, elle volait au pied du saint tabernacle; c'était là qu'on la trouvait les dimanches et les fêtes, aux heures consacrées dans la semaine au travail manuel. Lorsque le Saint-Sacrement était exposé, elle avait besoin, si le devoir venait l'en arracher, de toute la force de son amour généreux; le bonheur de faire au bon Maître le sacrifice de son attrait pouvait seul alors la dédommager de ce même sacrifice.

On sait que deux fois la semaine elle s'approchait du sacrement de pénitence, et que tous les jours, depuis son entrée en religion, elle se nourrissait du pain des forts. La sainte communion était sa vie, pour ainsi dire, et jamais elle ne s'en était approchée sans cette préparation intime qui dispose l'ame aux opérations du Dieu d'amour, et aux grâces qu'il répand avec profusion dans l'union ineffable de l'Eucharistie. Cette considération suffirait seule pour nous donner quelque idée de ses progrès dans la perfection de la charité et des œuvres qui en procèdent, ainsi que pour justifier l'opinion des témoins de ses vertus qui nous ont dit : que la Mère Térèse de St-Augustin fut la plus humble et la plus parfaite Carmélite du monastère de Saint-Denis, réputé pour l'un des plus fervents et des plus austères de l'Ordre.

Parmi les pages consacrées par nos Mères à nous représenter la piété de leur auguste prieure, nous lisons celle-ci tracée par la Mère Raphaël [1] : « Lorsque, le soir, j'étais seule avec notre Mère, je cherchais à m'édifier de ses pratiques de dévotion, et à apprendre ce que j'ignorais. Je la pressais de faire tout haut les prières par lesquelles elle se préparait au sommeil, et elle avait la complaisance de me satisfaire. Dans la crainte, cependant, de me tenir trop longtemps éveillée, ou de m'éveiller si je m'endormais, elle abrégeait ses prières, je veux dire qu'elle cessait de parler haut ; mais je m'apercevais souvent qu'elle continuait à voix basse. Elle avait pris de l'eau bénite en entrant dans sa cel-

---

[1] C'était la religieuse fatiguée par la frayeur des morts, à laquelle notre vénérée Mère avait permis de partager sa cellule la nuit.

lule, elle en prenait encore en terminant ses pieuses pratiques. *L'eau bénite,* m'a-t-elle dit plusieurs fois, *contracte, par les exorcismes de l'Eglise, une grande vertu contre les puissances des ténèbres.* Elle y avait beaucoup de dévotion. Elle ne manquait pas de réciter le *De profundis* pour les ames du purgatoire. Elle invoquait son ange gardien, la sainte Vierge et les saints; ceux surtout dont elle avait des reliques. Elle mettait son chapelet à son cou, et gardait aussi la nuit le crucifix que nous portons sur le cœur : *Jusqu'à ce que je m'endorme, je lui parle,* me dit-elle. Je lui demandai s'il lui répondait. *Oh ! oui,* s'écria-t-elle, *et l'oreille du cœur entend ses réponses.* » Elle terminait par la préparation à la mort qu'elle faisait avec autant de dévotion que si cette nuit même eût dû être pour elle la dernière. Tous les moments qu'elle passait sans dormir, elle les employait à prier. Si elle s'éveillait avant minuit, elle attendait cette heure pour se lever et adorer, prosternée en terre, le moment de l'Incarnation de Notre-Seigneur. Comme je lui disais un jour que cette pratique n'était pas aisée, elle me répondit qu'en effet elle lui coûtait, surtout pendant les grands froids de l'hiver : *Mais qu'est-ce donc que cela,* ajouta-t-elle, *pour marquer notre amour à celui auquel notre salut a coûté tout son sang ?* »

Le sujet le plus fréquent de ses prières, à cette époque malheureuse, était les besoins de la France qui lui fut toujours si chère. Elle savait que beaucoup d'ames s'y sanctifiaient encore, et sa piété ne demeurait pas étrangère à cette consolation : « Notre France, écrivait-elle en 1784, peuple le ciel de saints depuis deux ans; cela lui est plus glorieux que de voir ses frontières reculées.[1] » Mais, d'autre part, en voyant sortir de son sein tant d'outrages faits à la religion, tant de mépris des lois divines et des enseignements les plus sacrés, elle prévoyait les châtiments dont elle serait bientôt frappée, et s'offrait à Dieu pour victime afin de les lui épargner. Jour et nuit, ses oraisons, ses larmes et ses pénitences s'interposaient entre la justice de Dieu et la malice des hommes. C'était à juste titre que tous les gens de bien la regardaient comme la médiatrice, auprès du Seigneur, des intérêts de la patrie. Louis XVI la révérait lui-même comme l'ange tutélaire de son royaume, et sa piété le consolait dans ses plus amères douleurs.

Dans ce dépérissement général de la foi, et les progrès alarmants de l'impiété, elle aurait voulu que les ames fidèles se ralliassent en quelque sorte, pour venger les intérêts divins. Ce fut dans les an-

[1] Lettre à Mgr Hachette, 12 juin 1784.

goisses ineffables d'un semblable désir, que sortit du cœur de notre sainte Mère Térèse ce grand projet de réformer le Carmel en lui rendant sa ferveur primitive, sûr moyen de lui redonner ces ames généreuses, dont chacune, selon sa pensée, fait plus que mille autres d'une dévotion peu active, pour procurer la gloire de Dieu.

La Térèse de la France ne put adoucir sa douleur par de si belles espérances, et, impuissante à réunir de nouvelles ames pour les immoler à Jésus, elle tomba elle-même, victime précieuse, sous le glaive que l'amour enfonçait dans son cœur.

Cependant son zèle ne resta pas muet durant le peu de jours qu'elle devait encore passer sur la terre. Elle l'employa à exciter celui des ministres du Seigneur, dépositaires du précieux trésor de la foi, et chargés de faire observer les divins préceptes. La lettre qu'elle écrivit à ce sujet à Mgr de Bonal, évêque de Clermont, pourrait lui donner place parmi ces généreux martyrs qui, du fond des cachots où ils attendaient leur sentence de mort, trouvaient encore le moyen de faire entendre leur voix en faveur des vérités saintes qu'ils allaient sceller de leur sang.

Ce digne prélat, ancien visiteur de nos monastères en France, sollicité par ses diocésains de leur accorder la dispense de l'abstinence du Carême, tenait un synode pour traiter cette question. Notre vénérée Mère, alarmée à cette nouvelle, ne crut pas devoir dissimuler ses sentiments à celui qu'elle aimait encore à nommer son Père, et lui écrivit en ces termes :

« Permettez à votre fille spirituelle de répandre dans votre cœur paternel toute l'amertume dont le sien est pénétré, au sujet de cette demande qu'on vous a faite. Je suis bien hardie, et peut-être vais-je aller jusqu'à l'impertinence; mais vous le pardonnerez à mon zèle, vu l'état où l'on réduit aujourd'hui les observances de l'Eglise. Il y a bien longtemps qu'on veut nous ôter le Carême; et qui? Des gens sans religion. Depuis que l'Eglise existe, il y a toujours eu des pays pauvres; la loi n'en a pas moins subsisté. Mais, qui profitera de l'indulgence qu'on sollicite? Sera-ce le malheureux qui ne mange que du pain? Non. Sera-ce celui qui se nourrit de légumes toute l'année, et qui fait maigre par misère? Non. Seront-ce ceux qui n'ont besoin, pour faire gras, que de la permission de leur curé? Non, sans doute! Mais ce seront les riches qui, voulant avoir en maigre une table somptueuse et chargée de poisson, voudront l'avoir de même délicieuse en gras. Il en sera de la suppression du maigre à Clermont comme de celle des fêtes à Paris. Mgr de Beaumont s'est laissé gagner, il y a trois ans, et nous en a ôté quatorze, sous la promesse que la police tiendrait la main à l'observation des autres. Tous les abus ont recommencé avant la première année expirée, et hier, fête des Rois, les boutiques de Paris étaient ouvertes, et l'on criait tout dans les rues.

» Ne cédez pas, mon Père! Combien d'évêques pourraient se laisser entraîner par votre exemple! Les bons même diraient : Mgr de Bonal l'a bien fait; c'est un excellent évêque, il a de la fermeté, il est plein de zèle, et, cependant, il n'a pu refuser cette dispense à ses diocésains! Et vous aurez sur la conscience, non-seulement le gras de votre diocèse, mais celui de bien d'autres. On dira encore : Il faut croire que Mgr de Clermont y a bien réfléchi; sa dispense a été précédée d'une lettre admirable à ses curés; son mandement fend les cœurs, on voit bien qu'il ne cède qu'à la nécessité! Et cette prétendue nécessité n'est causée que par le luxe et la dépravation des mœurs. Ah! mon Père, soutenez l'Eglise et l'esprit de l'Eglise; ne vous laissez point entraîner à une fausse compassion. L'abstinence du Carême, une fois lâchée, ne sera plus rétablie; il en a été ainsi de l'usage des œufs. Pourra-t-on même prêcher la pénitence, après l'avoir énervée pour céder au luxe des tables? Mais ici, je me tais; s'il est permis de parler, il ne faut pas aller trop loin.

» J'ai vécu trente-deux ans sans pouvoir soutenir un très bon maigre ; voilà treize ans que je le soutiens ici un peu moins bon que celui du plus petit bourgeois, et, grâces à Dieu, je vais commencer mon treizième Carême sans œufs, ni beurre, ni laitage ! Je vous assure, mon Père, que je consentirais à le faire au pain et à l'eau, que je consentirais à bien d'autres choses encore pour que vous, saint évêque que vous êtes, ne mollissiez pas sur la loi de l'abstinence ; et, s'il le fallait, je le signerais de mon sang !

» Pardonnez-moi, mon Père, et assurez-moi que cette lettre ne passe pas les bornes du respect que je dois au caractère d'évêque et à mon ancien Père. »

Elle gémissait sur beaucoup d'autres abus provenant de l'affaiblissement de la foi, et son ame était livrée à une douleur profonde. Elle la concentrait pour ne pas affliger ses filles et ceux avec lesquels elle avait des rapports, s'acquittant de ses devoirs de prieure avec le même zèle et le même dévouement. Sa sollicitude pour secourir nos maisons pauvres allait toujours croissant ; l'une de ses lettres, écrite trois mois avant sa mort, et adressée à nos Mères de Chalon-sur-Saône, a pour objet l'indication des moyens à prendre, afin de diminuer les ports de lettres et de paquets, vu que les nouvelles ordonnances du Roi lui interdisaient la franchise dont elle avait jusque-là fait jouir nos monastères.

Cette attention aux affaires matérielles que lui imposaient ses devoirs et sa charité, paraissait merveilleuse à ses filles qui connaissaient son parfait détachement des choses de la terre. Les objets de piété avaient seuls du prix à ses yeux, et sa préférence était pour ceux qui portaient les marques de la pauvreté. Une personne, amie du monastère, en fut un jour très frappée. Elle partait pour Rome et demandait à la pieuse Princesse ce qu'elle accepterait avec plaisir venant de la ville sainte : « Rien autre chose, lui répondit-elle, qu'un reliquaire de cuivre tout uni, où seront des reliques des saints de la Compagnie de Jésus, et un chapelet de bois sur lequel le Pape aura fait ses prières et appliqué les indulgences, parce que je suis vraie fille de l'Eglise. » Cette personne lui ayant témoigné sa surprise d'une demande si peu en harmonie avec ses désirs de lui être agréable : « Je vous avoue, répondit l'humble Princesse, que tout en ce monde m'est indifférent, et que mes pensées tendent toutes à l'éternité. »

Elle avait alors atteint sa cinquantième année, et la prédiction que lui avait faite Mgr de Montmorin, évêque de Langres, qu'elle mourrait à cet âge, se présentait quelquefois à son souvenir.

CHAPITRE XXX.

Notre vénérée Mère est empoisonnée. — Une nouvelle désavantageuse à la religion qu'on vient lui apprendre la jette dans un profond abattement. — Elle tombe malade; détails à ce sujet. — Sa précieuse mort.

« Il convenait, nous dit le savant auteur de la Vie de l'héroïque Princesse, si connu en France, il convenait que celle qui avait vécu en victime mourût en martyre, et c'est ainsi que mourut Madame Louise. » Cependant, l'abbé Proyart, ne connaissant pas la véritable cause de sa mort, ignorait quel droit elle avait au titre de martyre qu'il lui attribuait. Aujourd'hui, en apprenant au public que notre vénérée Mère fut empoisonnée par les impies, n'avons-nous pas plus de droit de dire qu'elle mourut martyre de la foi et de la religion, après avoir été martyre d'amour dans le cloître?

Depuis longtemps, les méchants avaient compris que, par sa vie de pénitence et d'oraison, cette magnanime Princesse opposait une digue à leurs efforts, et, dans leur fureur, ils résolurent d'attenter à sa vie. D'abord, ils insinuèrent du poison dans des lettres anonymes qu'ils lui envoyèrent. Dieu permit qu'une personne amie du monastère eût connaissance de ce détestable projet, et qu'elle vînt en informer la prieure de St-Denis, la conjurant de se précautionner en ne lisant aucune lettre sans l'avoir bien secouée auparavant. Notre vénérée Mère suivit ce conseil qu'elle reconnut plusieurs fois n'avoir pas été inutile; mais elle comprit dès-lors quelle mort glorieuse Dieu lui réservait en récompense de son zèle. Ceux qui attendaient l'effet de leurs mauvais desseins, ne le voyant pas se produire, employèrent d'autres moyens. Connaissant la piété de l'auguste Carmélite, ils comptèrent sur son empressement à accueillir les précieux restes des saints, et lui envoyèrent un paquet bien cacheté, en lui faisant dire qu'il venait de Rome. Il portait cette suscription : *Saintes Reliques*.

Elle sortait du parloir lorsque ce paquet lui parvint, et la visite qu'elle venait de recevoir l'avait jetée dans une angoisse profonde. C'était une personne amie qui lui avait dit en l'abordant : « Ah! Madame, il faut que le ciel soit bien irrité contre nous; les démarches du zèle sont superflues, et les prières des saints sont sans effet : le mal est consommé! Ce que les nombreux ennemis de la religion catholique et du nom chrétien n'avaient pu arracher à la sagesse de nos rois, par un siècle entier de manœuvres et d'importunités, la perfidie d'un ministre de deux jours vient de le leur accorder; et ce ministre, traître à tant de devoirs, il faut que ce soit un archevêque! [1] » Ces paroles furent pour notre vénérée Mère comme un glaive de douleur qui pénétra son ame et la plongea dans une angoisse mortelle. Elle prévit dès-lors tous nos malheurs, et s'écria que la religion était trahie, le Roi trompé, la tranquillité de l'Etat compromise; et, comme autrefois notre saint Père Elie, déplorant les mêmes afflictions tombées sur Israël, elle ne demande qu'à mourir pour n'être pas témoin des châtiments qu'elle annonce. Dieu la traita autrement que son prophète, il exauça sa prière, et à peine sortie du parloir, elle trouva le poison qui devait lui donner la mort. Elle s'empressa de décacheter le paquet déjà cher à sa piété. Sa surprise fut extrême en lisant sur l'une des enveloppes : *Re-*

---

[1] Cette nouvelle était fausse; ce qu'on annonçait à la pieuse Princesse n'était qu'un projet qui malheureusement se réalisa, mais après sa mort.

liques du Père éternel. « Qu'est-ce donc, dit-elle à la portière qui était présente? » En même temps, elle rompit le sceau, et vit un gros paquet de cheveux tout recouverts d'une poudre qui n'était que du poison. Ne s'en étant nullement méfiée, elle l'avait aspirée, et en avait senti les effets immédiatement. Elle n'en dit pas un mot, et la portière la vit jeter vivement le tout au feu.[1]

Elle garda la même réserve envers les autres religieuses, par des motifs de prudence et de charité. Plus tard, elle en parla aux plus anciennes en leur recommandant le secret qu'elles gardèrent jusqu'à leur sortie du couvent en 1793. Au moment de leur séparation, celles des religieuses qui connaissaient ce secret le confièrent aux autres, ne croyant plus manquer, dans de pareilles circonstances, à l'obligation qui leur avait d'abord été imposée.

Cependant, notre vénérée Mère ressentait un grand malaise, et sa situation, si on l'eût connue, eût jeté l'effroi parmi ses filles. Elle raconta à l'une d'entre elles ce qu'elle avait appris au parloir, et ajouta : « Prions Dieu de tout notre cœur pour la religion; ses ennemis sont bien ardents. Cette nouvelle m'a causé une étrange révolution. » Surmon-

---

[1] Elle était entrée à l'infirmerie en sortant du parloir.

tant son accablement et ses souffrances, elle continua de vaquer à ses occupations. Elle vit plusieurs religieuses qui faisaient leurs retraites annuelles, et, après leur avoir parlé avec onction sur la nécessité de la prière et les avantages de la confiance en Dieu, elle leur fit connaître en partie l'affliction profonde où son ame était plongée. L'une d'entre elles l'engagea à en dire les motifs à la communauté, afin qu'on pût faire des prières en commun pour un sujet si important : « J'y avais pensé, répondit-elle; mais deux choses m'en empêchent : ces sortes de nouvelles peuvent occasionner des murmures contre l'autorité, et tout notre zèle doit se borner à prier pour elle, lors même qu'elle s'égare; et puis, je craindrais que, si l'on savait de quel poids cette nouvelle m'a chargé le cœur, on ne cherchât trop à me distraire, et je vous assure que j'aimerais mieux mourir de ceci, si Dieu le veut, que de m'exposer aux dangers de la dissipation. » Ce jour-là même une enflure considérable parut à l'estomac où le mal se déclara d'abord; elle y ressentait parfois des douleurs aiguës, et on la pressait de mettre le médecin à même d'en juger. Elle s'y refusa constamment par amour de la modestie, et dit plusieurs fois : « Je le lui expliquerai si bien que ce sera comme s'il le voyait.» Les instances qu'on lui fit à cet égard ne servirent qu'à l'affliger, et comme on voulait lui persuader que ce refus compromettait sa vie, elle répondit : « J'aurais peine à le croire; mais, sacrifice pour sacrifice, celui de la vie me coûterait moins que celui qu'on me propose. » Quelques remèdes simples l'ayant un peu soulagée, elle eut recours à son courage pour surmonter son mal, c'est-à-dire que, selon ses habitudes de ne donner aucune attention à ses souffrances lorsqu'elles n'étaient pas intolérables, elle reprit la pratique de ses devoirs et de tous les exercices communs. Elle fut cependant obligée de sacrifier le plaisir de se livrer tous les jours à une œuvre de charité envers une bonne sœur du voile blanc, paralytique déjà depuis longtemps, et que l'humble prieure allait habiller chaque matin.

L'état apparent de notre vénérée Mère n'inspirait donc aucune inquiétude, et ses filles s'étonnaient de l'entendre dire souvent qu'elle ne resterait plus guère en ce monde; mais elle était bien aise de les préparer de loin à une séparation qui devait leur être si sensible. Elle dit un jour à la Mère Angélique, Carmélite de Bruxelles : « On travaille à force à nous faire de nouvelles tuniques, mais je ne les porterai pas, elles seront pour d'autres. » Ses filles la détournaient de cette préoccupation, tandis qu'elle s'efforçait de leur persuader que sa fin était proche. On le croyait d'autant moins qu'on la voyait, sans aucune marque de frayeur, parler de la mort qu'elle avait toujours beaucoup appréhendée. Et de fait, elle s'y préparait, non-seulement avec un calme parfait, mais avec les douces langueurs d'une ame pressée de se réunir au divin objet de son amour. Souvent elle entretenait sur ce sujet l'abbé Consolin, qui ne se lassait pas d'admirer en elle cette grâce précieuse par laquelle l'Epoux divin change en douceur, au terme de l'exil, les épines du sentier où l'ame fidèle a marché à sa suite, et qui, avant même qu'elle prenne son vol vers la patrie, lui donne quelque avant-goût de ses ineffables jouissances. Il voyait la pieuse Princesse parvenue à un si parfait dégagement des choses de la terre, qu'il ne pouvait se défendre de partager la conviction que Dieu ne l'y retiendrait plus.

Les maux d'estomac devenaient de jour en jour plus pénibles; souvent ils s'annonçaient par des crises douloureuses dont elle ne pouvait dérober entièrement la connaissance aux religieuses qui l'entouraient. Pressée par leur filiale affection, elle consentit enfin, le 20 décembre, à consulter le médecin. Une saignée qu'il ordonna, en diminuant un peu l'oppression, lui laissa des douleurs de tête et une insomnie habituelle. Son appétit irrégulier inspirait parfois une entière sécurité sur sa position. Elle ne manquait pas d'alléguer ce prétexte pour s'autoriser à suivre les exercices de la communauté, et répétait souvent qu'il lui en coûterait plus de soigner son mal à l'infirmerie que de le supporter en se conformant aux pratiques régulières. Elle se rendait donc à l'oraison, au saint Office, au travail et à la récréation; elle continuait à s'occuper de toutes les affaires de la maison; ses filles avaient accès auprès d'elle à toutes les heures du jour, et sa bonté, sa douceur, sa patience à leur égard se faisaient de plus en plus admirer. L'affection qu'elles lui portaient les rendait souvent importunes dans leurs visites; mais on ne pouvait blâmer leur sollicitude pour une santé si précieuse.

Sur le point de quitter la vie, notre vénérée Mère s'occupait de la douleur de celles qu'elle allait laisser orphelines; mais la crainte qu'elles ne mêlassent quelque faiblesse humaine à leur tendresse filiale se joignait à cette sollicitude. Alors, elle conjurait le divin Maître d'éloigner ces imperfections en les disposant de telle sorte que ce sacrifice leur fût méritoire. Instruite des besoins de chacune, elle les exposait à son infinie bonté avec une entière confiance, remettant entre ses mains et dans son Cœur sacré ces ames qu'il avait lui-même confiées à ses soins; elle lui promettait cependant de les servir tant qu'elle aurait un souffle de vie. Son désir était de les retrouver un jour au ciel pour chanter incessamment avec elles les divines miséricordes, bonheur ineffable qu'elle leur avait rappelé tant de fois pour soutenir leur fidélité! Pour ses filles, comme pour elle, elle ne pouvait former d'autres vœux : aimer ici-bas dans l'épreuve et la souffrance, telle avait été sa vie; aimer sans mesure et sans fin dans les charmes de la contemplation éternelle, telle était son espérance; et jusque dans les angoisses de l'agonie, elle s'efforça d'inspirer ces sentiments à celles dont elle allait se séparer.

Le sacrifice de son auguste famille était consommé dans son cœur, et ce souvenir n'altérait en rien le calme parfait dont elle jouissait. Ce même jour, vingt décembre, elle écrivit à Madame Victoire : « Je ne suis pas mal pour mon état; on m'a interdit le jeûne, mais pour le maigre je le soutiens bien. » Elle aimait à rassurer ses parents et aurait voulu leur épargner toute inquiétude à son sujet.

Le lendemain matin, elle se trouva plus souffrante, n'ayant pu fermer l'œil de la nuit; cependant elle se leva et se rendit à la première messe pour y communier. Elle eut beaucoup de peine à revenir à sa cellule, et on essaya de lui persuader qu'il était indispensable pour elle d'aller habiter l'infirmerie. Les instances de ses filles purent seules l'y déterminer. Elle craignait toujours de trop accorder à la nature, ne se croyant pas assez malade pour accepter les soins des infirmières. Ce jour-là et le suivant elle se livra à un travail assidu en faveur d'une pauvre femme de Saint-Denis pour laquelle elle avait déjà confectionné plusieurs objets. Une religieuse lui ayant dit que cette application était fort contraire à son état de souffrance, elle répondit : « Si je me croise les bras, que deviendra l'esprit de pauvreté? Les pauvres travaillent par nécessité, nous devons le faire par devoir; paradis vaut bien cela! » Dans la journée, elle écrivit au Roi et lui adressa ainsi sa lettre : *A Monseigneur et neveu, pour lui être remise après ma mort.* Elle traça aussi quelques mots pour Madame Adélaïde. Le soir, elle assista encore à la récréation, mais ce fut pour la dernière fois; elle n'eut plus dès-lors assez de force pour se rendre aux exercices réguliers, et s'en acquitta à l'infirmerie, se conformant, pour chacun, aux heures désignées.

Sans cesse attentive aux moindres points de la Règle, elle les observait en tout ce que comportait son état; à huit heures, elle interrompit tout-à-coup l'entretien qu'elle avait avec son infirmière, et lui demanda si le silence était sonné. Sur la réponse affirmative, elle s'écria : « Que ne me le disiez-vous! être malade n'est pas un privilège pour enfreindre le silence. »

Le samedi 22, veille de sa mort, se trouvant fort mal le matin, par suite des souffrances excessives de la nuit, elle voulut cependant se lever, espérant encore pouvoir aller au chœur pour entendre la messe et communier; mais ses forces ne secondant pas ses pieux désirs, elle fut réduite à la privation de l'aliment divin qui, au Carmel, l'avait sustentée tous les jours. Une des religieuses qui l'entouraient, sachant combien ce sacrifice coûtait à sa piété, lui proposa de faire célébrer la sainte messe dans son infirmerie, ainsi qu'on le fait à la Cour pour le Roi et les princes malades. L'humble prieure la reprit vivement : « Ne voyez-vous pas, ma sœur, lui dit-elle, que vous me proposez une distinction déplacée? A la vie et à la mort, je veux être simple Carmélite. » Le médecin étant venu peu après, elle dit qu'elle n'était pas assez malade pour qu'on le fît entrer, et se rendit au parloir; l'infirmière l'y accompagna et fut témoin du refus qu'elle fit de nouveau de montrer le mal qu'elle avait à l'estomac. Dans la matinée, elle parut calme et put encore réciter son bréviaire. Le désir ardent qu'elle avait de la sainte communion la porta à aviser aux moyens de se procurer ce bonheur le jour de Noël qui approchait. Elle voulait encore écrire à Madame Victoire, mais les forces lui manquèrent ; elle se contenta de dicter et de signer cette lettre où elle mêlait le ton de l'enjouement à l'expression d'un héroïque abandon à la volonté divine.

Dans l'après-midi, il lui survint tout-à-coup une oppression dont les progrès rapides jetèrent l'effroi dans la communauté. Elle se remit au lit, et lorsque les plus vives douleurs furent calmées, elle demanda l'abbé Consolin, son confesseur depuis la mort de M. du Ternay. Son esprit de régularité lui inspirait le désir de se lever et de se rendre au confessionnal, se croyant assez forte pour cela ; mais elle essaya en vain, et le digne ecclésiastique fut introduit auprès d'elle. En l'apercevant, elle lui dit : « Eh bien ! mon Père, voici la troisième prieure de cette maison à qui vous allez fermer les yeux ! » Elle se confessa avec une paix et un calme parfaits ; le Seigneur, comme nous l'avons dit, ayant changé en des sentiments de douce confiance les cruelles appréhensions de la mort qui l'avaient tant fait souffrir pendant sa vie. Elle témoigna son ardent désir de recevoir le saint Viatique et l'Extrême-Onction ; mais le confesseur, ne la croyant pas si proche de sa fin, lui dit qu'il n'était pas temps encore de lui donner ces sacrements. Persuadée du contraire, la pieuse malade le pria de consulter là-dessus le médecin, disant que ce serait pour elle une grande consolation d'être administrée au plus tôt : « Au reste, ajouta-t-elle, qu'on suive en tout les règles établies ; je suis tranquille ; Dieu fera de moi tout ce qu'il voudra, je me confie entièrement en ses miséricordes. »

M. O'Reilly, médecin de la maison, fut donc appelé de nouveau, et, vivement inquiet après avoir vu la malade, il demanda qu'on fît venir M. Malouet, médecin de Madame Victoire, qui ne put arriver qu'à dix heures du soir. A cinq heures, M. l'abbé de Floirac, l'un de nos respectables visiteurs, entra pour la voir. Le désir qu'il avait de la prolongation d'une vie si précieuse à la France, et surtout au Carmel, le persuada que Dieu accorderait cette faveur, et il quitta l'auguste prieure dans ce doux pressentiment. La communauté ne pouvant le partager s'efforçait de faire violence au ciel par les prières les plus ferventes. Elle s'adressait à la Reine du Carmel, au Cœur Immaculé de cette divine Mère qui avait donné Madame Louise à Saint-Denis. On commença une neuvaine en son honneur, et on fit vœu de réciter tous les jours ses litanies à son oratoire. On implora encore la médiation de notre bienheureuse sœur Marie de l'Incarnation, promettant que, si elle obtenait le rétablissement de l'auguste malade, on doterait un sujet qui porterait son nom. Pas une religieuse qui n'eût offert mille fois sa vie pour prolonger celle d'une Mère si vénérée. La Mère sous-prieure lui ayant dit avec quelle ferveur on priait pour elle : « Ah! que vous êtes bonnes, lui répondit-elle ; mais vous n'obligez pas une ingrate ; je vous ai toujours aimées, et je le sens bien à présent qu'il faut que je vous quitte!»

Convaincue que ces prières ne lui rendraient pas la santé, elle pensa que Dieu les appliquerait aux besoins de son ame, et demanda qu'on les fît désormais, non pour son rétablissement, mais afin que la volonté du Seigneur fût accomplie en tout. Elle ne parlait pas de ses souffrances, à moins qu'on ne l'interrogeât ; et ses réponses laissaient voir sa parfaite abnégation d'elle-même, et l'union intime de son ame avec l'Epoux bien-aimé. Une religieuse désirant savoir ce qui la faisait le plus souffrir : « C'est la tête, lui répondit-elle ; je n'ai pu fermer l'œil de la nuit, et il me semblait que Notre-Seigneur m'enfonçait toutes les épines de sa couronne. »

Notre pieuse Mère attendait, calme et abandonnée, le bonheur de la sainte communion. Elle l'avait constamment désirée pendant sa vie, et ses ardeurs étaient bien plus vives alors qu'elle se préparait à la recevoir pour la dernière fois. De temps à autre, elle proférait des paroles enflammées qu'elle adressait au divin objet de son amour. Son confesseur s'étant approché de son lit, elle lui dit : « Vous me l'aviez bien annoncé, mon Père, que mes frayeurs de la mort se dissiperaient lorsqu'il en serait temps. Dieu me fait la grâce de l'envisager sans trouble; l'unique désir qui me retienne en ce monde, c'est de recevoir mon Sauveur. » Elle continua à lui parler un langage plus du ciel que de la terre; puis, s'appliquant à l'oraison et à des actes préparatoires qu'elle avait pratiqués journellement depuis qu'elle était Carmélite, elle ne les interrompait que lorsque la nécessité, la charité ou la complaisance pour ses filles l'y obligeaient. A sept heures, elle pria les religieuses qui l'assistaient de réciter avec elle les litanies de la sainte Vierge. Conservant la plus tendre affection pour toutes, elle aimait à les voir entourer son lit; mais il lui en revenait une grande fatigue, ce qui obligea la Mère sous-prieure à lui dire qu'elle devrait se dispenser de les recevoir. « Non, répondit-elle, je me dois à toutes jusqu'à la mort; toutes sont bien aises de me voir, et moi aussi je suis bien aise de les voir toutes. » Elle leur fit dire seulement de venir plusieurs ensemble, afin que les visites ne fussent pas continuelles. Mais, comme le zèle de leur perfection égalait sa tendresse, elle écoutait volontiers les confidences particulières que quelques-unes voulaient lui faire pour le bien de leurs ames, et elle-même fit des recommandations et donna des avis à plusieurs dans le même but. Elle fit appeler entre autres une religieuse dont la vertu avait besoin d'être affermie, et lui donna tant de marques de dévouement à ses intérêts spirituels, que la sœur attendrie se jeta à genoux, et lui demanda pardon en s'accusant avec un vif regret. La digne prieure lui donna sa bénédiction et lui dit encore : « Me voici, ma chère sœur, prête à paraître devant Dieu ; telle vous me voyez en ce moment, telle vous serez bientôt vous-même. Le désir que j'ai que vous vous prépariez un jugement favorable, m'engage à vous recommander pour la dernière fois de travailler sérieusement à votre sanctification, en combattant tel et tel défaut, etc.» La religieuse la remercia et la consola en lui laissant espérer qu'elle ferait un bon usage de ses conseils.

Sachant bien que toutes ses filles étaient plongées dans une cruelle angoisse, elle leur fit dire par la Mère sous-prieure de ne mettre leur confiance qu'en Dieu, et de ne chercher la paix qu'en lui seul. Elle aurait voulu les trouver, dans cette circonstance, parfaitement détachées, et sans autre application que de marcher généreuses et cons-

CHAPITRE XXX. 317

tantes à la suite de Jésus et de Marie, s'immolant aux volontés les plus rigoureuses du Père céleste. Elle dit à la sœur Raphaël, qu'elle voyait pénétrée de la plus vive douleur, et qui ne la quittait pas un instant : « Si ma mort peut vous être un sujet de sacrifice, songez, ma sœur, que Dieu le demande de vous. »

Cette digne élève d'une Mère consommée dans la perfection lui répondit qu'elle se résignait à ce douloureux évènement. La pieuse malade apprécia cet acte généreux, et voulant donner ses derniers avis à sa fille bien-aimée, elle lui dit : « Suivez toujours le gros de la communauté, fuyez les particularités. Dès que vous aurez une autre prieure, rendez-lui compte de vos dispositions et donnez-lui votre confiance. » Sentant tout-à-coup les approches d'une crise douloureuse, elle ajouta : « Je ne puis vous en dire davantage; pressez, pressez, afin qu'on me donne mes sacrements, car bientôt je ne le pourrais plus. O mon Dieu ! ne permettez pas que je sorte de ce monde sans avoir eu le bonheur de vous recevoir ! » Elle prescrivit elle-même ce qu'on devait observer pour les saintes cérémonies, tant elle craignait qu'on usât, à son égard, de quelque singularité. Elle continua à s'y préparer dans un profond recueillement. De temps à autre, elle exprimait son amour et ses ardents désirs par de ferventes aspirations. Elle répéta trois fois celle-ci : *Venez, Seigneur Jésus, ne différez pas plus longtemps mon bonheur !*

Tout occupée de recevoir son Dieu et d'aller se réunir à lui pour jamais, elle oubliait complètement le soin de son corps, ou n'y songeait que pour lui procurer de nouvelles souffrances. L'oppression ne lui permettant pas de rester au lit, elle était assise dans un fauteuil, le dos appuyé contre un petit coffre en bois qu'elle ne voulut jamais laisser remplacer par des oreillers. L'infirmière, s'apercevant qu'une couverture de laine lui arrivait jusque sur le visage, voulait y passer un linge : « Je suis fort bien de la sorte, lui dit la pieuse malade : est-ce que vous voudriez m'arranger comme une *princesse ?* »

Ce fut dans cette position que la trouva M. Malouet, à dix heures du soir. Extrêmement surpris de l'état de dénuement où il voyait une fille de France, et frappé en même temps de la gravité du mal, il ne s'expliquait pas le calme parfait qu'elle faisait paraître. Prévoyant que la malade ne passerait pas la nuit, il se retira dans une chambre voisine pour s'entendre là-dessus avec M. O'Reilly. Ces précautions étaient superflues, notre vénérée Mère n'ayant d'autre désir que d'apprendre son état, et le bonheur de quitter l'exil étant l'objet de tous ses vœux. Après avoir ordonné l'application de quelques remèdes, M. Malouet voulut écrire à Madame Victoire pour la préparer au plus triste évènement.

Conformément aux désirs de sa prieure, la sœur Raphaël, accompagnée d'une autre religieuse, avait suivi les médecins pour connaître leur opinion : « S'ils conviennent que je suis en danger, lui avait dit la pieuse malade, cela suffit pour m'autoriser à recevoir les sacrements. » Le danger n'était que trop réel : ses filles furent consternées en l'apprenant. Mais la sœur Raphaël, fidèle à sa promesse, malgré sa profonde douleur, alla annoncer à sa bonne Mère qu'elle pouvait, dès le soir même, recevoir le saint Viatique. A cette nouvelle, l'auguste malade laissa éclater un transport de joie : « Ah! que vous me faites de plaisir, s'écria-t-elle, et que je vous sais bon gré de me tenir la parole que vous m'aviez donnée! c'est un service que je n'oublierai pas devant Dieu, si, comme je l'espère, il me fait miséricorde. — Que vous êtes heureuse, ma Mère, ajouta la religieuse, vous allez au ciel, tandis que nous restons sur la terre! — Je mets toute ma confiance en Dieu, répliqua la malade, et je vous dis que je ne vous oublierai point. Mais, ne perdons pas un instant, faites préparer toutes choses, pour que j'aie le bonheur de recevoir mon Dieu. »

Elle dit à une autre sœur qui rentrait à l'infirmerie après avoir reconduit les médecins : « Eh bien ! ma sœur, vous connaissez mon état maintenant, me promettez-vous de bien prier pour moi lorsque je serai morte ? » La religieuse l'ayant assurée qu'elle le ferait tous les jours de sa vie : « Ce sera, lui répondit-elle, une bonne manière de reconnaître tous mes sentiments pour vous. » Elle lui promit aussi de ne pas l'oublier devant Dieu.

On fit appeler l'abbé Consolin, et, contre le vœu de la malade, on ne songea qu'à lui donner le saint Viatique, parce qu'on ne croyait pas qu'elle touchât encore à ses derniers moments. Lorsqu'on lui annonça que le prêtre s'était rendu à l'église et allait entrer avec le Saint-Sacrement, elle témoigna son ardent amour et une sainte impatience de le recevoir. Dans le sentiment de son humilité, elle commença le psaume *Miserere,* invitant les sœurs infirmières à le réciter avec elle. Elle dit ensuite le *Magnificat,* et d'autres prières que l'Eglise met dans la bouche de ses enfants pour les exciter à l'amour et à la reconnaissance. Plusieurs fois elle répéta avec attendrissement cette parole de confiance : *In te Domine speravi, non confundar in æternum !*

Cette espérance et ces brûlants désirs de la venue de son Dieu, accompagnés d'une douce expression de joie, furent sa disposition habituelle durant sa maladie; mais ils éclatèrent le dernier jour, de manière à causer une grande édification. Elle ne pouvait plus les contenir; et lorsqu'elle vit entrer le Saint-Sacrement, elle s'écria comme notre sainte Mère Térèse dans la même circonstance : *Il est donc arrivé, ô mon divin Epoux! il est arrivé ce moment! O mon Dieu! qu'il m'est doux de vous sacrifier ma vie!* S'unissant aux prières du prêtre, elle y répondait avec une touchante expression de foi; et quelques instants après, elle possédait, pour l'union éternelle, Celui auquel elle avait tout sacrifié, et s'était offerte elle-même par l'immolation la plus complète. Dès-lors, il lui sembla que ce divin Epoux, exauçant l'unique vœu de son cœur, commençait à briser les liens de sa captivité; son ame, à peine retenue sur la terre, n'avait plus de vie qu'en Dieu, elle ne demandait plus que le sacrement qui devait l'enrichir encore de nouveaux mérites, en lui appliquant ceux du divin Sauveur.

On se rendit à ses justes désirs : l'abbé Consolin lui administra l'Extrême-Onction, et, voyant dans l'auguste mourante tant d'héroïsme de foi et d'amour, il s'attendrit au point d'interrompre les saintes cérémonies. Ce fut la malade elle-même qui le releva de cet abattement : « Courage! mon Père, lui dit-elle avec douceur et gravité, courage, courage! » A ces paroles, les larmes et les sanglots éclatèrent de toute part, et la pieuse malade s'adressant à sa sous-prieure, lui dit : « Je vous charge de prier la communauté de me pardonner tous les sujets de peine que je lui ai donnés par mes irrégularités, mes lâchetés et mes autres défauts. »

On remarquait en elle un calme si parfait, qu'on eût dit qu'elle ne faisait qu'assister l'une de ses filles. Le recueillement dans lequel elle paraissait absorbée ne lui faisait pas oublier un instant les pratiques régulières ; elle dit à une religieuse qui était près de son lit : « Ma sœur, votre voile n'est pas assez baissé. »

Lorsque la cérémonie fut terminée, et avant que le prêtre se retirât, elle demanda qu'on lui récitât les prières de l'agonie. On lui dit qu'elle n'était pas encore à cette extrémité : « N'importe, répondit-elle, ce sera une consolation pour moi de m'unir à ces prières ; je voudrais bien n'en rien perdre, car je suis avare des prières de l'Eglise ; oui, j'en suis avare. » D'ailleurs, elle se sentait assez de courage pour s'exhorter elle-même à sortir de ce monde ; ce qu'elle voulait faire, tandis qu'elle avait encore sa pleine connaissance. L'abbé Consolin s'étant ensuite approché de son lit, elle lui dit, en désignant les princesses de France : « Je vous prie de dire à mes sœurs, après ma mort, que j'ai toujours les mêmes sentiments pour elles, et que, si j'obtiens miséricorde, je ne les oublierai pas auprès de Dieu. »

Il était environ minuit lorsqu'on l'administra, et elle fut tellement fortifiée par la possession de son Dieu, que, surmontant ses souffrances avec un courage qui l'étonnait elle-même, elle songea à consacrer au bien spirituel de ses filles son dernier souffle de vie. Elles étaient réunies autour d'elle, attentives à ses moindres paroles, étudiant dans tous ses mouvements les effets d'une vertu consommée, et la fin sublime du juste qui s'endort dans le baiser du Seigneur. Il est facile d'imaginer avec quel respect et quelle piété elles recueillirent ce testament de leur Mère mourante, de leur guide et de leur modèle dans la perfection : « Mes chères sœurs, leur dit-elle, je crois de mon devoir, puisque Dieu m'en laisse la force, de vous rappeler en ce moment les avis que je vous ai souvent donnés, et auxquels je vous conjure de faire une sérieuse attention. Je vous recommande une grande régularité, et plus d'exactitude que jamais à vous rendre aux exercices de la communauté. Trouvez-vous à la minute où le devoir vous appelle, sans compter sur les avants-quarts. Soyez fidèle au silence; qu'on n'ait point de petits mots à se dire, jamais d'entretien secret, point de particularités. Aimez-vous généralement les unes les autres ; conservez un grand amour pour nos saintes Règles et nos Constitutions. Faites cela et vous y trouverez le bonheur. » Elle prit ensuite un ton plus familier et continua ainsi : « Je vous ai toujours regardées et je vous ai aimées comme mes compagnes, mes amies, mes sœurs et mes Mères, et je sens encore que vous m'êtes tout cela, à présent qu'il faut que je vous quitte ; mais, mettez en Dieu votre confiance, il sera votre soutien et votre consolation. J'espère que ma famille, en ma considération, continuera à avoir des bontés pour vous, se souvenant combien cette communauté m'a été chère. Quand je parle de considération, vous imaginez bien que je n'aspire pas à ce qu'on se souvienne de moi, où du moins ce n'est que pour notre maison et pour l'Ordre que je le désire. » La digne prieure eut à peine cessé de parler que les soupirs et les sanglots comprimés eurent un libre cours : ils exprimaient une douleur sans mesure. L'héroïque malade en reprit ses filles comme d'une faiblesse et d'un défaut de confiance en la bonté divine : « Pourquoi donc encore ces pleurs, leur dit-elle ? A quoi bon vous affliger ainsi ? Oui, je le répète : c'est en Dieu seul que vous devez vous confier, et Dieu aura soin de vous. Et puis, j'espère que nous nous retrouverons toutes dans l'endroit où je vais. »

Le médecin de Madame Victoire, étant revenu la voir, lui demanda comment elle se trouvait : « Fort contente, Monsieur, répondit-elle, j'ai reçu mon Sauveur : mon Jésus avec moi, je suis parfaitement tranquille. » Quelques instants après, elle ajouta : « Je vous charge, Monsieur, de mes adieux pour mes sœurs; vous leur ferez bien mes amitiés et leur rapporterez ce que vous voyez, que je meurs dans la plus grande paix. Dites-leur aussi que je les prie d'avoir toujours des bontés pour cette maison, et que je leur recommande notre médecin. »

Tout absorbée dans la pensée de son Dieu et de son éternité, la pieuse malade ne s'occupait nullement des progrès rapides de son mal. Le médecin ordonna de renouveler l'application des cantharides employées déjà sans succès. Elle s'affligea de cette prescription par un amour excessif de la modestie. La vertu angélique, qui avait toujours brillé d'un vif éclat dans toute sa personne, vint alors, en quelque sorte, la couronner de ses gloires : elle déclara qu'elle préférait mourir plutôt que d'accepter le remède. On voulut lui persuader qu'elle était tenue à l'employer puisqu'il pourrait avoir d'heureux effets : « Il ne les aura pas pour moi, répondit-elle, et je souhaiterais bien qu'on me laissât mourir tranquille; mais, puisqu'on le veut ainsi, je ne dois refuser ni d'obéir, ni de souffrir.» Cet acte héroïque lui donnait un dernier trait de conformité avec notre sainte Réformatrice. On sait qu'à ses derniers moments, sainte Térèse, après avoir refusé l'application des ventouses, par les mêmes motifs que notre vénérée Mère, les accepta aussi, afin de boire jusqu'à la lie le calice que lui avait offert le divin Epoux.

Le recueillement de la pieuse malade n'était point interrompu, et elle paraissait ne conserver de vie que pour donner à Dieu de nouvelles marques de son amour. Elle n'oubliait pas le soin des ames qui lui étaient confiées, et, jusqu'à son dernier soupir, on la vit se préoccuper de leurs besoins ou de ce qui les concernait. Apercevant la sœur Raphaël auprès de son lit, elle se souvint de la frayeur qu'elle avait des morts et lui dit : « Sans doute que vous aurez peur de moi quand je serai morte; mais ne craignez rien, je ne ferai de mal à personne. Et puis, je vous promets que, si Dieu me traite selon sa miséricorde, aussitôt que je paraîtrai devant lui, je le prierai de vous délivrer de cette excessive faiblesse. » Une crise étant survenue, la pieuse mourante demanda les prières de l'agonie; la sœur Raphaël lui répondit qu'il n'était pas encore temps et qu'elle l'avertirait lorsqu'elle serait à cette extrémité.

On l'interrogea pour savoir si elle serait bien aise de voir les princesses ses sœurs : « Je sens bien, répondit-elle, que je leur ferais volontiers mes adieux; mais, le devoir d'une Carmélite est de prier pour sa famille, sans marquer trop d'empressement pour la voir. »

Sachant qu'elle avait une particulière confiance en l'un de nos respectables visiteurs, on lui demanda la permission de l'envoyer chercher; elle refusa, et répondit à l'observation qu'on lui fit qu'il pourrait être rendu en vingt-quatre heures : « Mais, dans vingt-quatre heures je n'y serai plus. » Ses filles insistant : « Non, dit-elle, outre qu'il ne convient pas qu'une Carmélite occasionne un voyage dispendieux à sa communauté, sa présence, s'il arrivait à temps, ne pourrait servir qu'à me donner un peu de consolation, puisque, par la grâce de Dieu, je suis tranquille. »

S'étant rappelée que le Souverain-Pontife Clément XIV lui avait envoyé un crucifix auquel il avait attaché les indulgences *in articulo mortis*, elle témoigna le désir de l'avoir, disant que le moment de s'en servir était venu. L'une des sœurs infirmières alla le chercher, et, s'étant méprise, elle apporta celui que la pieuse Princesse avait envoyé au Roi son père dans sa dernière maladie. L'ayant reconnu : « Je l'aimerais bien, dit-elle, mais il me rappelle des souvenirs trop humains; donnez-moi l'autre, je vous prie. »

Elle se souvint alors que la jeune sœur chargée de surveiller sa conduite l'avait quittée, par obéissance, pour aller prendre du repos, et, ne voulant pas lui causer le chagrin de ne plus la trouver à son réveil, elle l'envoya chercher : « La pauvre enfant, dit-elle, ne me croit pas si mal, et, comme elle ne se porte pas bien elle-même, si elle allait apprendre tout-à-coup la nouvelle, cela pourrait lui occasionner quelque fâcheuse révolution. » Lorsque la religieuse parut, elle lui dit avec un pieux transport : « Adieu! sœur Séraphine, c'est tout de bon que je m'en vais! — Et où allez-vous donc, ma Mère, s'écria celle-ci, en courant à elle avec l'expression d'une amère douleur?—Gardez-vous de me plaindre; je croyais que le bon Dieu me réservait encore bien des croix, et voilà que, par sa miséricorde, tout est fini! J'ai la confiance qu'il me donnera son paradis, ne suis-je donc pas très heureuse! Non, je ne l'aurais jamais cru, qu'il fût si doux de mourir! » La sœur Séraphine voulait embrasser une dernière fois sa bonne Mère; mais celle-ci, comme si elle eût craint de dérober à Dieu quelque chose du don parfait qu'elle lui avait fait de son cœur, se refusa à cette démonstration de tendresse filiale. Peu après, une autre religieuse, en lui rendant un service de charité, laissa échapper quelques marques d'affection humaine : « Dieu seul, lui dit la vertueuse malade, Dieu seul, ma sœur, en ce moment. »

On l'entendait souvent faire des excuses ou des remercîments aux sœurs infirmières. Se croyant bien indigne de leurs soins, elle ne les recevait qu'à regret. Ses souffrances devenaient toujours plus vives; mais sa douceur ne s'altérait pas un instant, et elle se reprochait, en quelque sorte, l'impuissance où elle se trouvait parfois d'exprimer à ses filles ses sentiments maternels. L'une d'entre elles lui ayant demandé une permission, elle la lui accorda en peu de mots, et dit ensuite à l'infirmière : « Il me semble que j'ai parlé bien sèchement à cette sœur; faites-lui, je vous prie, des excuses pour moi. » Une autre religieuse lui ayant demandé si elle souffrait beaucoup, elle lui répondit : « Oui, beaucoup; mais cela passera ! » Ce laconisme, causé par son état de faiblesse, lui parut contraire à la charité; elle en demanda pardon à la sœur qui en fut d'autant plus touchée, qu'elle avait admiré la patience de notre vénérée Mère dans cette réponse.

Sa reconnaissance envers ses infirmières lui inspira le désir de leur laisser deux crucifix qu'elle avait eus à son usage; elle désigna à la sœur Raphaël celui qu'elle tenait à la main, et dit à l'autre sœur d'en prendre un dans la boîte qu'elle indiqua : « Mais, ajouta-t-elle, ce sera à la condition que la prieure qui me succèdera, ne voyant rien en cela qui blesse l'esprit de pauvreté, vous accordera la permission de les garder; car, à Dieu ne plaise que je prétende disposer en propriétaire, ou par forme de testament! »

Cette leçon de régularité compléta les enseignements qu'elle avait donnés à ses filles, et mit le dernier trait au parfait dégagement d'elle-même, dont elle les avait rendues témoins. Sous leurs yeux, elle avait quitté le monde avec ses vanités et ses illusions, elle avait pris la croix, fidèle à l'appel du divin Maître, et, allant toujours de victoire en victoire, elle avait gravi le mont sacré du Carmel, laissant à chaque pas quelques lambeaux de cette nature d'Adam, condamnée par son amour généreux à soutenir des luttes incessantes tant qu'elle aurait quelque étincelle de vie. Enfin, ses filles la voyaient parvenue aux sublimes degrés des vertus, enrichie de mérites et consommée dans l'union divine. La tâche de la Mère Térèse de Saint-Augustin était donc remplie : elle pouvait livrer son cœur à l'amour sacré dont les langueurs la consumaient, et ne lui permettaient plus de supporter la séparation de l'exil. Ce désir brûlant n'était que

CHAPITRE XXX. 331

l'écho de celui du divin Epoux qui l'attirait par des charmes irrésistibles, ce qui fit dire à sa fidèle épouse, dans un transport de reconnaissance : « *Il est donc temps !* » Et, enfin, un dernier trait d'amour ayant blessé son cœur, elle s'écria : « *Allons, hâtons-nous d'aller en paradis !* Peu après, cette douce colombe s'envola vers son Epoux. Sa mort fut calme et paisible comme celle des saints ; elle arriva le 23 décembre 1787, à quatre heures et demie du matin.

Au moment où notre vénérée Mère rendit le dernier soupir, quelques religieuses, qui priaient pour elle devant le Saint-Sacrement, entendirent un bruit extraordinaire qui paraissait se produire dans le chœur, sans que rien y donnât lieu. Poussées alors involontairement à sortir, elles apprirent que leur bonne Mère venait d'expirer.

La prieure de notre communauté de Pont-Audemer fut en quelque sorte avertie de cette mort précieuse. Elle était alors, par un état de souffrance, presque entièrement privée de sommeil, lorsque la Mère Marie des Anges, son infirmière, s'aperçut qu'elle dormait paisiblement. Celle-ci avait les yeux fixés sur elle, quand elle s'éveilla subitement, et fit paraître une grande émotion. L'infirmière, lui en ayant demandé la cause : « J'ai vu en songe, lui dit-elle, un cierge allumé qui s'est éteint tout-à-coup en se brisant, et je crois que l'Ordre vient de perdre une grande lumière. » Deux jours après, la nouvelle du décès de l'auguste Carmélite lui étant parvenue, elle remarqua qu'il avait eu lieu au moment précis de ce songe.

Ce triste évènement ne fut pas plus tôt connu dans la ville et ailleurs, que la consternation fut générale. De toute part on déplorait la perte que faisait la religion, et on s'attendrissait sur les malheurs réservés à la France. Le Carmel pleurait sa gloire, son appui, et tous les Ordres monastiques, leur modèle et leur bienfaitrice. L'auguste famille perdait sa plus douce consolation, alors qu'elle allait subir les plus dures épreuves. Mais aucune douleur ne fut comparable à celle de nos Mères de Saint-Denis : leurs larmes, ce semblait, ne devaient pas tarir; c'était un vide immense dans la maison, et les cœurs le sentaient profondément. Le sacrifice que Dieu exigeait d'elles était immense, lui seul pouvait l'adoucir, et il le fit par la médiation même de celle qui en était l'objet.

Inclinées à l'invoquer plutôt qu'à prier pour elle, quoiqu'elles ne négligeassent pas ce dernier devoir, elles se crurent redevables au crédit de leur bonne Mère auprès de Dieu, de cette paix intime, de cette douce résignation qu'elles sentaient parmi leurs vives angoisses, et de cette force d'ame qui leur fit accepter généreusement toutes les épreuves réservées à leur nouvelle position. Une circonstance particulière vint encore les persuader que cette Mère vénérée jouissait déjà de l'ineffable récompense.

On sait qu'elle avait promis à la sœur Raphaël de lui obtenir, aussitôt qu'elle serait admise à la possession de Dieu, la grâce de n'être plus tourmentée par la frayeur des morts. A peine la digne prieure eut-elle expiré, que cette chère sœur ressentit l'effet de sa promesse : la pensée de la peur ne lui venait même pas en entourant sa dépouille mortelle; elle y demeurait constamment sans laisser paraître ni faiblesse, ni aucune marque d'excessive douleur, quoiqu'elle eût toujours aimé cette bonne Mère avec une grande tendresse, ce qui fut remarqué et admiré de toutes les religieuses. Elle fut si parfaitement guérie de sa frayeur des morts, qu'après l'inhumation de notre digne Mère elle allait tous les soirs prier seule et sans lumière sur sa tombe; et depuis, au lieu de ce saisissement qu'elle éprouvait aux approches du décès de quelque religieuse, elle priait au contraire la mourante de revenir lui dire l'état de son ame, lui promettant de prier doublement pour elle. Il lui arriva même, après la mort des sœurs avec lesquelles elle avait fait de semblables conventions, de laisser ouverte la porte de sa cellule pour leur faciliter le moyen de venir la trouver. C'était sans doute une excessive simplicité; mais en même temps une preuve évidente de la grâce qu'elle avait obtenue, et qu'elle conserva toute sa vie, c'est-à-dire jusqu'à l'âge de quatre-vingt-onze ans.

CHAPITRE XXXI.

Inhumation de l'auguste prieure. — Témoignages de vénération des personnages les plus illustres et les plus dignes de foi. — Les fidèles réclament des objets qui lui aient appartenu.

Notre vénérée Mère avait à peine rendu le dernier soupir, que M. l'abbé Rigaud, l'un de nos visiteurs, et M. l'abbé Bertin arrivèrent presque en même temps à Saint-Denis. N'ayant plus aucun espoir de conserver la pieuse Princesse, ils venaient s'édifier du spectacle de sa sainte mort; mais Dieu avait favorisé l'abnégation de son humble servante dans le sacrifice qu'elle lui avait fait, en se privant de la présence de ces pères spirituels qu'elle vénérait. M. l'abbé Bertin monta à l'autel immédiatement et offrit pour elle la sainte Victime. Nos autres supérieurs s'empressèrent aussi de venir honorer la dépouille mortelle de celle qu'ils avouaient être si digne de tous leurs regrets. La sœur Raphaël profita de cette circonstance pour leur exposer de nouveau son désir, au sujet de l'établissement de la commémoraison des sœurs défuntes, au lendemain de la Toussaint de l'Ordre. Elle leur fit observer que l'illustre prieure avait appuyé cette demande de ses propres sollicitations. MM. nos Visiteurs accordèrent immédiatement la faveur désirée, et, dans le courant de l'année, ils en délivrèrent l'autorisation, en sorte que la première fois qu'on célébra la fête des saints de l'Ordre, on fit le lendemain la commémoraison des sœurs défuntes.

Dieu se plut à manifester en plusieurs manières combien les humbles vertus de sa fidèle servante lui avaient été agréables. Et d'abord, il exauça le vœu qu'elle avait formé de demeurer cachée, après sa mort, aux regards des créatures auxquels elle s'était dérobée pendant sa vie. Son visage devint tout noir après son décès, en sorte qu'elle ne put être exposée au chœur selon l'usage. Les médecins, ignorant qu'elle avait aspiré du poison, furent surpris de cet effet, comme ils l'avaient été de voir la malade arriver si promptement à la mort, après leur déclaration formelle que le mal dont elle était atteinte ne la mettait pas dans ce danger. Nos Mères, en reconnaissant l'action du poison, continuèrent à garder le secret sur ce fait, conformément au désir de l'auguste défunte. On déposa son corps dans un cercueil de plomb, et, sur une petite plaque de cuivre qui y fut attachée, on grava ses noms, titres, âge et années de religion. Ce cercueil fut mis dans un autre en bois de chêne, et, tandis qu'une foule innombrable s'affligeait de ne pouvoir considérer une dernière fois les restes chéris de l'héroïque Princesse, ses filles eurent la consolation de les entourer pendant quatre jours.

Peu d'heures après son décès, Mgr l'Archevêque de Paris daigna visiter la communauté et lui adresser des paroles de consolation, en exprimant les plus vifs regrets de la perte d'une princesse, dont le le mérite et les vertus attiraient sur son diocèse les meilleures bénédictions du ciel. Mgr le Nonce accorda le lendemain la même faveur à nos Mères, et entra ensuite dans le cloître, accompagné de deux architectes, avec lesquels il voulait s'entendre pour choisir le lieu de la sépulture. Son Excellence aurait voulu la placer au chœur, mais la disposition des lieux ne le permettant pas, elle consentit à la fixer au Chapitre.

On attendait les ordres de la Cour pour l'inhumation : Louis XVI, connaissant les vues de sa pieuse tante, permit qu'on suivît les usages de l'Ordre pour cette cérémonie, qui fut fixée au jeudi

27 décembre. Mgr l'Archevêque de Paris ne voulut céder à personne la consolation de rendre ce dernier devoir à l'illustre Carmélite. Il chanta la grand'messe, ayant pour diacre et sous-diacre les abbés Rigaud et de Floirac. Les révérends Pères Bénédictins de Saint-Denis tinrent le chœur durant les obsèques. Une foule compacte, composée de personnes de tout rang, occupait la nef. Parmi les Dames qui s'y trouvaient, on remarqua la princesse de Ghistel, dame d'honneur de Madame Louise, laquelle l'avait accompagnée à son entrée au Carmel.

Après la messe, Messeigneurs l'Archevêque de Paris, l'Evêque de Sency et celui de Babylone, Messieurs nos Visiteurs et le supérieur de la maison, les révérends Pères Bénédictins, d'autres religieux et un grand nombre d'ecclésiastiques entrèrent dans la clôture pour assister à la cérémonie, après laquelle on descendit le corps dans le caveau qui lui avait été préparé.

Plus tard, on plaça sur le cercueil une pierre tombale en marbre blanc, sur laquelle on grava cette épitaphe :

CHAPITRE XXXI.

Ici repose
le Corps de la Très Révérende Mère
Térèse de Saint-Augustin,
LOUISE-MARIE DE FRANCE,
Fille
du Roi Très Chrétien *LOUIS XV,*
et
Prieure de ce Monastère.

Son sacrifice honora sa Religion;
Son courage prouva sa foi;
Sa naissance releva son humilité;
Son zèle maintint la Règle;
Sa ferveur en inspira l'amour;
Son exemple en adoucit l'observance.

Elle décéda le XXIII Décembre MDCCLXXXVII.
Dans la LIme année de son âge.
Dans la XVIIIme année de son entrée en Religion.
Dans la IIIme de son second Priorat.
Priez pour elle.

Du vivant même de la pieuse Princesse, tous ceux qui eurent le bonheur de la connaître se firent un devoir de proclamer sa vertu; les plus humbles religieuses comme les personnages les plus distingués, les évêques et les souverains-pontifes nous en ont laissé des témoignages. Nous ne citons que quelques fragments :

« Vous désirez savoir des nouvelles de notre sainte Princesse, écrivait la Mère Eléonore de Jésus-

Crucifié, au saint évêque d'Amiens, au mois d'août 1770, rien de plus admirable que sa piété, sa ferveur et sa dépendance. Elle a le caractère le plus doux, le plus aimable; une humeur bienfaisante et toujours égale. Régulière en tout point, elle montre la simplicité d'un enfant. Nous admirons l'accord de tant de vertus, et nous ne cessons de rendre à Dieu des actions de grâces multipliées, d'avoir choisi notre maison pour le lieu du sacrifice d'une victime qui lui est si agréable. Sa santé est parfaite, sa gaîté, son contentement sont tels que vous l'avez vu vous-même, mon saint Père. »

Dans une lettre adressée par la révérende Mère Julie de Jésus à M. de Villegas d'Esteinbourg, on lit : « Toutes nos maisons de France demandent de nos sœurs de Flandre, avec une ardeur et un empressement qui nous enchantent. Elles écrivent pour cela à notre auguste Mère qui est la Térèse de la France par son humilité, son obéissance, sa pauvreté, sa douceur, sa piété et toutes les autres vertus qu'elle porte à un degré éminent.,...»

La Mère prieure des Carmélites de Pontoise, écrivant dans la même circonstance à celle du monastère de Courtrai, s'exprime ainsi : « Ah! respectable Mère, qu'il est consolant pour nous que Dieu nous ait donné, dans sa miséricorde, Madame Louise, notre auguste Mère, qui fait l'appui et la consolation du Carmel! Sa grande charité ne laisse point son zèle oisif. Vos malheurs, ma chère Mère, occupent son tendre cœur; pour vous toutes, sa sollicitude est sans bornes. Son amour pour notre saint état lui fait désirer que vous ayez toutes le courage de vous expatrier, plutôt que de manquer à vos saints engagements. Voilà, chère Mère, l'héroïne dont Dieu a enrichi notre saint Ordre; priez-le de nous la conserver. »

Nos respectables visiteurs, soit dans les lettres et les instructions qu'ils adressaient à l'Ordre en France ou dans leur correspondance particulière, soit dans les visites régulières de la clôture, se plaisaient à communiquer les sentiments de vénération que leur inspiraient les vertus de notre illustre Mère, et à parler de son héroïsme. Ils exaltaient surtout son humilité profonde, son attachement inviolable aux devoirs de sa vocation, son zèle pour la gloire de Dieu et le salut des âmes. En un mot sa fidélité à reproduire les traits de la perfection évangélique rétablie sur le Carmel par notre sainte Réformatrice.

Dans leur lettre adressée à tous nos monastères [1] Mgr Hachette des Portes, Mgr le Quien de la Neu-

---

Lettre annonçant la profession de notre vénérée Mère, 25 septembre 1771.

ville et M. l'abbé Rigaud s'expriment ainsi : « Nous avons eu le bonheur de voir cette ame forte et généreuse ne se rappeler tout ce qu'elle avait été, que pour préparer à la foi et à la vertu un triomphe plus éclatant; ne jeter un dernier regard sur le monde, que pour achever, en le quittant, de l'instruire et de l'éclairer. Plus grande sous l'habit de Térèse que dans toute la pompe de la Cour; plus admirable dans les exercices de l'humilité chrétienne que dans les honneurs dus à la dignité de son rang, cette illustre amante de la Croix nous a rappelé le saint roi David, chantant les louanges de Dieu autour de l'Arche, se dépouillant de toute sa gloire pour s'anéantir devant le Seigneur, devenant l'admiration de tous les Israélites, et infiniment au-dessus de ceux qui osaient le censurer.......... Vous, nos très chères sœurs, qui savez apprécier l'inestimable don que le Ciel vient de vous faire, rendez-lui d'éternelles actions de grâces, puisqu'il a daigné vous visiter dans sa miséricorde. Regardez-vous comme son peuple chéri, puisqu'il vous comble de tant de bienfaits dans le désert. Que l'impression des vertus d'une Princesse qui sera désormais le modèle du Carmel, comme elle en est la gloire, augmente de plus en plus en vous le goût délicieux que vous trouvez dans l'accomplissement de vos devoirs. Les vœux de votre sainte fondatrice sont remplis : elle aurait désiré de faire connaître la religion à tout l'univers : eh! qui peut le faire avec plus de succès que l'exemple d'une princesse illustre animée de son esprit, dont toute l'Europe parle, et à qui tout le christianisme applaudit? »

« Vos solitudes, écrit à nos monastères M. l'abbé de Bonal [1], fixent plus que jamais l'attention de l'univers, depuis que le Seigneur, par une bonté signalée, y a fait fleurir les lis. C'était une consolation réservée à l'Eglise dans les moments de ses épreuves et de ses grandes tribulations. Il fallait un sacrifice d'éclat pour en imposer à l'incrédulité, et détruire l'empire des préjugés du siècle : le trône a fourni la victime. L'élévation de son rang commande le respect, son héroïsme ravit l'admiration, son éminente vertu lui concilie la vénération. Le Carmel, ainsi privilégié, ne peut-il pas se regarder comme la montagne de Dieu, où il se plaît d'habiter? Puisse mon zèle contribuer à lui rendre cette demeure encore plus agréable pour qu'il s'y fixe à jamais! Tel est et sera toujours l'objet de mes vœux les plus ardents. »

---

[1] Vicaire-général de Chalon-sur-Saône, et visiteur de notre saint Ordre, nommé depuis à l'évêché de Clermont. (Lettre du 6 octobre 1774.)

M. l'abbé d'Alerey[1] termine ainsi une de ses lettres : « Puisque sainte Térèse, considérant la vertu et la perfection des Carmélites de son temps, ne doutait point qu'elles n'eussent assez de crédit auprès de Dieu pour en obtenir de très grandes grâces, que ne dois-je pas me promettre des vœux que la charité saura bien vous dicter en ma faveur, vous qui vous montrez dignes d'une si sainte Mère? Et, si son auguste fille daigne solliciter pour moi les lumières dont j'ai besoin, ne suis-je pas assuré de les obtenir de Celui de qui vient toute faveur insigne et tout don parfait? Le ciel pourrait-il ne pas exaucer l'humble prière de celle qui est aujourd'hui la gloire du Carmel, et dont les vertus héroïques annoncent l'ame la plus grande et la plus chérie de Dieu? »

M. l'abbé de Floirac[2] s'exprime ainsi : « ... Mais tant de vertus pratiquées dans votre solitude doivent-elles m'étonner? Vous en avez le modèle sous vos yeux........ Une auguste princesse, la gloire du Carmel, la digne fille de saint Louis, est au milieu de vous. Elevée à l'ombre du trône,

---

[1] Vicaire-général d'Uzès et visiteur de notre saint Ordre. (Lettre à nos monastères, janvier 1777.)

[2] Vicaire-général de Paris, nommé à cette époque visiteur de notre saint Ordre. (Lettre à nos monastères, 5 février 1784.)

elle a préféré la sainte ignominie de la Croix à toute la pompe dont elle était environnée. Fidèle imitatrice de votre sainte Mère, elle ne se rappelle son ancienne splendeur que pour être la plus humble et la plus fervente. Déjà, par ses soins, une nouvelle colonie d'épouses de Jésus-Christ vient habiter vos déserts [1]. Elles volent dans les bras d'une Mère si tendre, et sous ses auspices la France devient leur patrie. »

M. l'abbé de la Bourdonnaye, M. de Juge de Brassac, tous nos respectables visiteurs en un mot, crurent devoir rendre des hommages à sa vertu, et féliciter le Carmel de l'avantage de la posséder.

Dans les procès-verbaux des visites canoniques de notre monastère de Saint-Denis, nos dignes visiteurs constatent : que la sœur Térèse de Saint-Augustin, depuis son entrée en religion, ne cesse de donner les plus grands exemples de ferveur et de régularité, non-seulement à la maison qu'elle habite, mais à tout l'Ordre en général [2]. Qu'ils ont vu avec consolation, que l'augmentation des revenus de cette communauté n'a rien changé à sa manière de vivre simple et modeste, et ne lui a rien

---

[1] Les Carmélites de la Belgique.
[2] Visite de 1773.

fait perdre de l'esprit de pauvreté qui fait son trésor, et dont la révérende Mère Térèse de Saint-Augustin lui donne de grands exemples [1].

Mgr d'Orléans de la Motte, évêque d'Amiens, fut aussi l'appréciateur des vertus de l'humble Princesse. Il aimait, en visitant ses anciennes filles de Saint-Denis, à entendre dire qu'elle était leur modèle, et à la considérer quelques instants dans l'exercice des humbles fonctions du cloître ; il la proposait ensuite pour exemple aux plus saintes religieuses dont il avait la conduite. Nous citons quelques fragments de ses lettres renfermant des détails à ce sujet :

« ..... Je mets à part l'article de Madame Louise. Je fus le lendemain de sa vêture lui rendre mes hommages, et comme j'arrivai de nuit, elle se rendit au parloir tenant d'une main sa lanterne de papier, et de l'autre un chandelier de laiton avec une chandelle de suif : Avez-vous, lui dis-je, jamais touché du laiton et des chandelles de suif? — Grâces à Dieu, me dit-elle, je n'y ai aucune peine. Sa gaîté et sa santé se soutiennent. On n'ose se plaindre de rien dans le couvent, parce qu'elle est contente de tout ; elle n'a pas même une converse à elle, s'habillant et se déshabillant

[1] Visite de 1781.

elle-même. On ne l'appelle plus que *ma sœur*; la voir est un sermon touchant. Dieu veuille lui donner de la santé. Il n'y a dans sa chambre, qui est comme les autres, que sa chaise de paille, et le fauteuil du Roi [1]. Quelquefois il s'assied sur son lit qui est une paillasse piquée, il le trouve dur; mais tout se tourne en plaisanterie. Le jour de sa vêture, elle fut la seule qui eût les yeux secs; les gardes-du-corps même donnèrent des larmes quand on la vit avec son habit de bure. Ne l'oubliez jamais, rien n'est plus capable de nous encourager. (14 novembre 1770.)

» ..... J'ai fait le voyage de Saint-Denis et j'y ai admiré la conduite de Madame Louise, à présent sœur Térèse de St-Augustin. Aussitôt qu'elle a eu le voile noir, on l'a faite maîtresse des novices; elle en a sept du chœur et trois du voile blanc. On la voit toujours la première; et ce qu'il y a de plus frappant, c'est son obéissance et son amour pour la pauvreté. J'y restai deux jours et me retirai avec le désir de mieux faire...... (5 novembre 1771.)

» Ce qu'il y a de plus admirable en elle, c'est cette humilité qui la rend égale à toutes. Elle demande

---

[1] Ce fauteuil n'était dans sa cellule que lorsqu'on avait annoncé la visite du Roi.

la moindre permission avec la simplicité d'un enfant.

» On ne peut exprimer la joie, la gaîté, la simplicité et le courage de cette grande Princesse, aimant son état et se regardant comme plus heureuse d'y être que de porter une couronne. C'est un miracle de la voir, dans les pratiques les plus austères, jouir de la force que n'ont pas celles qui, dans le monde, s'épargnent davantage; de la voir mener la vie des Carmélites, sans adoucissements, avec une gaîté admirable, et se portant à merveille.

» Je suis revenu de Saint-Denis mécontent de moi-même, avec la résolution de servir Dieu moins lâchement que par le passé. Je le dis, parce qu'en effet on ne peut voir cet exemple, sans être animé à un service qui fait le bonheur de quelqu'un qui a tant sacrifié pour lui...»

Les Souverains-Pontifes Clément XIV et Pie VI, dans leurs brefs adressés à notre vénérée Mère, ou à d'autres personnes à son sujet, reconnaissent l'excellence de sa vertu et lui donnent les plus beaux éloges. Ces brefs, dont nous possédons, ou les autographes, ou les copies insérées dans les annales de notre monastère, sont imprimés à la fin de cet ouvrage. Nous ne citons ici qu'un passage de celui que Pie VI adressa à l'abbé Proyart, et qui se trouve à la tête de la Vie du Dauphin, père de Louis XVI :

« ..... On nous a remis de votre part un exemplaire de la Vie du Dauphin que vous avez écrite, et qui vient enfin de paraître, par les soins et les instances de la digne sœur de cet excellent prince, notre très chère fille en Jésus-Christ, Louise de France, religieuse Carmélite, princesse dont la piété jette au loin un si grand éclat, qu'il n'est personne qui ne se sente pénétré pour elle des sentiments de la plus haute admiration et de la plus sincère affection, etc., etc. »

Après la mort de notre vénérée Mère, nos dignes visiteurs s'empressèrent de témoigner à tous nos couvents leur propre douleur de la grande perte que l'Ordre venait de faire dans la personne de l'humble Carmélite, qu'ils se plaisaient à nommer la gloire de l'état monastique et l'héroïne de la religion. Nous copions textuellement la lettre circulaire qu'ils écrivirent dans ce but :

« Notre révérende Mère et nos très chères sœurs,

» La paix de Notre-Seigneur Jésus-Christ soit avec vous.

» Nous avons partagé votre juste douleur sur le triste évènement qui a porté la consternation dans toutes les maisons de votre saint Ordre.

» Qui peut, mieux que nous, apprécier et ressentir la perte irréparable que nous avons faite en la personne de Madame Louise, d'après la confiance dont nous a toujours honorés cette auguste Princesse, et les marques de bonté qu'elle n'a cessé de nous donner?

» Nous ne prétendons pas, notre révérende Mère et nos très chères sœurs, renouveler vos regrets, mais vous remettre sous les yeux les motifs les plus capables de vous consoler et de vous porter à la pratique des plus héroïques vertus. Digne fille de saint Louis et de votre Père saint Elie, notre auguste Mère Louise Térèse de Saint-Augustin n'eut en vue que de procurer la plus grande gloire de Dieu et le salut des ames. Si les bienséances de son sexe l'empêchèrent de traverser les mers pour remplir ce double objet, son zèle n'en parut que plus actif et plus généreux. Zélée imitatrice des Augustin, des Jean de la Croix, des Térèse de Jésus, elle eût désiré de pouvoir embraser tous les cœurs du feu sacré du divin amour dont elle était consumée; son divin Epoux était venu l'apporter sur la terre; ainsi que son divin Epoux elle eût voulu en embraser l'univers. Pénétrée de la plus vive reconnaissance pour le bienfait inestimable de sa vocation, notre auguste Mère ne connaissait pas de bonheur pareil à celui d'une Carmélite fidèle à remplir ses devoirs. Elle réclama les bontés du Roi, son auguste neveu, et en obtint un asile, dans vos différentes maisons, à de fidèles épouses de Jésus-Christ, qu'elle aima comme des sœurs généreuses et affligées, proscrites dans leur patrie, et menacées de perdre un état qui leur était infiniment plus précieux que la vie.

» Le Seigneur a daigné accorder à son zèle bien d'autres succès. Notre auguste Mère a eu la consolation de faire refleurir l'esprit primitif de la réforme parmi les religieux de votre saint Ordre, et de l'établir dans un de vos monastères, qu'on peut regarder, sous bien des rapports, comme le miracle de son siècle. Nouvellement érigé à Alençon, sous les auspices de Monsieur, frère du Roi, il nous retrace la ferveur du monastère d'Avila, et l'édifiante régularité que nous voyons se perpétuer d'âge en âge dans vos différentes maisons.

» Vous vous rappellerez avec attendrissement que Madame Louise fut la consolation des ames affligées, l'espoir des gens de bien, l'édification de l'Eglise, l'ornement du Carmel et de l'état religieux; il n'est point de vos maisons qui n'ait éprouvé les heureux effets de sa bienveillance et de sa protection; il n'en est point qui ne se soit aperçue de sa déférence pour adopter les moyens que nous lui avons suggérés pour leur procurer des secours nécessaires. Nous l'avons vue toujours empressée à partager nos sollicitudes pour soutenir et conserver plusieurs de vos monastères, dont le malheur des temps nous faisait craindre la chute prochaine.

» Nous ne vous parlons pas, notre révérende Mère et nos très chères sœurs, des vertus qu'a pratiquées Madame Louise au pied du trône et dans l'obscurité du cloître : la charité la plus compatissante, l'humilité la plus profonde, l'abnégation la plus entière, l'obéissance la plus prompte, la plus généreuse, la plus parfaite..... Eh! qui de vous ignore quelle a été la sainteté de sa vie, la générosité de ses sentiments, l'héroïsme de ses sacrifices, la vivacité de sa foi, de son espérance et de son amour? Ce fut surtout dans ses derniers moments qu'elle en donna les preuves les moins équivoques et les plus éclatantes : *Non*, disait-elle, *je ne pensais pas qu'il fût si doux de mourir... Hâtons-nous... Il est temps... Allons au ciel!...*

» Il est à présumer, notre révérende Mère, qu'une mort prompte, mais aussi peu imprévue, et précédée d'une vie aussi sainte, a été infiniment précieuse aux yeux du Seigneur. Que d'indices! que d'heureux présages qui nous annoncent que cette grande ame jouit déjà de ce bonheur infini et éternel qui doit être l'objet de tous nos vœux! Si nous vous apprenions qu'on a déjà obtenu, par sa protection, des grâces extraordinaires, des faveurs signalées, ne serions-nous pas avoués par un grand nombre d'ames reconnaissantes. Mais ne prévenons pas les moments du Seigneur; disons seulement que, placée dans le ciel, bien près des saint Louis, des Térèse, des Augustin, elle est et elle sera plus que jamais notre asile, notre refuge, la très zélée, la très puissante protectrice de l'Etat, de vos monastères, de l'Eglise et de la religion.

» L'abbé RIGAUD,
» L'abbé de BRASSAC,
» L'abbé de JUGE DE BRASSAC,
» L'abbé de FLOIRAC,
» Visiteurs apostoliques des Carmélites en France. »

L'un de ces respectables supérieurs, que nous croyons être M. l'abbé Rigaud, écrivait dans sa correspondance privée : « La confiance et les bontés dont m'honorait Madame Louise devraient peut-être m'imposer silence. Je ne puis cependant m'empêcher de dire que, si elle paraissait bien sainte, elle l'était plus encore. Que cette ame héroïque est digne de nos regrets ! des regrets de tous les bons français, de tous les vrais enfants de l'Eglise ! On pouvait la regarder comme l'appui du trône par ses prières, et la gloire du Carmel pas ses vertus. Elle était la consolation des ames affligées, l'espoir des gens de bien, le soutien et la protection constante de la religion et de l'état religieux, dans le royaume et au delà. Son zèle était vif et généreux ; mais prudent, soumis et éclairé. En digne fille de sainte Térèse, elle eût voulu pouvoir s'immoler mille fois pour procurer la plus grande gloire de Dieu et le salut des ames.

» Une foule de traits attestent qu'elle était un prodige de courage, d'humilité, d'abnégation, d'obéissance à l'égard de ses supérieurs, de douceur et de prévenance envers ses inférieures ou ses égales. Les Carmélites de Saint-Denis ne vous laisseront pas ignorer la tendre affection de leur Mère pour son saint état ; sa régularité, sa ferveur, sa condescendance pour les autres, son austérité pour elle-même, son amour du silence et de la pauvreté, son zèle pour le maintien et la pratique de la Règle... »

M. l'abbé Bertin, qui avait vu de si près les éclatantes vertus de notre vénérée Mère, et qui, tant de fois, avait admiré surtout l'obéissance si parfaite qu'elle lui rendait, en parle en ces termes à l'abbé Proyart, auquel il livrait des mémoires pour la composition de sa Vie : « ... Tels sont les faits et les détails dont j'ai été témoin, dont la vérité m'est assurée, et que je crois devoir attester avant que de mourir, comme je les atteste devant Dieu et devant les hommes. Tel est l'hommage de justice que je dois aux vertus de Madame Louise, dont le zèle ardent, la ponctualité et la constance, toujours soutenus, m'ont paru vraiment héroïques. Tel est le témoignage que je me suis cru obligé de rendre de la manière dont la divine Providence a conduit cette ame précieuse, depuis le moment où la grâce surnaturelle l'arracha au monde par gradation, en accroissant sa ferveur pour tous les devoirs de son état. Cette ferveur nous parut surtout éminente depuis dix-huit mois avant sa mort, jusqu'au moment où nous la vîmes consommée dans la tranquillité, la joie et l'empressement de se réunir à son Dieu.

» Ce que je signe et certifie dans toute la droiture de mon cœur, comme supérieur et par devoir; de moi-même, et sans aucun égard aux invitations qui pourraient m'en avoir été faites. A Chaton, ce 11 janvier 1789.

» BERTIN, conseiller d'Etat et supérieur. »

L'une de nos Mères de Saint-Denis, probablement la Mère Raphaël, termine ainsi son recueil des vertus de l'humble Princesse : « J'ai vu mourir plusieurs personnes d'une manière bien édifiante ; mais je puis dire que jamais mort n'a fait autant d'impression sur moi que la sienne, et je vivrais encore quatre-vingts ans que je ne l'oublierais jamais. J'étais alors auprès d'elle, lui tenant son crucifix... J'ai rapporté ses dernières paroles, mais il me serait impossible d'exprimer le zèle, la foi et la ferveur qui les animaient. Elle a vécu en sainte et en grande sainte; elle est morte de même... Il me semblait, en voyant mourir cette seconde Térèse, que j'assistais à la mort de la première... J'ai senti la grandeur de ma perte, celle de la maison, celle de l'état religieux et de toute l'Eglise : mais pour elle, je n'ai pu la plaindre un instant. Il me semble la voir au Ciel, et j'avoue que son tombeau, où, en priant pour elle comme elle me l'a fait promettre, je réclame aussi son secours, m'est un lieu de consolation, de force, de lumière et de grâce. J'en ai été frappée en plusieurs circonstances ; aussi y vais-je avec la même confiance qu'elle m'a toujours inspirée pendant sa vie. Là, je me rappelle les instructions et les avis que cette bonne Mère m'a donnés ; et je puis dire qu'elle me sert encore de modèle dans le chemin de la vertu. Dieu me fasse la grâce de l'y suivre. »

La Mère Eléonore, répondant à l'abbé du Serre-Figon qui, après la mort de l'héroïne du Carmel, lui demandait le narré de quelques traits saillants de ses vertus, lui dit : « Quels traits pourrai-je vous citer ? Le plus beau, c'est la vie unie qu'a menée Madame Louise. C'est véritablement le plus grand éloge qu'on puisse faire de cette princesse. Dans le monde il faut des actions d'éclat pour faire connaître les saints ; dans le cloître, il faut s'assujettir aux plus communes, et les faire avec des motifs qui les relèvent aux yeux de Dieu, mais en nous cachant aux yeux des hommes. Voilà ce qu'a fait Madame Louise, tout le temps que nous avons eu le bonheur de la posséder; et c'est ce que j'appelle le miracle de sa vie ! »

Mgr de Juigné, archevêque de Paris, était pénétré de vénération pour l'auguste Carmélite. L'exemple de ses vertus était à ses yeux une grâce insigne pour son diocèse. Il témoigna, à la mort de cette admirable princesse, les plus vifs regrets de sa perte. Nous citons un extrait de son mandement pour le Carême de 1788, où il exprime ses sentiments à ce sujet :

« Au milieu des maux qui nous affligent de toute part, la bonté divine semblait nous avoir ménagé une consolation dans les vertus de l'auguste vierge qui avait donné au monde l'exemple d'un si généreux sacrifice, et qui l'a soutenu jusqu'au dernier soupir avec tant de constance et de magnanimité. Pendant que ses augustes sœurs prouvaient, par leur exemple, que les vertus chrétiennes peuvent habiter jusqu'au centre du tumulte et de la dissipation des Cours, quel spectacle, N. T. C. F., de voir la fille de tant de rois, la fille de Louis XV, la tante de Louis XVI ; de voir une princesse, élevée dans les délices et la gloire de la Cour la plus brillante de l'univers, embrasser avec joie la sainte ignominie de Jésus-Christ (*improperium Christi*), pratiquer, avec la plus sévère exactitude, toutes les observances de l'un des Instituts les plus austères qui soient dans l'Eglise ! Quel spectacle de voir *Louise de France* ne se distinguer de ses humbles compagnes que par une humilité encore plus profonde, et montrer jusqu'où une ame peut, sous l'empire de la grâce, porter l'abnégation et la perfection évangélique.

» Hélas ! une mort prématurée, une mort presque soudaine vient de nous enlever ce grand exemple, dans le moment où il était le plus nécessaire à la consolation de l'Eglise ! Le monde s'est à peine aperçu de cette perte; mais quelle douleur amère pour toutes les ames vertueuses ! Puisse l'hommage de leurs regrets et de leurs larmes expier l'indifférence d'un siècle qui n'était pas digne d'apprécier une si grande vertu ! etc., etc. »

Pie VII, pendant le séjour qu'il fit à Paris, témoigna son estime pour l'humble Princesse, lorsque l'abbé Proyart étant allé lui offrir un exemplaire de sa Vie : « J'habite ici, lui dit Sa Sainteté, l'appartement d'une autre sainte [1]. » L'empresse-

---

[1] Le Pape occupait le pavillon de Flore qu'avait habité Madame Elisabeth.

ment des fidèles à lire cette Vie de l'auguste Carmélite témoigne encore de l'estime générale que lui ont acquise ses précieuses vertus.

Plusieurs éditions en ont été faites successivement, et de nos jours elles sont plus nombreuses. On les voit répandues non-seulement en France, mais en Belgique et ailleurs. Ceux auxquels cette lecture a été plus profitable, nous ont pressée d'écrire une nouvelle histoire de cette vie si propre à encourager les ames dévouées au service de Dieu. Ils se persuadent que les détails, tels que nous les ont transmis ses heureux témoins, présenteront plus au naturel la Princesse *vraie Carmélite*, ce qu'ils disent être plus à sa gloire que tous les éloges qu'on lui a décernés.

Les pieux fidèles témoignèrent aussi leur vénération pour l'humble Princesse en réclamant des objets qui lui eussent appartenu. Nos Mères, ses compagnes, n'avaient pas négligé le soin de les recueillir, et, dès son postulat, prévoyant bien l'éminente perfection où elle devait s'élever, elles avaient mis en réserve le manteau rose qu'elle avait noirci en lavant un chaudron.

Les moindres fragments de ces objets étaient précieux à ceux qui les désiraient. La sœur Raphaël, après en avoir distribué un grand nombre, eut la permission de se réserver les cheveux de notre vénérée Mère; elle les avait coupés elle-même avant et après son décès. Elle garda encore le crucifix qu'elle devait à la reconnaissance de sa bonne prieure, à laquelle elle avait, à titre d'infirmière, prodigué des soins. Cette consolation la dédommagea en partie du sacrifice qu'elle eut à offrir à Dieu, lorsqu'elle fut appelée à remplir la charge de prieure dans notre monastère de Besançon, deux années après le décès de la Mère Térèse de St-Augustin. Pendant cet intervalle, ses compagnes ne l'avaient pas vue entrer au chœur une seule fois sans verser des larmes au souvenir de la piété de cette illustre Mère, souvent placée à ses côtés. Il lui en coûta pour s'éloigner de ces lieux si chers, et des restes vénérés auprès desquels elle avait reçu tant de grâces; mais elle eut l'avantage d'imiter, dans le renoncement et l'obéissance, celle qu'elle s'appliquait à étudier comme son modèle.

Plusieurs écrivains ou orateurs distingués, tels que les abbés Figon, François, Amaleric, Asselin, Guillon, Turpin et autres, qui avaient coutume de garder l'anonyme, exaltèrent les vertus de l'héroïque religieuse. Du haut de la chaire, comme dans leurs écrits, ils lui décernaient les titres les plus glorieux. Nous citons un seul passage de l'abbé François :

« La religion reconnaissante va grossir du nom de Louise la liste de cette nuée de témoins, qui, par la foi, ont vaincu les royaumes, accompli la justice et obtenu l'effet des promesses divines : comme les martyrs, elle a soutenu la foi par la continuité du sacrifice le plus héroïque; comme les confesseurs elle a annoncé les jugements de l'Eternel à la Cour des rois et à la face du monde entier; comme les vierges elle a marqué tous ses pas par les progrès de la ferveur; comme les justes et les solitaires, elle s'est nourrie de la contemplation des vérités divines; comme les patriarches et les apôtres, elle a affermi la piété dans les jours mauvais, où la piété ne trouvait plus de partisans qui osassent se déclarer pour elle [1]. »

C'était, du reste, une conviction générale parmi les gens de bien, que la vie d'abnégation de l'auguste Carmélite avait été donnée en spectacle au monde pour fortifier la foi et attacher les ames à Dieu, alors que les ennemis de la religion faisaient les derniers efforts pour l'anéantir. Les malheurs des temps arrêtèrent la manifestation de la profonde estime qu'on lui avait vouée, et nous privèrent d'une foule d'écrits la concernant, que nous auraient légués de savants et pieux auteurs. Toute-

---

[1] Eloge funèbre.

fois, ces documents ne nous ont pas fait complètement défaut, et le soin de les rédiger dans des jours de persécution et sur la terre de l'exil nous dit énergiquement quelle vénération inspirait une si éclatante vertu. Nous aimons à voir l'abbé Proyart partir pour l'émigration avec tous les mémoires que lui avaient remis nos Mères de Saint-Denis, en le priant de composer la Vie de l'humble Princesse, et se promettant, en se livrant à ce travail, d'employer ses loisirs à la plus grande gloire de Dieu comme au plus grand bien des ames. Il termina son ouvrage et le fit imprimer à Bruxelles en 1793. C'est dans cette ville que furent publiés, vers la même époque, plusieurs éloges ou panégyriques de notre vénérée Mère. D'autres furent imprimés en France, notamment des éloges funèbres par les abbés du Serre-Figon, François et Amaleric. Les deux premiers avaient été prononcés dans nos monastères de la rue de Grenelle et de Pontoise. L'abbé Proyart avait eu l'avantage de connaître l'auguste Carmélite, et d'entendre plusieurs fois son éloge par les personnes les plus dignes de sa confiance. Les documents qui lui avaient été livrés provenaient des sources les plus pures, et nos Mères, en lui remettant les leurs, lui avaient avoué qu'elles étaient restées en défaut, vu leur impuissance à décrire les étonnants exemples qu'elles avaient eus sous les yeux. Ainsi renseigné, le savant écrivain aurait dû, ce nous semble, raviver les teintes trop pâles d'un tableau si précieux, ou du moins ne pas nous donner lieu de regretter, avec les auteurs des mémoires, qu'il les ait affaiblis. Nos Mères ont constaté d'ailleurs la fidélité de l'historien et la véracité des traits de vertu qu'il a mentionnés.

CHAPITRE XXXII.

Etat de la communauté de Saint-Denis après la mort de notre vénérée Mère. — Dispersion de ses membres en 1793. — Spoliation des tombeaux des rois à l'Abbaye. — Extraction du cercueil de la Princesse Carmélite; état de son corps qui fut jeté pêle-mêle dans une fosse ouverte pour y déposer les dépouilles royales les plus anciennes. — Soin de ses filles à conserver les objets qui lui avaient appartenu. — Le monastère de Saint-Denis ayant été transformé en caserne, la Mère Raphaël rétablit sa communauté à Paris, rue de Cassini. — En 1817, Louis XVIII fit retirer des fosses communes et reporter à l'Abbaye les dépouilles des rois. — Objets conservés parmi ceux qui ont appartenu à notre vénérée Mère. — La communauté de Saint-Denis est transférée à Autun.

Ainsi qu'elles l'avaient bien prévu, nos Mères de Saint-Denis, après la mort de l'illustre prieure, furent en proie à de vives angoisses. Et d'abord, l'état du temporel changea tout d'un coup de physionomie et ne tarda pas à devenir inquiétant. Les charges imposées par les bienfaits que cette communauté répandait sur les autres, et la diminution notable de ses ressources, Louis XVI n'étant plus à même de soutenir les engagements qu'il avait pris envers le monastère, le firent bientôt tomber dans une indigence presque semblable à celle dont l'humble Princesse l'avait retiré.

Mais des malheurs plus sensibles atteignaient les religieuses : la révolution se formait visiblement, et les menaçait d'une ruine bien plus désastreuse. Dans de si désolantes appréhensions, les Carmélites de Bruxelles résolurent de retourner dans leur patrie, où elles espéraient pouvoir alors rentrer dans leur monastère. La mort de Joseph II ayant placé sur le trône impérial Léopold son frère, grand-duc de Toscane, les maisons religieuses se rétablissaient, et tout faisait pressentir qu'elles jouiraient de la paix. Sept années de vie en famille avaient rendu bien étroite l'union des cœurs parmi nos Mères de Saint-Denis et celles de Bruxelles, et la séparation ne pouvait être qu'extrêmement sensible; mais elle était nécessaire pour assurer la fidélité et le bonheur des exilées de la Flandre, et elle s'exécuta promptement.

Les évènements les plus sinistres pour les monastères se succédaient avec une rapidité étonnante : la suppression des vœux, la spoliation des biens, les visites domiciliaires, tout annonçait la terrible épreuve qui allait peser sur la France, en ruinant le culte religieux. Chaque jour nos Mères attendaient l'arrêt fatal. Enfin, la loi du mois d'août 1792 vint mettre le comble à leurs souffrances. Les Carmélites de Saint-Denis, après avoir vu charger sur des voitures et porter à la Monnaie tous leurs vases sacrés et l'argenterie de l'église, entre autres les magnifiques chandeliers du maître-autel que le Pape Clément XIV avait offerts à la vénérée Princesse, reçurent l'ordre d'évacuer leur maison dans le plus court délai, et de n'emporter que le linge, les hardes et quelques petits meubles de vil prix. Elles se partagèrent ces objets, et, s'embrassant comme pour se dire le dernier adieu, elles obéirent à un ordre qui leur coûtait beaucoup plus que la mort.

Elles sortirent du monastère étant au nombre de quarante environ, et la défense de vivre en société, qui leur fut intimée, vint ajouter à leur douleur celle d'une entière séparation. Une pieuse demoiselle de Saint-Denis [1], filleule de notre Mère Térèse de Saint-Augustin, offrit un asile à plusieurs des chères exilées. Chez elle, nos sœurs retrouvèrent en quelque sorte leurs cellules, et tout ce qui pouvait favoriser l'accomplissement de leurs devoirs. Elles conservèrent jusqu'à la mort le souvenir des bontés et des délicates attentions de

---

[1] Mlle Térèse-Augustine Broisse.

l'humble demoiselle, qui fut heureuse d'offrir aux Carmélites de St-Denis le tribut de reconnaissance dont elle ne pouvait plus s'acquitter envers leur auguste prieure. D'autres de nos sœurs se logèrent aussi en des chambres séparées dans une même maison, soit à Paris, soit à Saint-Germain-en-Laye. Les anglaises retournèrent dans leur patrie, et plus tard, plusieurs émigrèrent, pressées du désir de rentrer dans leur sainte vocation.

En quittant leur monastère, les Carmélites de St-Denis y avaient laissé un dépôt précieux qu'elles comptaient bien ne pas perdre : les restes vénérés de leur illustre Mère reposaient toujours dans le caveau du Chapitre ; c'était le principal motif qui les obligeait à se fixer non loin de ces murs si chers, à l'abri desquels elles espéraient toujours pouvoir se replacer. Mais Dieu voulut compléter l'épreuve en les obligeant à sacrifier encore de si justes désirs. En 1793, des ordres furent donnés par le conseil municipal, pour procéder à la spoliation des tombeaux des rois, dans les caveaux de l'abbaye de St-Denis. Cette profanation fut horrible : les cendres et les ossements de tous les princes qui reposaient là, successivement, depuis 800 ans, furent jetés dans deux fosses communes, creusées à cet effet dans le cimetière des moines. On exhuma d'abord les cadavres des Bourbons, et on en remplit une fosse.

Puis, on en ouvrit une seconde, où furent mis ceux des autres races des rois, remontant jusqu'à Dagobert. Cette opération fut terminée vers la fin d'octobre 1793. Alors les ouvriers, avec le commissaire aux plombs, se rendirent à notre monastère et firent l'extraction du cercueil de l'humble Princesse. Le corps était entier, mais en pleine putréfaction. Il fut retiré du cercueil et déposé le dernier dans cette seconde fosse commune. Ses vêtements religieux, très bien conservés, furent vendus avec les dépouilles de tous les cadavres royaux. Cette exhumation, à jamais déplorable, nous prive du bonheur de vénérer ces restes précieux; c'est une perte immense pour nous et pour tous ceux qui, touchés de la sainte vie de cette illustre Servante de Dieu, sont persuadés qu'elle jouit du bonheur des saints.

Nos Mères de Saint-Denis, en prévoyant les tristes évènements qui les arrachèrent à leur sainte solitude, avaient pu soustraire à la fureur des méchants les pieux objets auxquels était attachée la mémoire de leur prieure vénérée; la famille de l'une des religieuses les avait reçus et gardés fidèlement en dépôt; mais, plusieurs d'entre elles étant décédées chez des personnes séculières, la plupart de ces souvenirs précieux ne nous sont pas parvenus.

Près de quinze années se passèrent sans espoir de restauration pour les communautés de France, et les membres de celle de Saint-Denis soupiraient en vain après ce bonheur, alors même que le calme se rétablissant dans notre malheureuse patrie, on songeait de toute part à faire revivre les sociétés religieuses. Leur monastère servait alors de caserne, et aucune démarche ne put déterminer le gouvernement à le vendre à celles qui l'avaient fait construire. Plusieurs de nos Mères, espérant toujours le succès de leurs vœux et de leurs efforts, voulurent l'attendre dans leur position séculière; c'était trop s'exposer à une déception déplorable pour des ames appelées à la vie parfaite de la solitude. Dieu voulait d'ailleurs le rétablissement de cette communauté, de sa ferveur, de sa régularité si édifiante. En un mot, il voulait que les grands exemples des vertus religieuses, donnés par la pieuse Princesse, se perpétuassent par la tradition de celles qui avaient eu le bonheur d'être ses compagnes. Il était regrettable, sans doute, de ne pas rentrer dans ces lieux consacrés par un dévouement si illustre; mais, puisque le retour était alors impossible, il valait mieux prendre ce parti, et retracer aux yeux de la postérité ce grand amour de la vocation qui avait caractérisé notre vénérée Mère. Elle avait dit, on le sait : « J'aimerais mieux être Carmélite à Constantinople, que de retourner au château de Versailles ! »

Ces sentiments étaient profondément gravés dans le cœur d'un grand nombre de ses filles. Parmi elles, la sœur Raphaël, dite l'élève de la Mère Térèse de Saint-Augustin, fut choisie de Dieu pour ouvrir un asile à ses compagnes, en rétablissant le Carmel de Saint-Denis. Cette religieuse, élue en 1790 prieure de notre monastère de Besançon, ainsi qu'on l'a déjà dit, avait dignement soutenu les épreuves des temps malheureux qu'on venait de traverser : on l'avait vue reproduire le zèle de la gloire de Dieu et l'attachement au devoir, si admirables dans l'héroïque Princesse. Lasse de vivre loin de sa chère solitude, elle s'était réfugiée au Carmel du Piémont, protégée par la pieuse reine de Sardaigne, Clotilde de France. Elle passa cinq années paisibles et heureuses chez nos Mères de Moncalier ; mais la révolution française ayant porté ses ravages dans les Etats voisins, le Piémont en sentit les atteintes, et, dès-lors, la dévastation des monastères se fit pressentir. Cet état de choses inspira à la Mère Raphaël la résolution de retourner en France ; elle partit avec une de ses filles de Besançon, et arriva à Paris en 1802. Convaincue de l'impossibilité de recouvrer le monastère de Saint-Denis, elle projeta de rétablir la communauté dans la capitale. Auparavant elle dut passer quatre années auprès de sa mère, âgée et infirme : elle était son unique héritière, et cette succession faisait sa seule ressource pour l'établissement qu'elle souhaitait avec ardeur. En 1806, lorsque la mort lui eut enlevé sa bonne mère, elle choisit, à la rue de Cassini, une maison convenable à son pieux dessein. Peu de jours lui suffirent pour la mettre en état de servir à une communauté. Alors elle appela ses sœurs de St-Denis, et, sans aucun délai, elle entra dans ce nouveau couvent avec deux de ses filles de Besançon. Ces sortes de réunions n'étant pas encore autorisées par les lois de l'Etat, ce ne fut que progressivement que nos Mères purent reprendre l'habit religieux et se mettre en clôture.

Toutes les Carmélites de St-Denis, qui habitaient Paris ou les environs, ne répondirent pas à l'appel de leur digne compagne : sept seulement vinrent successivement la rejoindre. Les usages et les pratiques de l'ancienne communauté furent établis dans celle-ci, et on s'appliqua à y faire revivre les vertus de l'humble Princesse. Sa charité surtout y était sensiblement reproduite : la plupart des maisons de l'Ordre s'y adressaient comme autrefois à Saint-Denis, et, si les aumônes qu'elles y puisaient n'étaient pas aussi abondantes, les cœurs leur étaient également ouverts et dévoués pour leur rendre service au besoin. Rien n'était plus doux à nos Mères, ainsi réunies, que de rappeler les touchants exemples qu'elles avaient reçus de leur illustre prieure ; elles aimaient à en entretenir les jeunes religieuses qui ne se lassaient pas d'admirer une si belle vie. Après leur avoir raconté les faits les plus touchants, elles ajoutaient : « Non, nous ne saurions rien vous dire qui approchât de la réalité : les vertus de notre auguste Mère sont au-dessus de tout éloge ! » Quelquefois, à ce souvenir, elles levaient les yeux au ciel et versaient des larmes, répétant : « Nous ne pouvons rien vous dire ; les seuls témoins savent l'apprécier ! »

Les objets rappelant le souvenir de l'humble Princesse étaient restés entre les mains de ses filles ; elles se les étaient partagés au moment de quitter le monastère, et les conservaient précieusement. Toutefois, elles se virent forcées, par l'importunité des personnes pieuses, de s'en dépouiller en grande partie. Leurs précautions pour en soustraire quelques-uns à ceux qui les désiraient n'étaient pas toujours suffisantes pour leur en assurer la possession : « Envoyez-moi quelque chose qui ait appartenu à notre auguste Mère, écrivait la sœur Louise-Marie (de Beaujeu) à notre Mère Raphaël, en 1834, on m'a tout pris. » Il nous est cependant parvenu quelques-uns de ces objets précieux, savoir : 1° de ses cheveux. 2° Le crucifix dont elle se servit à son lit de mort, et qu'elle donna à la Mère Raphaël. 3° Quelques fragments de sa tunique, d'un bonnet en laine, de sa robe de bure et d'une autre robe qu'elle portait à la Cour. 4° La cuiller de bois dont elle se servait à l'infirmerie. 5° Son manteau de chœur. 6° La couverture brune de son lit. 7° Un petit coffret qu'elle a brodé. 8° Du fil qu'elle a filé et plusieurs glands de cingulons faits avec ce fil. 9° Son rouet et son dévidoir. 10° Du crin de son cilice. 11° Sa discipline de fer. 12° Environ trente lettres et écrits autographes. 13° Son Propre de l'Ordre pour le saint Office. 14° Un certain nombre d'autres livres. 15° Plusieurs objets qui lui avaient été offerts par diverses personnes, notamment le corps de sainte Justine dans sa châsse, que MM. de Mac-Mahon lui avaient apporté de Rome et que nous avons placé dans notre chapelle.

Nos communautés de France possèdent aussi plusieurs souvenirs de notre vénérée Mère, savoir : un ornement fait avec une de ses robes de Cour, et deux autres ornements qu'elle avait donnés à la même maison ; ses bréviaires, le petit livre de nos Constitutions à son usage, et sur lequel est écrite de sa main la prière : *O sacré Cœur de Jésus*, etc. ; une traduction du Nouveau Testament qu'elle avait donnée à la sœur Amable ; un autre livre offert aussi par elle-même à une novice ; un crucifix qu'elle avait reçu du Pape ; une petite croix en bois noir lui ayant appartenu ; de ses cheveux ; une de ses tuniques ; une chaîne de fer et une ceinture de crin dont elle avait fait usage ; deux reliquaires qu'elle portait à sa ceinture, dont l'un renferme des reliques de sainte Magdeleine de Pazzi ; cinq grains du chapelet de notre sainte Mère Térèse qui lui avaient été envoyés par les Carmélites de Gênes ; une dizaine de chapelet faite en cannetille par elle-même ; sa lanterne de corne ; une cuiller dont elle s'est servie ; sa tasse à boire, sa salière, son balai ; une couverture de son lit de cellule, les rideaux de son lit d'infirmerie ; quelques fragments du manteau rose qu'elle portait la première fois qu'elle lava la vaisselle ; plus de cinquante lettres autographes.

Nos monastères de la Belgique possèdent un crucifix en ivoire et un autre en cuivre, qui avaient été envoyés à notre illustre Mère par le Pape Clément XIV ; un autre crucifix qu'elle-même avait donné à une Carmélite de Courtrai, pendant son séjour en France ; une médaille de son chapelet ; un psautier sur lequel elle avait écrit son nom ; une de ses disciplines, son buste en cire, environ quarante lettres autographes.

Quant à sa dépouille mortelle, nous ne conservons nul espoir de la recouvrer, ainsi qu'on peut s'en convaincre par les détails suivants :

En 1817, Louis XVIII fit ouvrir les deux fosses dont nous avons parlé, et, par ses ordres, les ossements qu'elles contenaient furent déposés dans deux grandes caisses en plomb, qu'on transporta dans le caveau de l'abbaye de Saint-Denis, au-dessous du chœur de l'église. Deux plaques en marbre noir, formant les parois des caisses, portent les noms des princes qui y reposent; on y lit par conséquent celui de notre illustre Mère. Combien le sacrifice de ses restes vénérés, que l'on n'a pas d'espoir de pouvoir reconnaître et séparer désormais, est douloureux à nos cœurs!

L'esprit de ferveur et de régularité, que nous avons constamment admiré dans nos Mères de Saint-Denis, caractérisait les filles de l'héroïne du Carmel français. En nous léguant ces touchants exemples, elles s'en allèrent successivement rejoindre au ciel celle qu'elles avaient tant aimée sur la terre. Notre digne Mère Raphaël survécut à toutes ses compagnes, et décéda le 17 novembre 1837, âgée de quatre-vingt-onze ans, plus riche de mérites que d'années.

Le désir d'habiter une maison régulière nous inspira alors la résolution de quitter la capitale, où nous ne pouvions, vu la modicité de nos ressources, faire bâtir un monastère. L'espoir de vivre plus solitaires, loin du tumulte qui nous entourait, se joignit à ce motif pour nous déterminer, et Mgr d'Héricourt, évêque d'Autun, nous ayant offert un local dans sa ville épiscopale, la communauté y fut transférée vers la fin de l'année 1838.

CHAPITRE XXXIII.

Faveurs spéciales par lesquelles Dieu a daigné honorer sa Servante. — Guérisons et autres grâces dues à sa médiation.

Le dessein de Dieu sur l'illustre Carmélite fut, ainsi que nous l'avons vu, de former en elle un parfait modèle d'humilité et d'abnégation intérieure. Afin de lui donner les moyens de pratiquer ces vertus avec plus d'héroïsme, le Seigneur la laissa presque entièrement privée de grâces sensibles et des dons ou faveurs extraordinaires qui soutiennent l'ame d'une part, et attirent de l'autre l'estime et l'attention des créatures. L'humble Princesse comprit ces voies rigoureuses, et y marcha sans se lasser, ni des ténèbres, ni des privations, ni du travail. Ses exemples sont donc à la portée de tous ceux qui veulent sincèrement accomplir la volonté de Dieu, en correspondant à ses grâces. En lisant l'histoire de sa Vie, on est à l'abri du découragement auquel sont exposés d'ordinaire ceux qui, voulant imiter les saints, n'osent pas cependant prétendre aux douceurs célestes, aux visions et aux révélations qui ont animé la générosité d'un grand nombre d'entre eux dans l'exercice de la vertu.

Toutefois, le divin Maître, voulant montrer que ces dons extraordinaires n'étaient déniés momentanément à son humble Servante que pour augmenter ses mérites, permit qu'on les remarquât en elle dans quelques circonstances :

Une jeune religieuse de son monastère, qui se montrait parfois légère et inappliquée à ses devoirs, en vint à donner des inquiétudes sérieuses pour sa perfection. La communauté en était vivement affligée : « Laissez faire, dit l'humble prieure, ce petit papillon voltigera encore, mais il viendra enfin se brûler les ailes au flambeau de l'amour de Dieu ! » C'est ce qui se vérifia parfaitement. La sœur étant sortie du monastère avec ses compagnes, à l'époque de la révolution de 1793, se livra au plaisir de vivre selon ses caprices, sans toutefois commettre rien de grave contre sa sainte profession ; mais étant rentrée en elle-même, elle demanda humblement d'être admise dans l'une de nos maisons, lorsqu'elles furent rétablies. Là, elle édifia par sa conduite, et mourut de la manière la plus consolante.

D'autres fois encore, il fut donné à la pieuse Princesse de pénétrer l'avenir. Nous nous contenterons d'en citer un trait, dont nous avons une entière certitude :

Peu avant son entrée au Carmel, Madame Louise avait tenu sur les fonts du baptême, avec le comte de Provence, son neveu, l'enfant d'une personne attachée à son service. Cette petite fille aimait beaucoup son auguste marraine, auprès de laquelle sa mère la conduisait quelquefois. Elle avait seize ans, et la vénérée prieure touchait à la fin de sa carrière lorsqu'elle reçut sa visite. La mère, tout occupée d'un projet d'établissement pour sa fille, en fit le sujet de l'entretien. Après l'avoir écoutée avec bienveillance, l'humble Princesse lui annonça, en des termes positifs, l'avenir satisfaisant de sa famille ; ces prévisions si consolantes se réalisèrent complètement.

Il parut toujours dans l'illustre Servante de Dieu un don spécial de lui gagner des cœurs ; ses exemples, ses paroles et quelquefois son simple souvenir, avaient ces heureux effets. C'était comme une bénédiction, une récompense du zèle ardent pour le salut des ames dont elle était consumée. Il arriva aussi à certaines personnes éloignées de leur salut, et plongées dans l'abattement ou l'obstination, de compter entre les premières grâces par lesquelles Dieu avait ménagé leur conversion, la pensée de recourir à la princesse Carmélite. C'est ce qu'on pourra voir dans le trait suivant : Mme Chrétien de la Neuville avait compris dès l'enfance qu'elle était appelée à la vie du cloître; mais, presque en même temps, le penchant de son cœur l'entraîna dans une liaison intime avec l'un de ses cousins. Ses résistances à la grâce égalèrent le nombre des luttes incessantes qu'elle lui livrait depuis sa première communion, et, parvenue à l'âge de dix-huit ans, elle contracta cette alliance si ardemment désirée. Six années s'écoulèrent, et Dieu enleva à Mme de la Neuville l'objet de toutes ses affections. Plongée dans une douleur inexprimable, la jeune veuve voulut que rien ne pût venir la tempérer, son projet étant d'aller au plus tôt se réunir à son époux. Elle fit tendre en noir la chambre où il avait rendu le dernier soupir, et s'y renferma, ordonnant à ses domestiques de n'en laisser approcher personne, pas même ses plus proches parents.

Sa famille, profondément affligée, fit en vain toutes les instances possibles pour pénétrer auprès d'elle. M. de Vaux, son oncle, grand-chantre de la cathédrale d'Evreux, ecclésiastique fort respectable, lui prodigua les marques de l'affection la plus désintéressée et la plus constante. Non content de lui adresser fréquemment des lettres qui demeuraient sans réponse, il se présentait tous les jours à la porte de sa nièce, sans en obtenir une seule fois l'entrée dans l'espace de dix-huit mois. Enfin, après un si long délai, la jeune veuve fit ouvrir à son oncle, et devant lui elle versa un torrent de larmes.

La douceur et les ménagements employés par M. de Vaux la déterminèrent à apporter quelques modifications à son genre de vie : elle consentit à faire disparaître les emblêmes funèbres et à recevoir sa mère. Peu après, son oncle obtint encore qu'elle substituerait la lecture des bons livres à celle des romans qui exaltaient son imagination, et qu'elle reprendrait ses exercices de musique et de dessin. M. de Vaux remarqua une réserve dans la confiance que sa nièce paraissait lui accorder, et, après bien des sollicitations, il reçut ses aveux touchant les résistances qu'elle avait faites à l'appel divin. Elle conservait toujours de vives répugnances pour la vie du cloître, et cependant elle ne put dissimuler le désir qui la pressait de communiquer ses dispositions à l'auguste prieure des Carmélites de Saint-Denis. Elle en vint à prier son oncle de lui rendre ce service important : « Je vous autorise, ajouta-t-elle, à lui faire ma confession tout entière. »

Notre vénérée Mère écouta le récit de M. de Vaux avec tout l'intérêt que lui inspirait son zèle pour attacher des ames à l'Epoux divin; mais, avant de répondre sur les moyens à prendre, elle demanda du temps, afin de consulter Dieu et d'implorer l'assistance de la sainte Vierge. Peu après, elle écrivit à ce respectable ecclésiastique pour le prier de lui amener sa nièce. Elle fit à la jeune veuve l'accueil le plus affectueux, et, dans un seul entretien, elle la disposa de telle sorte, qu'il fut arrêté qu'elle entrerait chez les Carmélites de Compiègne. Elle l'adressa elle-même à la prieure de ce monastère, et lui continua sa bienveillante sollicitude.

Mme de la Neuville, nommée en religion sœur Julie, s'acquitta fidèlement de ses devoirs dès son entrée dans le cloître, et s'éleva à une grande perfection. Elle eut le bonheur, pendant la révolution de 1793, de mourir sur l'échafaud avec ses compagnes, glorieuses victimes de leur attachement à la religion et à leurs engagements sacrés.

Après la mort de notre vénérée Mère, les pieux fidèles n'hésitèrent pas à demander des grâces singulières par sa médiation auprès du Seigneur, et nous avons vu, dans la lettre de nos dignes visi-

CHAPITRE XXXIII. 383

teurs, insérée dans l'un des chapitres précédents, qu'ils étaient instruits de plusieurs faits miraculeux, dus à l'intercession de cette nouvelle protectrice de la France et du Carmel.

L'abbé Proyart, écrivant la Vie de l'illustre Servante de Dieu peu après son décès, rapporte que plusieurs relations circonstanciées mentionnent la guérison de diverses maladies réputées incurables, qui a suivi immédiatement le recours à l'héroïque Carmélite, notamment dans les villes de Paris, Rouen, Montpellier, Poitiers, Beaune et Carpentras. Nos Mères de cette dernière ville nous ont attesté récemment la vérité de ces faits, en témoignant le regret de ne pouvoir nous en transmettre les détails, dont la plupart avaient échappé à leur souvenir [1].

Les désastres de ces temps malheureux ne firent pas oublier celle qui avait donné au monde entier de si mémorables exemples de la parfaite abnégation évangélique. L'histoire de sa vie, offerte au public, fut accueillie et relue avec de grands profits pour les ames. Son illustre dévouement au Dieu victime pour notre amour suscitait alors,

---

[1] Lettre adressée à la Mère prieure des Carmélites d'Autun, par celle du monastère de Carpentras, en date du 2 février 1855.

comme aujourd'hui, parmi les jeunes vierges, une foule d'imitatrices de sa ferveur. Elles s'en allaient peupler les monastères; surtout, elles recherchaient ses traces dans la solitude du Carmel, puisant dans les exemples d'une auguste princesse les encouragements nécessaires pour soutenir les attaques du démon et de la nature, dans l'étroit sentier ouvert à l'ame épouse du Dieu crucifié. Souvent, mues par leur confiance à la médiation de celle qu'elles avaient prise pour modèle, elles l'invoquaient pour demeurer victorieuses, soit de la tendresse de leurs familles, soit des épreuves que, selon la parole de l'Esprit saint, elles devaient subir en entrant au service de Dieu. Quelquefois elles lui demandaient une guérison physique nécessaire à leurs pieux desseins, et la protectrice du Carmel leur montrait que la charité ne s'épuise pas au ciel dans le cœur des amis de Dieu. Malheureusement les faits n'ont pas toujours été recueillis ; nous en citerons seulement quelques-uns de ceux qui sont venus à notre connaissance :

En 1828, une religieuse, nommée sœur Sainte-Véronique, de la congrégation d'Ernemont et habitant le Havre, diocèse de Rouen, était atteinte d'une gastrite qui l'arrachait souvent aux laborieuses fonctions de son emploi en faveur des pauvres, dont elle s'acquittait avec cœur et beaucoup d'intelligence. Les progrès du mal l'ayant enfin réduite à toute extrémité, elle reçut les derniers sacrements. Complètement abandonnée des médecins, elle se disposait à paraître devant Dieu, lorsqu'elle eut la pensée de demander sa guérison par l'entremise de la Mère Térèse de Saint-Augustin. Le dernier jour de la neuvaine qu'elle fit à cette intention, elle eut un instant de repos, et vit en songe la pieuse Princesse qui lui dit avec bonté : *Courage! ma sœur, courage!* Au même instant la religieuse, se sentant délivrée de son mal, annonce qu'elle est guérie ; elle se lève et vaque à son travail, à la grande surprise de tout le monde, et notamment du médecin qui l'avait soignée, lequel donna sur ce fait une attestation dont il délivra lui-même plusieurs copies. Ce certificat et cinq autres, savoir : de Mgr Robin, alors curé du Havre et depuis évêque de Bayeux; des abbés d'Herval et Binard, ses vicaires; de l'abbé Le Cronier, chanoine honoraire de Moulins et confesseur de la sœur Sainte-Véronique, et du baron Bégouin Demeaux, maire du Havre, sont déposés à l'archevêché de Rouen; nous en possédons le double qui nous a été envoyé par la supérieure générale de la congrégation d'Ernemont. On conserve dans cette maison-mère un tableau représentant l'apparition de l'illustre Carmélite à la sœur Sainte-Véronique.

Une personne amie de notre monastère, qui habitait alors le Havre, et la sœur Sainte-Véronique elle-même, s'empressèrent d'annoncer cet évènement à la Mère Raphaël, qui s'écria en lisant les détails : « Oh! c'est bien notre auguste Mère! ces mots, *Courage, ma sœur!* étaient si souvent dans sa bouche! Que de fois elle me les a adressés! »

Le souvenir de ce bienfait, et le désir de la glorification de notre vénérée Mère Térèse de Saint-Augustin, nous inspirèrent la pensée de faire une neuvaine pour obtenir la guérison d'une tumeur que portait au genou notre chère sœur Anne-Marie, jeune professe du voile blanc. Depuis environ six semaines, cette tumeur, grosse comme un œuf, résistait à tous les remèdes et devenait de plus en plus douloureuse. On songeait à la faire extirper; mais plusieurs exemples nous avaient appris que le succès ne suit pas toujours ces sortes d'opérations, et que même elles ne sont pas sans danger. Ayant seule de la santé parmi ses compagnes âgées et infirmes, notre bonne sœur Anne-Marie redoutait étrangement les suites de son mal; elle confia sa peine à notre illustre Mère qu'elle avait déjà invoquée, et attendit en pleine sécurité le bon effet de la neuvaine.

Avant de la commencer, on appela le chirurgien pour lui faire constater l'état du genou. On lui demanda s'il y avait lieu d'espérer la guérison en continuant le traitement qu'il avait ordonné, et s'il ne serait pas à propos d'appliquer un vésicatoire. Le docteur assura que la seule opération pourrait être efficace et ajouta : « Mettez le vésicatoire, faites tout ce que vous voudrez, c'est moi qui enlèverai le mal : il faut que j'y passe. » Lorsqu'il se fut retiré, notre bonne sœur Anne-Marie dit à la prieure : « L'avez-vous entendu, ma Mère : *il faut que j'y passe?* Non, il n'y passera pas; c'est notre Mère Térèse de St-Augustin qui me guérira! »

On attendit deux jours encore, afin de commencer la neuvaine le 25 mars. La sœur suspendit tout remède, et reprit les travaux de son emploi qu'on lui avait interdits comme obstacle à sa guérison. Toutes les religieuses priaient, comme la malade, avec beaucoup de confiance. Le neuvième jour, au lieu d'être guérie, la jeune sœur vit son mal plus volumineux et plus enflammé qu'à l'ordinaire; elle se prit à pleurer et adressa à sa protectrice une sorte de reproche. Cependant elle renouvela ses sollicitations, mue par un sentiment de confiance qui ne la quittait pas. Elle eut même assez de foi pour essayer de se mettre à genoux, mais il lui fut impossible d'appuyer sur cette grosseur douloureuse. Elle se coucha, continuant à murmurer ses reproches, et finit par s'endormir. Le lendemain son genou était dans le même état; elle se leva, recommença ses prières et ses plaintes sur sa déception, et se rendit à l'autel de la sainte Vierge du dortoir. Ses instances devenaient toujours plus vives; elle y joignit enfin un acte de soumission à la volonté de Dieu, tout en lui demandant la foi qui obtient des miracles. En même temps, elle cède à un sentiment qui la presse de s'agenouiller sur la marche de l'autel, un mouvement dans son genou l'avertit que la tumeur tombe ou se fond, et elle pose sur ce membre sans ressentir ni gêne, ni douleur. Elle est guérie; ses impressions intérieures le lui disent plus énergiquement encore que le bien-être physique qu'elle éprouve, et elle livre son ame aux délicieux transports de la reconnaissance. Puis, pour bien s'assurer qu'elle n'est pas le jouet d'une illusion, elle regarde son genou: il était parfaitement sain, et à la place de la tumeur on voyait la fossette naturelle bien marquée. La Mère prieure, qui passait alors devant cet autel, fut étrangement surprise lorsqu'elle vit la bonne sœur se jeter à ses pieds, et lui dire avec des élans de joie: « Ma Mère, je suis guérie! » Elle ne pouvait croire ce qu'elle entendait, et la voyant à genoux: « Vous ne souffrez donc pas dans cette position, lui demanda-t-elle? — Non, ma Mère, pas du tout, répondit la sœur en laissant couler de douces larmes. » La prieure y mêla les siennes, et ensemble elles rendirent à Dieu les plus vives actions de grâces. Celle-ci voulut ensuite visiter le genou, et le trouva dans son état naturel, la tumeur ayant complètement disparu. Les linges qui l'enveloppaient, et auxquels on avait attaché les cheveux de notre vénérée Mère, étaient retombés sur la jambe et retenus par derrière avec une épingle : ils présentaient le vide qu'avait laissé la tumeur.

Mais la sœur Anne-Marie fut téméraire : après s'être tenue sur ses genoux pendant l'heure d'oraison qui suivit immédiatement, sans éprouver d'autre fatigue que celle que donne naturellement cette position lorsqu'elle est prolongée, elle s'imagina que, pour mieux s'assurer de la faveur reçue, elle devait faire subir à son genou toutes sortes d'épreuves. Ainsi elle le frappa plusieurs fois rudement par terre et sur le coupant d'une plaque de fer, réitérant ce traitement autant que bon lui sembla. Cette méfiance de la bonté divine fut bientôt punie : au-dessous de la place où était la tumeur, là même où elle s'était frappée, parut une petite enflure ; les sœurs qui n'avaient pas vu le genou après la guérison, la distinguaient à peine, mais la prieure et la sœur Anne-Marie ne purent s'y méprendre : elles n'apercevaient plus la fossette ni la parfaite ressemblance à l'autre genou qu'elles avaient remarquée. La sœur s'étant accusée de sa faute avec de vifs témoignages de repentir et d'humilité, on commença dès le même jour une seconde neuvaine à notre vénérée Mère, et on remit de ses cheveux sur le genou. L'enflure augmenta un peu les trois premiers jours, puis elle diminua, en sorte que le neuvième jour, avant la messe, elle était telle qu'on l'avait vue en commençant cette seconde neuvaine. On pria avec une grande ferveur, surtout avec confiance, pendant le saint sacrifice, et la sœur Anne-Marie était à peine retournée à sa place, après la sainte communion, qu'elle sentit de nouveau, dans le genou, un mouvement auquel elle dut sa parfaite guérison. Elle se tint dessus pendant l'action de grâce, non-seulement sans souffrance, mais avec un bien-être qu'elle n'avait jamais ressenti. Elle regarda son genou aussitôt après la messe ; il était dans son état naturel, et la prieure put constater cette nouvelle grâce due à l'intercession de notre Mère Térèse de Saint-Augustin.

Le chirurgien fut appelé dans l'après-midi, ce jour même 11 avril, anniversaire de l'entrée de Madame Louise au Carmel. Afin de connaître nettement sa pensée sur cette guérison, on ne l'informa nullement de ce qui avait eu lieu ; mais on le pria de voir s'il trouvait de la différence entre l'état actuel du genou et celui où il l'avait laissé à sa dernière visite. A peine l'eut-il aperçu, qu'il s'écria : « Il est bien ! » Et le palpant en tout sens : « Oui, très bien, ajouta-t-il, parfaitement bien ! Mais quelle friction, quel onguent, quels remèdes avez-vous employés? » Il parut fort surpris en apprenant le fait, et dit cependant qu'on avait vu quelquefois les remèdes opérer tout-à-coup, après avoir été longtemps inefficaces. Mais lorsqu'il apprit qu'on avait cessé le traitement en commençant la neuvaine, et que d'ailleurs le genou était en plus mauvais état le neuvième jour, il avoua qu'on ne pouvait attribuer cette guérison à une cause naturelle, ce qu'il attesta par écrit.

Cet évènement, qui donna tant de joie à la communauté, accrut notablement la confiance des religieuses au crédit de notre auguste Mère. Toutes recouraient à elle pour obtenir des grâces en tout genre, notamment pour être aidées et secourues dans le combat des tentations, l'extirpation des défauts, l'acquisition des vertus, etc.; et que de fois elles avaient à lui rendre grâce! Notre révérende Mère lui doit elle-même plusieurs faveurs dont la plupart ne sont pas à notre connaissance; nous voulons en citer au moins une de celles que nous avons eues sous les yeux.

Depuis environ douze années, notre Mère avait

la vue affaiblie au point de ne pouvoir écrire durant cinq minutes, sans être obligée de s'arrêter pour se reposer quelques instants. Lorsqu'elle voulut faire la relation de la grâce obtenue à notre bonne sœur Anne-Marie, ce fut pis encore : elle s'arrêtait à chaque ligne et écrivait, pour ainsi dire, sans voir clair. Elle avait du plaisir à faire cette relation à la gloire de notre illustre Mère, et se reprocha, en terminant, de ne l'avoir pas cédée à quelqu'une de ses filles, croyant que telle eût été la volonté de Dieu, puisqu'il permettait cette extrême difficulté à écrire. En conséquence, elle résolut de s'imposer désormais cette privation : « A moins, dit-elle, en s'adressant à notre vénérée Mère, que vous ne m'obteniez le libre usage de ma vue. Je remets donc ainsi toute cette affaire entre vos mains.»

Quelques semaines après, lorsque de nouveau il fallut écrire pour la cause de la vertueuse Princesse, notre révérende Mère le fit sans aucune difficulté et sans éprouver la moindre fatigue. Avantage dont elle a joui depuis, si bien qu'en moins de trois années elle a écrit, et presque toujours à la lumière, près de trois mille pages. Dans cet intervalle, sa vue, au lieu de s'affaiblir, s'est notablement fortifiée.

Au mois d'août de l'année 1854, nous obtînmes encore, par la médiation de notre illustre Mère,

CHAPITRE XXXIII. 393

une faveur des plus signalées. Notre chère sœur Isabelle des Anges souffrait depuis plusieurs mois d'une glande cancéreuse, dont elle avait eu des symptômes près de douze années auparavant. Sa répugnance pour ce mal allait au-delà de tout ce qu'on peut imaginer. Il y avait plus de quinze ans qu'étant novice, elle avait entendu parler d'une personne qui, en étant affligée, s'était recommandée aux prières de la communauté. Alors, précisément, la grâce inspirait à cette jeune religieuse de s'offrir à Notre-Seigneur par une consécration spéciale en qualité de victime de son divin Cœur. Elle s'y était déterminée généreusement; mais, à la pensée que Dieu pourrait lui envoyer un cancer, elle sentit tout en elle se révolter, et renonça à son pieux dessein. Ne pouvant, dans ces conditions, retrouver la paix, elle imagina d'allier les exigences du sentiment naturel avec celles de sa conscience, et s'offrit à Dieu comme victime, à la condition de n'être pas immolée par un coup si terrible. Lors donc qu'elle se vit atteinte de ce mal, elle sentit les plus vives répulsions, et une sorte de révolte contre la volonté divine. Tous les jours, sa position physique et morale devenait plus inquiétante, et on se demandait ce qu'il en serait lorsque la tumeur, qui faisait des progrès effrayants, aurait atteint le plus haut point d'intensité.

A peine eûmes-nous commencé la neuvaine à notre vénérée Mère Térèse de Saint-Augustin, que l'on vit la sœur Isabelle se préoccuper du désir de se conformer à la volonté de Dieu dans son affliction : « Si notre Mère ne veut pas me guérir, dit-elle plusieurs fois pendant ces neuf jours, qu'elle m'obtienne au moins la soumission à la volonté de Dieu ; rien n'est affreux pour une religieuse comme de sentir de l'opposition à ce divin vouloir ! » Le dernier jour de la neuvaine, après la sainte communion, une lumière et une grâce précieuses lui furent données ; elle comprit les desseins de Dieu sur elle et s'y abandonna avec un amour généreux. Elle alla trouver notre révérende Mère dans la matinée, et lui dit : « Je comprends maintenant les bontés de Dieu à mon égard : en m'envoyant ce mal, il me prouve que vraiment il m'a acceptée pour victime. J'en suis heureuse, et ce cancer est à présent mon trésor. »

Depuis ce moment jusqu'à celui de son décès, arrivé le 4 octobre 1856, c'est-à-dire deux ans et deux mois après la neuvaine, ces dispositions de notre chère sœur ne varièrent pas un seul instant, et furent un sujet d'admiration, non-seulement pour la communauté, mais encore pour les médecins qui la traitaient : « Je n'ai jamais vu une résignation portée à ce point (et cependant j'en ai vu de bien grandes), disait le chirurgien; et je ne sais ce que je dois le plus admirer, ou de l'intensité de ce mal qui est prodigieux, ou de cette patience héroïque qui n'a pas un instant d'intervalle, de ce contentement si sincère peint sur la figure de la malade et auquel j'attribue la prolongation de sa vie; car, avec un tel mal et un si faible tempérament, il y a longtemps qu'elle aurait dû succomber. »

En effet, parmi les excellentes vertus, dans la perfection desquelles la malade faisait chaque jour des progrès notables, son amour de la souffrance endurée pour Dieu était tel qu'on ne l'aurait pu croire si l'on n'en avait eu journellement les effets sous les yeux. La marche rapide de son mal la jetait dans des transports de joie; elle le regardait avec complaisance lorsqu'il était plus affreux et disait : « C'est la main de mon Jésus qui travaille là ! » Elle ne pouvait supporter qu'on lui témoignât de la compassion : « Félicitez-moi plutôt, disait-elle. » Lorsqu'on la pansait et que l'odeur fétide de la plaie la faisait presque se trouver mal, elle chantait, jusqu'à l'extinction de sa voix, de petits couplets qu'elle avait composés pour témoigner à Dieu son amour et sa reconnaissance. Elle a avoué plusieurs fois qu'elle n'aurait pas voulu, pour tout au monde, obtenir sa guérison, et qu'elle était mille fois plus redevable à notre Mère Térèse de Saint-Augustin de l'insigne faveur qu'elle devait à sa médiation. Dans la crainte d'abréger ses souffrances, et afin de pratiquer plus parfaitement l'abandon au bon plaisir divin, elle renonça à son ardent désir d'aller au plus tôt se réunir au bien-aimé de son ame, et demeura, les derniers jours de sa vie, dans un état de souffrance indicible, sans préférence pour la vie ou pour la mort. Sa tumeur, aussi grosse que la tête, tomba en lambeaux dans l'espace de huit jours; et alors l'humeur s'étant épanchée, la malade succomba à des crises d'étouffement, parmi lesquelles elle conserva, avec sa parfaite connaissance, l'expression de paix, de joie, de bonheur, fruit de son héroïque amour pour Jésus crucifié. Elle en baisait l'image et la pressait sur son cœur avec un doux sourire, dès que les crises, qui se succédaient rapidement, lui laissaient un peu de repos. Ce fut dans un de ces moments de calme qu'elle expira, le 4 octobre 1856, laissant à la communauté un exemple mémorable des effets de l'amour divin dans une ame où il règne sans obstacle.

Une autre de nos sœurs, nommée Marguerite du Saint-Sacrement, a obtenu, par l'entremise de notre vénérée Mère, la guérison d'un mal de gorge chronique dont elle était atteinte depuis plus de deux ans. Tous les mouvements nécessaires pour tousser, bailler, etc., lui étaient douloureux; l'enflure et un dessèchement habituel la faisaient également souffrir, et elle ne pouvait parler cinq ou six minutes de suite sans voir saigner ces parties irritées : elle ne récitait donc plus son bréviaire, il y avait au moins dix-huit mois. Le 2 octobre 1855 nous fîmes en communauté une neuvaine à notre Mère Térèse de Saint-Augustin pour obtenir sa guérison. La malade avait cessé tout remède, et, depuis longtemps, la disposition de son estomac ne lui permettant plus l'usage des aliments doux qui faisaient partie du traitement de la gorge, l'irritation allait toujours croissant. Elle fut telle, les premiers jours de la neuvaine, que la seule confiance au crédit de notre vénérée Mère empêcha la sœur de demander à user d'une autre nourriture. Le huitième jour de ces prières, elle éprouva quelque bien-être qui lui fit pressentir sa guérison. Elle en parla à la Mère prieure, et le lendemain, en se levant, elle sentit, contre l'ordinaire, sa langue humectée. Elle fit la sainte communion pendant l'oraison du matin, et à peine fut-elle sortie de la sainte table, qu'elle bailla trois fois de suite sans aucune douleur. A ce moment, tous les symptômes du mal disparurent, et dès-lors la sœur put parler, chanter, psalmodier, sans ressentir aucune souffrance, et même elle n'éprouva plus une fatigue naturelle que lui causait le chant avant sa maladie.

Bon nombre de personnes ont adressé à notre communauté l'expression de leur reconnaissance, pour des grâces reçues par la médiation de l'humble Princesse. Parmi ces faveurs, on remarque celles qu'ont obtenues trois vieillards près de descendre dans la tombe, en repoussant opiniâtrément tous les secours de la religion. A la fin des neuvaines à la Servante de Dieu, faites à leur intention, ils demandèrent eux-mêmes ces secours, et les reçurent avec grande édification. D'autres reconnaissent devoir au crédit de notre vénérée Mère, soit des bienfaits spirituels, soit la guérison ou le notable soulagement de leurs infirmités corporelles. Nous citons quelques faits :

Une de nos sœurs de Chalon-sur-Saône, nommée Marie du Saint-Esprit, âgée de soixante-un ans, éprouvait depuis plusieurs années, par suite d'une gastrite, une fatigue telle, que tout travail tant soit peu pénible lui était devenu impossible ; ainsi elle ne pouvait balayer, éplucher des légumes, défaire une couture, sans voir ses forces s'altérer et sa voix s'éteindre. Elle était privée par conséquent de réciter tout haut le saint Office au chœur et d'y remplir quelque emploi. Elle ne pouvait non plus participer aux travaux communs du monastère, et était fort sensible à ces privations. Au mois de juillet 1854, cette excellente religieuse, réfléchissant à la grâce qu'avait obtenue notre bonne sœur Anne-Marie, se sentit pénétrée de confiance au crédit de l'humble Princesse, et fit à sa prieure la demande d'une neuvaine pour elle en communauté, disant qu'elle espérait sa guérison par l'entremise de cette illustre Servante de Dieu. Elle sollicita en même temps la permission de prendre part, sans délai, aux travaux de ses sœurs, notamment d'aller ramasser des copeaux pendant l'absence des ouvriers (on faisait alors des constructions). Après y avoir réfléchi un instant : « Allez, lui dit la prieure, et, au nom de notre Mère Térèse de Saint-Augustin, travaillez sans vous fatiguer. » La sœur obéit, et revint rapportant le bois, sa voix et ses forces. Depuis lors elle se livre impunément à toutes les occupations qui se présentent, et remplit au chœur tous les offices sans se fatiguer.

Une postulante de notre communauté, nommée Léonie Cazeneuve, fut atteinte, au mois de décembre 1854, d'un mal de tête si violent que, durant plusieurs jours, elle ne put prendre aucune nourriture, ni sommeiller un seul instant. Le médecin ayant reconnu les effets d'une névralgie, ordonna des remèdes qu'on employa sans succès. Le mal s'aggravant toujours, la malade demanda des reliques de notre illustre Mère, et se les appliquant sur la tête, elle éprouva à l'instant même un mieux fort sensible. Elle reposa la nuit, se rétablit promptement, et n'eut aucun retour d'un mal si importun.

Une postulante tourière de notre monastère de Montpellier, nommée Catherine Puissant, avait la vue tellement affaiblie par suite d'un mal d'yeux qui l'avait affligée dans son enfance, que nos Mères la voyant, par ce motif, incapable de remplir les devoirs de son emploi, songeaient à la renvoyer. La bonne fille était dans une vive angoisse, lorsque la guérison de notre chère sœur Anne-Marie vint à sa connaissance. Aussitôt, elle conçut le désir de faire une neuvaine à notre illustre Mère pour obtenir la même faveur. Le 11 mai 1855, neuvième jour de ces prières, lorsqu'elle voulut, le matin, prendre sa grossière couture, à laquelle elle ne pouvait travailler que pendant quelques minutes en se fatiguant beaucoup, elle se trouva voyant parfaitement clair. C'était bien ce qu'elle avait espéré, toutefois elle n'osait croire à un si plein succès, et ôta ses lunettes pour s'en assurer plus positivement. Elle se livra dès-lors à des transports de joie, car elle était guérie, ainsi que l'attesta le docteur, en déclarant qu'elle n'avait employé aucun remède.

Une jeune professe de notre monastère de Bordeaux, nommée sœur Marie des Anges, qui depuis près de deux ans éprouvait des douleurs de poitrine, accompagnées d'une fièvre brûlante, d'une toux habituelle fort pénible, et d'une extinction de voix qui lui permettait à peine de se faire entendre lorsqu'on prêtait l'oreille la plus attentive, doit encore sa guérison, après Dieu, à notre vénérée Mère. Sa prieure, la voyant dans un si triste état, se sentit pressée de recourir à l'héroïne du Carmel français, et lui dit, avec une simplicité toute filiale : « Ma bonne Mère, si vous voulez être canonisée, il faut que vous guérissiez ma sœur Marie des Anges, en sorte qu'elle puisse, le dernier jour de la neuvaine que nous allons faire, remplir au chœur l'office d'hebdomadaire. Quoi! vous obtenez des grâces à tant de monde, et vos filles de Bordeaux vous les oublieriez? Il n'en ira pas ainsi! »

On commença cette neuvaine, et toutes les religieuses la firent avec une grande confiance. La malade la porta au plus haut point, et annonça qu'elle pourrait, le dernier jour, officier au chœur, ce qui était, depuis deux ans, l'objet de ses désirs. Ce dernier jour étant arrivé, elle fut saisie d'un tremblement universel pendant l'oraison du matin. A l'office de prime, qui suivit immédiatement, on lui permit de se rendre au milieu du chœur, où elle entonna d'une pleine voix le *Deus in adjutorium,* etc. Les larmes coulèrent de tous les yeux, lorsqu'on entendit cette voix merveilleuse; la sœur continua à psalmodier sans éprouver de fatigue, même elle chanta le *Te Deum* avec la communauté. Tous les symptômes et les effets de sa maladie cessèrent ce jour-là [1], et depuis elle se porte parfaitement bien.

Une novice de notre monastère de Pau (Basses-Pyrénées), nommée Marie-Alphonse du Saint-Sacrement, âgée de 22 ans, souffrait depuis assez longtemps d'une humeur dartreuse portée à la lèvre inférieure. Une extrême difficulté d'ouvrir la bouche la privait souvent de la sainte communion, et elle ne pouvait prendre les aliments convenables à sa santé. Les remèdes ne la soulageaient en aucune sorte, parfois même ils aggravaient l'irritation; ou bien si le mal diminuait tant soit peu, il reparaissait au printemps dans toute sa force.

Le médecin avait enfin déclaré que cette humeur gagnerait tout le corps et deviendrait incurable, si la malade n'allait prendre, au moins trois années de suite, les eaux de Saint-Christau. Le désir d'être Carmélite détermina la novice à sortir du monastère, pour acheter sa guérison au prix de trois années d'attente. Le moment de son départ était fixé, lorsque la Mère prieure céda aux désirs que lui exprimèrent quelques-unes des religieuses,

---

[1] 29 janvier 1856.

de faire une neuvaine en l'honneur de notre Mère Térèse de St-Augustin, ayant la confiance d'obtenir, par son crédit auprès du Seigneur, la guérison de cette novice, si Dieu l'appelait vraiment au Carmel.

Dès ce moment, la malade substitua à tous les remèdes une simple lotion avec l'eau dans laquelle on avait trempé du fil filé par la pieuse Princesse. Le soulagement fut notable durant la neuvaine, et le dernier jour le mal avait complètement disparu. On y voyait seulement quelques petites peaux blanchâtres qui tombèrent en quelques jours. Cette guérison eu lieu en mai 1856, et le printemps de 1857 n'a ramené aucun retour de cette fâcheuse maladie. La reconnaissance de la communauté et de la novice égale la joie dont les a pénétrées cette touchante faveur.

Une religieuse de l'un de nos monastères de Belgique souffrait depuis longtemps d'un asthme, qui la mettait dans l'impuissance d'accomplir notre sainte Règle. Pour obtenir sa guérison, elle avait fait nombre de neuvaines, et, se voyant toujours dans le même état, elle s'appliquait à ne plus rien désirer que la parfaite conformité au bon plaisir de Dieu. Toutefois, lorsqu'elle apprit qu'on s'occupait de la béatification de notre auguste Mère, elle s'écria : « Ce sera Madame Louise qui me guérira !

je m'en vais le lui demander tous les jours à l'élévation de la messe. » Dès ce moment, elle fut délivrée de son mal et put sans peine remplir nos saints devoirs.

La révérende Mère prieure de notre monastère de Carcassonne était affligée de se voir, par les exigences de sa mauvaise santé, privée d'assister aux diverses actions communes prescrites par la Règle. Elle eut recours à la médiation de notre Mère Térèse de Saint-Augustin, demandant par son entremise la grâce de pouvoir, sans cesser de souffrir, satisfaire à toutes ses obligations de Carmélite et de prieure. Elle fut exaucée à l'instant même, ce qu'elle nous écrivit quelques mois après.

Un négociant d'une grande ville se trouvait dans un extrême embarras, n'ayant pas les sommes nécessaires aux paiements qu'il devait effectuer le jour même. Une personne attachée à sa maison, et professant une dévotion singulière à notre illustre Servante de Dieu, eut la pensée de recourir, dans cette nécessité, à celle dont elle désirait vivement la glorification. Aussitôt ces sommes arrivèrent d'une manière tout-à-fait inespérée.

Beaucoup d'autres grâces, dues à la médiation de l'humble Princesse, pourraient être consignées ici pour l'édification du lecteur; mais ce que nous avons mentionné est plus que suffisant pour inspirer la pensée de recourir à son puissant crédit auprès de Dieu. Bientôt, nous en avons la confiance, on en fera de nouveaux recueils, et, en donnant le titre de *Vénérable* à notre illustre Mère, nous verrons croître nos espérances de l'heureux succès de sa cause, que notre digne prélat travaille à introduire auprès du Saint-Siège.

PIÈCES JUSTIFICATIVES.

BREFS

ADRESSÉS PAR LES SOUVERAINS-PONTIFES CLÉMENT XIV ET PIE VI A NOTRE TRÈS HONORÉE MÈRE TÉRÈSE DE ST-AUGUSTIN ET A DE HAUTS PERSONNAGES A SON OCCASION.

A.

Clément XIV félicite Madame Louise de son entrée à Saint-Denis.

A notre très chère Fille en Jésus-Christ, Marie-Louise, Princesse de France,

CLÉMENT XIV, PAPE.

Notre très chère Fille en Jésus-Christ, salut.

L'excellente nouvelle qu'on nous a donnée de vous, notre très chère Fille en Jésus-Christ, nous a causé tant de plaisir et une joie si incroyable, qu'il nous a semblé que nous étions merveilleusement soulagé, et même entièrement délivré des pénibles soins et des grandes sollicitudes dont le poids nous accable presque en remplissant la charge du suprême apostolat. Car, soit que nous envisagions l'excellence de l'héroïque entreprise qui vous a fait échanger le brillant de la Cour royale contre la pauvre et chétive maison des religieuses Carmélites, soit que nous considérions la pieuse condescendance de notre cher Fils en Jésus-Christ, Louis, le Roi très Chrétien, votre père, soit enfin que nous pesions les avantages qui en doivent revenir à l'Eglise; ces diverses considérations nous fournissent les sujets les plus abondants d'une joie extrême et d'une satisfaction sans bornes; c'est pour cela que nous rendons d'immortelles actions de grâces à Dieu, l'auteur de tels bienfaits, de ce qu'il a bien voulu donner dans votre personne ce rare exemple de la vertu chrétienne, afin qu'il fût vu de tout le monde, et de ce qu'il a daigné en enrichir le commencement de notre pontificat.

Ainsi, nous ne nous félicitons pas moins que vous, notre très chère Fille en Jésus-Christ, de ces abondantes richesses de la divine miséricorde qui sont répandues en vous, et de cette force de l'Esprit saint qui vous a fait embrasser, après y avoir mûrement pensé, un genre de vie qui est la véritable image et comme l'ébauche de celle du ciel.

Car, de quel autre que de Dieu lui-même doit-on reconnaître que vous avez reçu, et la volonté de concevoir, et le courage d'exécuter un tel dessein? Oui, certainement, c'est à la faveur du rayon de sa divine lumière qui vous a éclairée, que vous avez compris sans peine que tout ce qu'il y a de plus grand sur la terre est caduc et passager; que les plaisirs les plus délicieux et tous les charmes du monde sont également faux et trompeurs; que ses espérances et toutes ses pensées sont vaines et frivoles; qu'on ne peut trouver la véritable paix, la joie, le contentement de l'ame, que dans le doux exercice de l'amour et du service de Dieu; et de là vient, qu'ayant cru avec raison que vous règneriez véritablement en ne servant que lui seul, vous avez préféré à tout le reste le charmant plaisir de couler vos jours dans la maison du Seigneur notre Dieu. Puis donc que vous êtes déjà arrivée au point tant désiré de cette heureuse tranquillité, c'est à présent que vous ressentez plus que jamais la douce abondance de ces saintes et divines voluptés, et que vous trouverez par une heureuse expérience la victoire et les triomphes dans la fuite du monde; les richesses intérieures de l'esprit dans la pauvreté; la vraie liberté de l'ame dans l'abnégation de vous-même; la grandeur et la gloire dans les abaissements de l'humilité même. Et que peut-il y avoir, en effet, de plus grand et de plus excellent que de concentrer tous ses désirs et toutes ses pensées dans cette souveraine source de tous les biens, de vivre avec lui seul, de s'enflammer de son amour, de se reposer dans les bras de son espérance?

Courage donc, notre très chère Fille en Jésus-Christ, reconnaissez les trésors de la grâce de votre Dieu versée à pleines mains sur vous. Poursuivez de toutes vos forces le noble dessein que vous avez formé de tendre et de parvenir à la sainteté; pensez continuellement à Celui que vous vous êtes proposé d'aimer et de servir tous les jours de votre vie; pensez encore que la récompense qui fait l'objet de vos espérances est infinie; que les fruits que vous attendez sont immarcessibles, puisque ni la rouille, ni la teigne ne peuvent les corrompre. Cette pensée toute seule vous rendra très agréables les divers travaux de votre religieux institut, et vous sera comme un avant-goût des douceurs de la céleste patrie, au milieu des peines de cette vie mortelle. Quand nous réfléchissons à cette heureuse prérogative de la *très bonne part que vous avez choisie,* nous ne pouvons nous empêcher de nous réjouir de nouveau avec vous, et de concevoir une joie merveilleuse d'un si grand bonheur ; et cette joie est d'autant plus abondante que nous sommes persuadé que votre démarche sera très utile aux autres pour leur salut, puisque nous avons un juste sujet d'espérer de la bonté du Seigneur que le rare exemple de religion et de vertu qui a excité l'admiration de tout le monde, ne contribue pas peu à faire naître l'envie de l'imiter, avec le soin du salut éternel, le zèle de la religion, l'attachement au culte de Dieu.

Mais, parce que le Roi, votre tendre père, s'est porté à l'exécution de votre héroïque dessein, jusqu'à sacrifier à la religion et à votre utilité particulière toutes les raisons des innocentes douceurs qu'il goûtait à vivre habituellement avec vous dans l'intérieur de son palais, et à vous donner des marques journalières de sa tendresse paternelle, votre piété et votre devoir exigent de vous que vous mettiez tout en œuvre, par un retour trop juste, pour lui témoigner votre reconnaissance d'un si grand bienfait. Et ce sera en demandant pour lui la véritable félicité à la divine clémence de votre céleste Époux, par des prières ferventes et continuelles.

Une chose encore qui nous donne une très grande satisfaction, c'est que votre zèle très connu pour l'Eglise, et votre respectueux attachement pour le Saint-Siège et pour Nous, comme nous l'avons appris de notre vénérable frère et Nonce, Bernardin, archevêque de Damas, vous engageront aussi à prier continuellement pour le bien de l'Eglise en général, pour l'affermissement du Siège apostolique en particulier, et surtout pour le soutien de notre faiblesse.

Or, en même temps que nous vous demandons instamment ces bons offices, nous vous offrons réciproquement tous les avantages que vous pouvez attendre de notre tendresse paternelle et de notre charité pontificale, en sorte qu'il ne soit pas possible de rien imaginer en quoi nous n'ayons un extrême désir de nous rendre à vos vœux et de favoriser la ferveur avec laquelle vous vous livrez à la vertu. C'est à cet effet que, quoique nous ne doutions nullement que vous n'observiez fidèlement les très saintes lois de votre institut, en les embrassant comme un joug plein de suavité, et une charge légère, néanmoins comme il arrive quelquefois que cela occasionne des perplexités et des craintes excessives qui agitent l'esprit, nous donnons volontiers à votre confesseur présent et futur pour le temps, notre pouvoir, en vertu duquel il pourra relâcher vos Règles à votre égard, et vous en dispenser selon qu'il le jugera expédient et convenable au bien de votre ame et de votre conscience ; de plus, pour favoriser encore davantage votre dévotion, nous déclarons que nous vous accordons, par notre autorité apostolique, *indulgence plénière* toutes les fois que vous vous approcherez du très saint sacrement de l'Eucharistie. Enfin, nous portons une affection vraiment paternelle à nos chères Filles en

PIÈCES JUSTIFICATIVES.

Jésus-Christ, ces saintes vierges, vos compagnes dans le Seigneur, aux prières desquelles nous avons une très grande confiance, et nous leur accordons pareillement avec bonté *indulgence plénière,* toutes les fois qu'elles communieront, après s'être confessées de leurs péchés, ce que nous donnons à leur piété qui nous est connue et que nous voulons qui soit regardé comme une marque non équivoque de notre bienveillance pour elles ; et de plus, nous les rendons participantes de la bénédiction apostolique que nous vous donnons très tendrement du fond intime de notre cœur paternel, notre très chère Fille en Jésus-Christ.

Donné à Rome, le 9 mai 1770, la première année de notre pontificat.

B.

Clément XIV à Louis XV pour lui témoigner sa satisfaction au sujet de la prochaine vêture de l'humble Princesse sa fille.

A notre très cher Fils en Jésus-Christ, Louis, Roi très Chrétien,

CLÉMENT XIV, PAPE.

Notre très cher Fils en Jésus-Christ, salut.

Nous avons félicité Votre Majesté par nos lettres du 9 mai dernier, qui attestent la joie parfaite dont nous avons été comblé, et tous les sentiments que nous avons éprouvés dans notre cœur paternel à la première nouvelle que la Princesse Louise-Marie, notre très chère Fille en Jésus-Christ, et la vôtre selon la chair, embrassait avec une étonnante ferveur le saint institut de la vie religieuse. Nous apprenons aujourd'hui que cette même Princesse se sent embrasée d'un désir si ardent de se voir revêtue du saint habit des Carmélites, qu'elle ne peut souffrir aucun retardement, et qu'elle le doit recevoir dans peu, des mains de notre vénérable frère Bernardin, archevêque de Damas, et Nonce ordinaire du Saint-Siège apostolique auprès de Votre Majesté. Nous nous sentions alors merveilleusement porté à louer et à admirer tant de piété, de vertu et de sagesse, et nous reconnaissions que l'esprit de Dieu agissait avec d'autant plus d'empire dans l'esprit de la Princesse, qu'elle se hâtait davantage de se séparer entièrement du siècle présent pour s'unir à Jésus-Christ son Epoux. C'est ce qui a tellement renouvelé et augmenté notre joie, que nous avons été touché d'un désir incroyable de faire en personne la sainte cérémonie de la vêture, dont notre Nonce doit s'acquitter, et d'augmenter par là l'éclat et la célébrité de cette grande action. Mais, puisque la distance des lieux nous rend la chose impossible, nous ne croyons pouvoir rien faire de mieux, pour voir nos désirs accomplis, du moins en partie, que de charger notre susdit frère de cette sainte cérémonie en notre nom et place. C'est ainsi qu'elle recevra un nouveau lustre, et que nous paraîtrons y assister nous-même, pour accompagner et conduire en quelque sorte notre très chère Fille en Jésus-Christ aux très chastes noces du Seigneur son Epoux. Nous avons donc nommé notredit frère pour cette fonction, par les lettres que nous lui avons adressées en forme de Bref; et quoique nous ne doutions pas que vous n'ayez pour agréable notre disposition à cet égard, notre très cher Fils en Jésus-Christ, nous vous prions cependant de vouloir bien l'approuver, pour nous donner un surcroît de joie. Vous vous y porterez même d'autant plus volontiers, que vous serez plus convaincu que cette joie que nous éprouvons, et qui nous pénètre tout entier dans la circonstance présente, prend sa source dans l'ardeur de notre zèle et de notre affection pour Votre Majesté et pour votre famille royale.

Recevez, comme un gage certain de ces sentiments, et comme l'heureux présage des bénédictions divines, notre bénédiction apostolique que nous vous donnons avec toute la tendresse d'un père, ainsi qu'à tous vos augustes enfants, et surtout à la religieuse Princesse qui fait le sujet à jamais mémorable de notre commune allégresse.

Donné à Rome, le 18 juillet 1770, la deuxième année de notre pontificat.

C.

Clément XIV à son Nonce en France, pour le charger de présider en son nom la cérémonie de la vêture de Madame Louise.

CLÉMENT PAPE XIVᵉ DU NOM,

A notre vénérable frère Bernardin, archevêque de Damas, notre Nonce et du Saint-Siège apostolique auprès de Sa Majesté très Chrétienne, salut.

Vénérable Frère,

Nous avons appris que la Princesse, notre très chère Fille en Jésus-Christ, Louise-Marie de France, entrée aux Carmélites de Saint-Denis, souhaite si ardemment embrasser leur saint état, qu'elle ne peut différer davantage d'en prendre l'habit; qu'en conséquence, elle doit incessamment en être revêtue, et que, pour satisfaire en cela plus pleinement sa dévotion, elle doit, vénérable Frère, le recevoir de vous qui êtes supérieur de l'Ordre.

Quand nous voyons cette Princesse, née dans l'éclat, l'opulence et les délices de la Cour de France, après y avoir vécu jusqu'à ce jour, la quitter, et se dévouer avec tant d'empressement, d'ardeur et de joie, à l'humilité et à l'austérité de la vie religieuse, nous ne pouvons que reconnaître de plus en plus, à des traits si frappants de vertu et de sagesse, l'impression de l'Esprit saint qui agit en elle. Cet exemple éclatant, et à jamais mémorable d'une si sainte entreprise, nous touche, nous intéresse si vivement, et remplit notre cœur d'une joie si grande et surabondante, que nous croirions ne pas répondre aux sentiments inexprimables du zèle qui nous anime, si nous ne contribuions autant qu'il est en nous, à la célébrité de cette vêture, dont vous devez faire la cérémonie, en vous chargeant de la faire pour Nous.

C'est donc dans la vue de donner à cette sainte et touchante cérémonie tout l'éclat et toute la solennité qu'elle peut en recevoir, que, par ces présentes, nous vous députons spécialement, vénérable Frère, et que nous vous commettons pour la faire en notre place; en sorte que vous vous regardiez comme y faisant notre propre fonction, et comme agissant en notre nom. Par ce moyen, nous y ajouterons le motif d'une joie beaucoup plus grande, et d'autant plus intéressante qu'il nous semblera y être présent, et voir de nos propres yeux la sainte ardeur avec laquelle notre très chère Fille en Jésus-Christ désire de toute l'étendue de son cœur de s'unir au céleste Epoux.

De plus, nous avons résolu d'augmenter la joie commune de l'Ordre, et de la rendre plus complète, en faisant part à toutes celles qui le composent des trésors spirituels de l'Eglise. C'est pour cela que, par un effet de notre bienveillance, nous accordons les *indulgences plénières* à toutes les Carmélites déchaussées du royaume de France qui, au jour même de la prise d'habit, après s'être approchées des sacrements de Pénitence et d'Eucharistie, feront de ferventes prières en implorant la clémence du Tout-Puissant pour l'exaltation de la sainte Eglise catholique, pour notre très cher Fils en Jésus-Christ, Louis, roi de France très Chrétien, pour ses enfants, la famille royale, pour ce royaume si florissant, et particulièrement pour la Princesse qui nous cause tant de joie, et qui va commencer le noviciat d'un état si saint, afin que, de jour en jour, comblée des nouveaux dons du Saint-Esprit, elle soit encore plus, par la sainteté de sa vie que par la splendeur de sa naissance, l'ornement de son Ordre. Et vous, vénérable Frère, nous vous mandons d'informer en diligence toutes les personnes qui y sont intéressées, de la faveur salutaire dont nous voulons bien les gratifier. Et, en signe de notre bienveillance pontificale, nous vous donnons très affectueusement notre bénédiction apostolique.

Donné à Rome, le 18 juillet 1770, la deuxième année de notre pontificat.

D.

Réponse de Clément XIV à la lettre que lui avait adressée la Princesse après sa vêture.

CLÉMENT XIV, PAPE,

A notre très chère Fille en Jésus-Christ, Dame Louise-Marie, fille de notre très cher Fils Louis XV, roi de France, et admise, sous le nom de sœur Térèse de Saint-Augustin, à l'année d'épreuves dans le monastère des religieuses du Mont-Carmel de la ville de Saint-Denis en France, salut et bénédiction apostolique.

La lettre par laquelle vous nous annoncez et décrivez la sainte cérémonie de votre prise d'habit, qui s'est faite le 10 septembre dernier, nous a comblé d'une extrême consolation. Nous vous avons présente à l'esprit toutes les fois que nous offrons au Père éternel le sacrifice non sanglant de la messe ; mais le jour que vous vous revêtîtes du saint habit de la religion, notre paternelle et constante affection envers vous nous fit un devoir de l'offrir uniquement pour vous, et pour vous obtenir l'abondance des grâces spirituelles. Aujourd'hui, fête de la sainte Mère Térèse votre patronne, nous avons fait à l'autel une spéciale mémoire de vous, notre très chère Fille en Jésus-Christ, et nous ne cesserons de supplier le Très-Haut de vous accorder la persévérance dans votre sainte et généreuse résolution.

Vos instances en faveur de notre Nonce ne resteront pas sans effet.

Nous adressons continuellement des vœux au ciel pour qu'il vous comble de ses bénédictions. Nous vous donnons, avec une tendresse vraiment paternelle notre bénédiction apostolique, ainsi qu'à la Mère prieure et à toutes les religieuses de votre monastère.

Donné à Castel Gandolfo, le 15 octobre 1770, et la seconde année de notre pontificat.

E.

A la sollicitation de la sœur Térèse de Saint-Augustin, Clément XIV accorde un Bref relatif à la récitation du saint Office.

Aux religieuses du monastère des Carmélites de Saint-Denis en France, 21 novembre 1770,

CLÉMENT PAPE XIV.

Pour future mémoire de la chose. Occupé sans cesse du soin de pourvoir à la tranquillité religieuse des vierges sacrées qui, fuyant les attraits de ce monde, se sont dévouées à l'honneur de Dieu, nous mettons le sceau de notre confirmation apostolique, ainsi qu'on nous le demande, à ces décrets, que l'on connaît être émanés des Pontifes romains, nos prédécesseurs, pour dissiper tous les nuages de crainte, que des scrupules auraient pu élever dans leurs esprits, afin que, par ce moyen, vivant sans inquiétude, elles puissent, dans le sein de la paix, recevoir de Dieu avec plus d'abondance les trésors de sa grâce céleste. Il nous a été représenté dernièrement, au nom de nos aimées filles en Jésus-Christ, la prieure actuelle et les religieuses du monastère de la ville de Saint-Denis, au diocèse de Paris, de l'Ordre de Notre-Dame du Mont-Carmel, nommées déchaussées, qu'autrefois le Pape Clément XII, d'heureuse mémoire, l'un de nos prédécesseurs, à la prière de frère Philippe de Saint-Nicolas, alors général de l'Ordre de la bienheureuse Vierge Marie du Mont-Carmel, qu'on appelle des Carmes Deschaux, a accordé favorablement à toutes les religieuses de cet Ordre que toutes les fois que les mêmes religieuses, prises par le sommeil pendant la récitation de matines qui se fait dans une heure fort incommode de la nuit, et qui est prescrite par leurs Constitutions confirmées par autorité apostolique, n'auraient pas dit entièrement les mêmes matines, il suppléait, par cette même autorité apostolique, tous défauts qu'elles encouraient par cette raison dans une telle récitation, et les dispensait de l'obligation de réciter de nouveau, tant en partie qu'en entier, lesdites matines, leur enjoignant au surplus, qu'elles eussent à déposer à cet égard toute sorte de scrupule. Dans la suite, frère Renaud-Marie de Saint-Joseph, successeur dans la place du susdit général, fit des supplications au Pape Benoît XIV, d'heureuse mémoire, l'un aussi de nos prédécesseurs, afin que, ce qui avait été dit de vive voix par le même Clément XII au susdit général, frère Philippe, fût consigné par écrit. Le même Benoît, notre prédécesseur, accorda par un rescrit audit Renaud-Marie, général, tous les pouvoirs nécessaires, en vertu desquels, le même Renaud-Marie, le 11 avril 1753, envoya à tous les monastères de l'Ordre susnommé ses lettres, par lesquelles non-seulement il absolvait les religieuses de tous les défauts encourus par la cause susdite, en les dispensant d'une nouvelle récitation tant en partie qu'en totalité ; mais encore, comme il avait appris que les mêmes religieuses, pour une plus grande tranquillité de leur conscience, désiraient qu'on y subrogeât quelques autres prières vocales, il ajouta à l'absolution et dispense dont il est question à l'égard de ces religieuses qui auraient quelques doutes de n'avoir pas satisfait, l'obligation de réciter cinq fois l'Oraison Dominicale et la Salutation Angélique ; déclarant néanmoins, qu'afin qu'il n'y eût plus aucun lieu à la crainte et à de nouveaux scrupules, il n'entendait pas d'obliger grièvement les mêmes religieuses à la récitation desdites prières et autres choses, ainsi que l'on dit être plus diffusément contenues dans les lettres dudit Renaud-Marie, la teneur desquelles nous voulons qu'elle soit censée, exprimée, et insérée dans les lettres présentes. Mais, comme on nous ajouta dans l'exposition qui nous en a été faite, que lesdites religieuses suppliantes désirent ardemment, qu'afin que les susdites concessions faites, ainsi que l'on dit, par les sus-nommés Clément XII et

Benoît XIV, nos prédécesseurs, aient plus de force, et s'observent plus exactement, elles soient munies du sceau de notre confirmation apostolique ; c'est pourquoi les mêmes religieuses nous ont fait humblement supplier de daigner, avec bénignité apostolique, les satisfaire, comme dans la teneur qui suit. Voulant en conséquence nous montrer favorable à ces prières, et donner une marque de notre grâce auxdites religieuses, et spécialement envers notre très aimée Fille en Jésus-Christ, Louise-Marie, Princesse royale de France, laquelle ayant quitté, par un exemple bien rare de piété chrétienne, la splendeur d'une Cour royale et tous les appas de ce monde, s'est entièrement dévouée à Dieu dans le même Ordre et monastère, en absolvant par la teneur de ces lettres, et entendant que soit censée absoute la personne de chacune des suppliantes, de quelque excommunication, interdit, et autres sentences ecclésiastiques que ce soit, censures, peines infligées par le droit ou par les hommes dans telle occasion ou cause que ce soit, en tant qu'elles en aient de quelque façon encouru, et pour obtenir seulement l'effet de ces lettres. Nous confirmons par ces mêmes lettres de notre autorité pontificale, approuvons, et donnons toute la force d'une inviolable validité apostolique à toutes les concessions permises, faites, comme l'on dit, par nos susdits prédécesseurs Clément et Benoît, et écrites, et déclarées par le sus-nommé Renaud-Marie dans ces lettres, nonobstant les Constitutions et Ordonnances apostoliques, et nonobstant aussi, en tant qu'il puisse en être besoin, les statuts qui soient contraires aux concessions permises, les usages, privilèges encore, indults, lettres apostoliques, ou de telle autre validité quelconque, accordés et confirmés de telle manière que ce soit, à tous lesquels, et à chacun d'eux, dont nous voulons que les teneurs soient censées pleinement et suffisamment exprimées, et insérées mot par mot dans ces lettres, nous dérogeons pour l'effet susdit spécialement et expressément, pour cette fois seulement, comme aussi à toutes autres choses qui seraient contraires, laissant autrement que les mêmes choses subsistent dans leur vigueur.

Donné à Rome, près de Sainte-Marie-Majeure, sous l'anneau du Pêcheur, ce 29 novembre 1770, de notre pontificat l'année seconde.

F.

Clément XIV charge son Nonce en France de le représenter à la cérémonie où la Princesse recevra le saint voile, et d'annoncer l'indulgence plénière qu'il accorde à toutes les ames pieuses de ce royaume à cette occasion.

CLÉMENT PAPE XIV,

Au vénérable frère Bernardin, archevêque de Damas, notre Nonce et du Siège apostolique auprès du Roi très Chrétien.

Vénérable Frère, salut et bénédiction apostolique.

Le temps approche, où notre très chère Fille en Jésus-Christ,

PIÈCES JUSTIFICATIVES. 415

la Princesse Louise-Marie de France, ayant fini son noviciat dans le monastère des Carmélites de Saint-Denis, doit y faire profession par l'émission des vœux solennels. Comme elle désire donner d'autant plus de célébrité à cet acte de religion, que ce doit être un monument également rare et éclatant de sa constance dans le mépris qu'elle fait du monde, et dans son union avec Jésus-Christ son divin Époux ; c'est vraiment en ce jour que la vertu et la sagesse feront voir en triomphe leur fermeté inébranlable et leur force supérieure à tous les obstacles, et apprendront au monde, par l'étonnant exemple que lui donnera cette Princesse, que tout le faste dont il se glorifie n'est rien en comparaison de la véritable et solide gloire qui leur est propre. Nous avons nous-même fort à cœur, vénérable Frère, de relever autant qu'il est en nous l'éclat et la solennité de ce grand jour, en y joignant notre nom pontifical, puisque nous ne pouvons le célébrer en personne. C'est ce qui nous porte à faire, pour cette cérémonie, ce que nous fîmes l'année dernière pour celle de la vêture ; et c'est avec le plus grand zèle et la plus grande affection que nous vous députons spécialement par ces présentes, pour recevoir en vos mains les vœux que la Princesse, notre très chère Fille en Jésus-Christ, doit prononcer à sa profession ; et en vous en chargeant, notre intention, vénérable Frère, est que vous ne fassiez en cela que remplir nos propres fonctions, comme n'agissant que pour nous et en notre nom. Par là, nous voulons ajouter autant qu'il est possible un surcroît de dévotion, de dignité et de grandeur à cette action si sainte, et il nous semblera y avoir quelque part, en même temps que nous en prenons une si grande à la joie qu'en ressent notre très cher Fils en Jésus-Christ, le roi très Chrétien, par cette tendresse paternelle qui lui rend si chère la Princesse sa fille.

Or, afin que l'édifiant appareil de cette pompe sacrée soit accompagné d'une libéralité sainte, nous voulons rendre pleine et entière la joie commune, surtout de l'Ordre des religieuses Carmélites, en leur faisant part des trésors spirituels qui nous sont confiés ; ainsi, pour le jour même où vous recevrez les vœux solennels de la Princesse, nous accordons l'*indulgence plénière* tant à elle qu'à toutes les autres religieuses de son monastère, avec extension à toutes les Carmélites déchaussées répandues dans le royaume de France. Nous l'accordons aussi aux religieuses Calvairiennes du monastère de Nantes, sur la demande que nous en a faite pour elles avec instance notre très chère Fille en Jésus-Christ, la princesse Victoire de France, qui les honore de sa bienveillance et les prend sous sa protection ; et pour, dans une conjoncture si favorable à la piété, rendre encore nos libéralités plus abondantes, nous vous donnons, vénérable Frère, le pouvoir d'accorder ce don salutaire d'*indulgence plénière* soit aux communautés religieuses, soit aux personnes qui, touchées du grand exemple de vertu que leur donne cette pieuse Princesse, et pressées du désir d'unir leurs actes de dévotion à ceux des autres, vous le demanderont avec de vives instances ; en quoi cependant vous devez user d'une telle réserve, qu'il n'y ait dans vos largesses ni profusion, ni rien qui puisse paraître donner aux règles la plus légère atteinte. Nous enjoignons donc à toutes ces personnes qui se seront dignement approchées des sacrements de Pénitence et d'Eucharistie, de faire ce jour-là même de très ferventes prières à Dieu pour l'exaltation de l'Eglise catholique, pour notre très cher Fils en Jésus-Christ, le Roi très Chrétien, pour ses enfants et toute la famille royale, pour son royaume très florissant, et surtout pour la Princesse qui nous cause tant de joie en se consacrant à l'Epoux des vierges, pour ne plus vivre que d'une vie cachée en lui et s'abandonner uniquement à sa foi et à sa puissance. Ainsi, nous vous mandons de faire vos diligences pour que toutes les personnes auxquelles nous accordons l'*indulgence plénière* en soient informées en temps convenable ; et en témoignage de notre bienveillance pontificale, nous vous donnons très affectueusement notre bénédiction apostolique.

Donné à Rome, à Sainte-Marie-Majeure, sous l'anneau du Pêcheur, le 17ᵉ jour de juillet de l'an 1771, le troisième de notre pontificat.

G.

Clément XIV apprend à son Nonce qu'il accorde encore l'indulgence plénière aux Carmélites de Saint-Denis, le jour où la sœur Térèse de Saint-Augustin fera sa profession solennelle.

CLÉMENT XIV PAPE,

Au vénérable frère Bernardin, archevêque de Damas, notre Nonce et du Siège apostolique auprès du Roi très Chrétien.

Vénérable Frère, salut et bénédiction apostolique.

Par d'autres lettres que nous vous avons adressées, vénérable Frère, en date du même jour que ces présentes, nous vous avons fait savoir que nous accordons l'*indulgence plénière* aux Carmélites déchaussées, ainsi qu'à d'autres communautés religieuses et autres personnes, pour le jour où vous recevrez les vœux solennels de notre très chère Fille en Jésus-Christ, la Princesse Louise-Marie de France; mais comme elle doit faire les mêmes vœux entre les mains de la prieure de son monastère, quelques jours avant qu'elle les fasse entre les vôtres, nous avons cru devoir ne pas laisser vide de nos largesses apostoliques ce jour consacré par l'usage de l'Ordre à cette première solennité si sainte et si mémorable. C'est donc dans la vue de le rendre aussi plus célèbre, que nous y attachons l'*indulgence plénière,* et pour la Princesse, et pour les religieuses du même monastère, qui ce jour-là se seront confessées et recevront la sainte communion. Nous vous mandons, vénérable Frère, de leur faire part de ce nouveau don salutaire comme d'une marque sensible de notre affection paternelle, et de le faire en temps convenable pour qu'elles puissent en profiter ; et, en témoignage de notre bienveillance pontificale, nous vous donnons très affectueusement notre bénédiction apostolique.

Donné à Rome, à Sainte-Marie-Majeure, sous l'anneau du Pêcheur, le 17 juillet de l'an 1771, le troisième de notre pontificat.

H.

Clément XIV adresse à la sœur Térèse de Saint-Augustin des félicitations sur sa persévérance et le bonheur du saint engagement qu'elle va contracter. Il l'exhorte à marcher généreusement dans les voies de la plus haute perfection.

CLÉMENT XIV PAPE,

A notre très chère Fille en Jésus-Christ, la Princesse Louise-Marie de France.

Notre très chère Fille en Jésus-Christ, salut.

Le jour approche, notre très chère Fille en Jésus-Christ, ce jour le plus beau et le plus heureux de votre vie, où vous célébrerez, par l'émission de vos vœux solennels, vos noces spirituelles avec Jésus-Christ votre Époux, et vous lui consacrerez, par le dévouement entier et irrévocable des puissances de votre ame, toutes vos actions, toutes vos espérances, tous vos désirs, tout le cours enfin de la vie qui vous reste à passer sur la terre.

A la nouvelle de votre retraite au monastère des Carmélites de Saint-Denis pour y prendre leur habit et y commencer votre noviciat, nous conçûmes une joie extraordinaire, et nous nous félicitâmes de ce qu'ayant découvert la vanité du siècle, vous renonciez à tout l'éclat de la pompe royale pour embrasser un état si saint. Mais cette joie s'est accrue et est parvenue à son comble, à la vue de votre constante persévérance dans l'exécution d'une entreprise pour laquelle vous fîtes voir tant de courage à la solennité de votre vêture.

Nous rendons à Dieu de très grandes actions de grâces, de ce que, par une vocation éclatante, et qui tient du miracle, il vous a soustraite aux délices de la Cour pour vous attacher à lui : faveur insigne de sa part, et d'autant plus singulière, qu'ayant été élevée dans le siècle à un plus haut degré de dignité, d'opulence et de splendeur, vous n'en avez maintenant qu'un plus grand zèle pour tous les actes de religion, d'humilité et de charité. Courage donc, notre très chère Fille en Jésus-Christ ! ce jour où, docile au mouvement de la grâce, vous vous donnerez à Dieu pour être totalement en sa puissance, où par votre profession vous dévouerez toute votre vie à sa foi et à sa volonté, et la lui engagerez par ce lien sacré et indissoluble ; regardez-le, ce jour, comme devant être pour vous le plus brillant et le plus auguste, et supérieur en magnificence à tous les triomphes.

Que ne pouvons-nous être présent à cette solennité, non-seulement pour être témoin d'une action si digne de notre admiration, mais encore pour y faire en personne nos fonctions apostoliques, et recevoir en nos propres mains les vœux que vous y prononcerez! Mais, puisque nous ne pouvons jouir de ce bien si désiré, nous nous en dédommageons le plus qu'il nous est possible en remettant pour cela l'exercice de notre ministère au vénérable, frère Bernardin, archevêque de Damas, notre Nonce, qui fera pour nous et en notre nom, à votre profession, les mêmes fonctions dont nous le chargeâmes pour votre prise d'habit; et pour ajouter à la célébrité de cette cérémonie, et en rendre la joie plus complète, nous lui envoyons en même temps une ample distribution à faire des largesses spirituelles de l'Eglise, par les indulgences que nous lui donnons le pouvoir d'accorder sur les lieux.

Un autre objet de nos désirs que nous voulons vous faire connaître, pour vous prouver encore plus la charité paternelle dont nous sommes rempli pour vous, est que vous nous donniez de jour en jour un motif toujours plus pressant de nous réjouir à votre sujet, et de rendre toujours à Dieu de nouvelles actions de grâces. Oui, nous serons transporté d'une joie incroyable toutes les fois que nous apprendrons, qu'avec le secours de la grâce, vous faites toujours de nouveaux progrès dans la voie où vous êtes entrée, et que votre vie devient de jour en jour plus éclatante de toutes les vertus, surtout de l'humilité chrétienne. Vous devez pour cela, notre très chère Fille en Jésus-Christ, ne vous rien attribuer, mais rapporter tout à Dieu; vous confier autant en sa bonté que vous défier de vos forces; ne faire aucun fonds sur vos propres mérites, mais mettre en sa grâce toute votre ressource, tout votre appui; tout craindre de la faiblesse humaine, et croire que vous pouvez tout en celui qui vous fortifie; et dans cette vue recourir sans cesse à lui qui est la source de toute sainteté, et ne cesser d'implorer sa protection et son secours. L'esprit et le cœur une fois pénétrés de ces principes, l'humilité se fera voir à travers même les voiles dont elle se couvre; et c'est en s'y établissant par de profondes racines, que la charité portera les fruits les plus abondants de toutes les vertus. En vous parlant ainsi, nous ne prétendons pas vous donner un avis, ni vous faire une exhortation, sachant bien que vous n'avez besoin ni de l'un ni de l'autre; nous ne voulons que vous faire sentir de plus en plus le cas infini que nous faisons de votre très saint état, et l'excellence de la vocation divine qui vous le fait embrasser. Il nous reste à vous recommander d'avoir surtout extrêmement à cœur de vous montrer toujours très reconnaissante envers le Roi votre père, à qui vous avez de si grandes obligations pour tout ce qu'il a fait en votre faveur, et qui a pour vous l'amour le plus tendre; de ne cesser jamais de faire à Dieu les plus ferventes prières pour sa conservation et sa véritable et éternelle félicité; de prier aussi pour son royaume très florissant, et pour ses enfants et toute la famille royale. Pour ce qui est de nous, la très grande charité que nous avons pour vous nous autorise à vous demander instamment, et même à juste titre, comme étant en Jésus-Christ un autre père à votre égard, d'obtenir, par l'instance des mêmes prières, que Dieu nous soit propice; de les renouveler sans cesse pour l'Église confiée à nos soins, et pour laquelle vous devez être animée d'un plus grand zèle, maintenant que vous lui êtes en quelque sorte plus unie par les nouveaux liens qui vous y attachent. De notre côté, soyez persuadée que nous ne cesserons de demander à Dieu qu'il ait pour agréables vos pieuses entreprises, et qu'il les ratifie par de nouveaux accroissements de vertu et de sainteté; et pour gage de ce zèle paternel dont nous brûlons pour vous, nous vous donnons très affectueusement et du fond du cœur, ainsi qu'à tout l'Ordre des Carmélites, notre bénédiction apostolique.

Donné à Rome, le 14 août 1771, le troisième de notre pontificat.

I.

Clément XIV à Louis XV, pour lui donner des félicitations sur le sacrifice de son auguste fille, qui va être consommé, et lui témoigner son regret de ne pas assister en personne à cette touchante cérémonie.

A notre très cher Fils en Jésus-Christ, Louis, roi très Chrétien,

CLÉMENT XIV PAPE.

A notre très cher Fils en Jésus-Christ, salut.

Nous ne saurions vous exprimer, notre très cher Fils en Jésus-Christ, les sentiments de joie dont nous sommes pénétré toutes les fois que nous pensons à l'auguste Princesse Louise-Marie de France, notre très chère fille en Jésus-Christ et la vôtre, selon la chair. Et pourrions-nous un instant la perdre de vue, ayant toujours devant les yeux l'éclatant exemple de vertu et de religion qu'elle donne au monde, et qui, étant pour notre siècle l'époque la plus glorieuse, sera à jamais pour la postérité le plus illustre et le plus digne objet de son admiration.

Maintenant que nous touchons au moment où, son noviciat accompli, elle va s'unir à Jésus-Christ son divin Époux par le lien sacré des vœux solennels, vous ne sauriez croire, notre très cher Fils en Jésus-Christ, quels sont nos transports d'allégresse, et avec quelle ardeur nous désirons en faire part à Votre Majesté, en lui donnant, comme l'année dernière, les témoignages du très vif intérêt que nous prenons à cet évènement, qui fait à la fois votre consolation et votre éloge. Et, qui doit être en effet plus sensiblement touché de ces pressants motifs de joie que vous, Roi très Chrétien, qui voyez votre auguste fille comblée des dons les plus précieux de la grâce; que vous, père tendre, qui, pour contribuer à la grande action qu'elle fait sous vos yeux, avez sacrifié, aux vues de Dieu sur elle, vos plus chers intérêts personnels? Quoique cependant nous puissions dire que rien ne saurait être plus avantageux pour Votre Majesté, pour votre famille royale et pour votre grand royaume, que le secours continuel des prières assidues de cette religieuse Princesse, chérie de Dieu et animée pour vous du plus grand zèle. Nous ne pouvons donc assez vous louer, notre très cher Fils en Jésus-Christ, de ce que, agissant ainsi, Votre Majesté a donné des preuves admirables de sa religion et de sa sagesse. Nous y reconnaissons un effet trop sensible de la bonté divine, pour n'être pas assuré que Votre Majesté en retirera d'excellents fruits, tant en son particulier qu'aux yeux du public. La vue d'un si grand accroissement de son bonheur et de sa gloire nous porte à l'en féliciter avec tout l'empressement possible, et à nous joindre à elle pour partager les sentiments paternels dont son cœur est affecté. Nous croyons même pouvoir, à juste titre, nous en attribuer une part d'autant plus considérable qu'il va se former, entre votre très chère fille et Nous, une alliance plus étroite et à laquelle nous souhaiterions fort de contribuer d'une manière plus particulière, en présidant nous-même en personne à sa profession, et en recevant ses vœux en nos propres mains. Nous sentons encore s'augmenter en nous l'ardeur d'un désir si juste, quand nous pensons au plaisir inexprimable que nous aurions, notre très cher Fils en Jésus-Christ, de vous parler, de vous exprimer par nos démonstrations extérieures, et de vous faire voir peinte sur le visage et dans les yeux la vivacité de nos sentiments pour Votre Majesté, et tous ceux qui lui appartiennent, et de notre amour paternel, et de notre très grande charité pour elle en particulier; comme aussi de recevoir réciproquement nous-même les marques sensibles de votre religion, de votre bonté et de votre amour pour nous.

Mais nous ne pouvons que souhaiter un si grand bien, et en chercher quelque dédommagement dans l'image la plus vive que nous puissions nous en former. Quant au précieux avantage de faire nous-même la cérémonie, nous nous le procurerons quoique absent, autant qu'il nous est possible, et de la façon la plus convenable par le choix que nous avons fait du vénérable frère Bernardin, archevêque de Damas, notre Nonce auprès de Votre Majesté, pour remplir en cela notre ministère. A cette fin, nous l'avons député spécialement, par nos lettres en forme de Bref, pour y faire nos propres fonctions, de même que nous le députâmes l'année dernière pour les faire à la cérémonie de la vêture; et, comme nous savons que Votre Majesté agréa fort cette première députation, nous nous persuadons aisément qu'elle agréera encore plus celle-ci, puisque la vertu et la sainteté doivent aussi donner plus d'éclat à la consommation d'un si grand sacrifice. C'est donc avec les plus vives instances que nous vous demandons, notre très cher Fils en Jésus-Christ, d'avoir pour agréable cette offre de notre bonne volonté, et de la recevoir avec ces marques ordinaires d'amour filial et de tendresse, qui nous prouvent que notre éloignement ne doit altérer en rien la joie que nous ressentons de voir que Votre Majesté répond pleinement à l'extrême charité que nous avons pour elle et pour toute la famille royale. Et pour plus grande preuve de cette ardeur de notre zèle, nous donnons très affectueusement et du fond de notre cœur paternel, à Votre Majesté, ainsi qu'à vos augustes enfants, notre bénédiction apostolique, comme le présage de toutes les bénédictions du ciel.

Donné à Rome, à Sainte-Marie-Majeure, sous l'anneau du Pêcheur, le 14 d'août de l'an 1771, le troisième de notre pontificat.

J.

Clément XIV ayant reçu le portrait de la sœur Térèse de Saint-Augustin, qu'il avait demandé, lui en témoigne sa satisfaction.

CLÉMENT XIV PAPE,

A notre très chère Fille en Jésus-Christ, la Princesse Louise-Marie de France.

Notre très chère Fille en Jésus-Christ, salut.

Aucun présent ne pouvait être plus agréable et plus précieux à notre affection paternelle et à notre extrême tendresse pour vous, que celui que nous a remis de votre part notre très cher fils François-Joachim de Bernis, cardinal-prêtre de la sainte Église Romaine. Il aura pu vous rendre le témoignage éclatant et l'empressement avec lequel nous l'avons reçu, ainsi que les transports par lesquels notre joie s'est manifestée lorsque nous avons eu devant les yeux la ressemblance de notre très chère Fille en Jésus-Christ, dont les rares et sublimes vertus étaient toujours présentes à notre pensée, et profondément gravées dans notre ame; lorsque nous avons pu contempler sous leurs véritables couleurs tous les traits qui caractérisent en elle la solide piété, le zèle de la religion, la sainteté même. Quoique nous ne doutions pas, qu'ainsi que nous le lui avions très expressément recommandé, il ne se soit empressé de vous faire nos remercîments, nous croyons cependant ne pouvoir nous dispenser de vous les adresser aussi nous-même, et de vous faire juger, par les expressions de notre vive reconnaissance, du prix que nous mettons à un si beau présent.

Nous désirons que vous soyez pleinement assurée, notre très chère Fille en Jésus-Christ, que ce portrait est et sera toujours pour nous un glorieux monument de votre affection toute particulière pour nous, et pour le Siège apostolique. Une raison encore qui nous le fait singulièrement chérir, c'est que nous lisons dans tous vos traits, et nous voyons briller dans vos yeux un contentement, une sérénité d'ame qui sont les preuves les plus satisfaisantes de votre constance dans votre vocation, et de l'abondance des grâces que le ciel a répandues sur votre personne. Plein de cette douce persuasion, dont nous voulons que tout le monde puisse également se pénétrer, nous avons fait tirer plusieurs copies de votre portrait, afin qu'une si haute vertu soit connue de tous, comme un des exemples les plus dignes d'être admirés et suivis. Enfin, lorsque nous vous voyons au naturel dans l'attitude de la prière, prosternée devant Dieu votre Epoux, nous sentons se fortifier en nous l'espérance que, par l'heureux effet de l'affection que vous nous portez, nous ne cesserons jamais d'éprouver, ainsi que l'Eglise, et notre très cher Fils en Jésus-Christ, votre tendre père, les faveurs les plus signalées de la bonté divine. Vous le devez à l'amour paternel dont notre cœur est rempli pour vous, et qui nous porte continuellement à demander pour vous à l'Esprit saint, et par les prières les plus ferventes, qu'il daigne verser sur vous des grâces toujours nouvelles, et vous combler de ses dons ; et pour préparer les voies, autant qu'il est en notre pouvoir, à l'accomplissement de vos vœux, nous accordons très affectueusement notre bénédiction apostolique à vous, notre très chère Fille en Jésus-Christ, et en même temps à toutes les religieuses Carmélites de ce monastère, vos sœurs en Jésus-Christ.

Donné à Rome, le 26 février 1772, la troisième année de notre pontificat.

K.

Clément XIV accorde, à la sollicitation de l'auguste Carmélite, l'autorisation d'introduire, dans la maison des Carmes de Charenton, l'exacte observance de la Règle primitive.

CLÉMENT XIV PAPE,

Ad perpetuam rei memoriam.

Les obligations de l'office de pasteur que nous tenons de Dieu, nous portent naturellement à favoriser les intentions pieuses des fidèles en Jésus-Christ, qui sont consacrés au service de l'Eglise en se soumettant au joug léger de la religion, et qui, animés par le désir d'une vie plus austère, demandent à rentrer sous l'ancienne forme de leur institut religieux, pour servir Dieu avec plus de ferveur ; et comme cette demande est appuyée auprès de nous par la piété et la dévotion de personnes augustes, non-seulement nous avons résolu de l'accorder, mais nous voulons encore y attacher des faveurs et grâces particulières.

Il nous a été exposé dernièrement, de la part de plusieurs frères de l'Ordre de la bienheureuse Vierge Marie du Mont-Carmel, appelés Carmes déchaussés, existant dans le royaume de France, qu'ils ne souhaitaient rien avec tant d'ardeur que de vivre suivant les Règles primitives de leur institut ; mais, comme ce désir, qui suppose assurément une vraie piété, et auquel on ne saurait donner trop d'éloges, ne manquerait pas d'éprouver des difficultés dans l'accomplissement de son objet, s'il fallait que lesdits exposants se trouvassent obligés de continuer à vivre avec d'autres profès du même Ordre qui seraient éloignés de leur façon de penser par rapport à cette règle de vie, ils nous supplient d'assigner et d'établir pour cet effet le couvent appelé vulgairement de Charenton, du même Ordre, diocèse de Paris, dans lequel la Règle primitive dudit institut devra être observée à perpétuité; c'est aussi ce que demandent instamment notre cher Fils en Jésus-Christ Louis, roi très Chrétien de France, et notre très aimée Fille en Jésus-Christ Louise-Marie, Princesse royale de France, qui y ont été déterminés par les sentiments de leur profonde piété, et par leur zèle pour le salut des âmes; en conséquence, voulant seconder, autant que nous le pouvons, avec le secours du Seigneur, des intentions si louables et si dignes d'un cœur royal, et accorder des faveurs et des grâces spéciales, en absolvant et réputant absous, en vertu des seules présentes, chacune de leurs personnes, comme si elles y étaient nommées toutes les unes après les autres, de toute espèce d'excommunication, suspension, interdit, et autres sentences, censures et peines ecclésiastiques de droit divin ou de droit humain, portées en quelque occasion et pour quelque cause que ce puisse être; et, comme nous sommes disposé à nous prêter à la supplication dont il s'agit, nous établissons et assignons de notre autorité apostolique, en vertu des présentes, ladite maison ou couvent de Charenton des Carmes appelés déchaussés, même Ordre de la bienheureuse Vierge du Mont-Carmel, diocèse de Paris, pour qu'on y observe, qu'on y exécute, et qu'on y suive à perpétuité, avec l'aide du Seigneur, les Règles et Constitutions primitives dudit Ordre, en tous leurs points, avec l'ancienne rigueur. Nous permettons en même temps, et accordons à tous et à chacun des profès qui se trouvent dans le royaume de France, lesquels voudront passer dans ledit couvent, ou qui désireront vivre avec eux, suivant l'institut primitif dudit Ordre, dans la vue de servir Dieu avec plus de ferveur, la permission de se retirer dans cette maison ou couvent, de manière que lesdits profès ne puissent et ne doivent en être empêchés, ni pour le présent, ni pour l'avenir, par aucune personne de quelque autorité ou dignité qu'elle soit revêtue; quant aux frères qui se trouvent actuellement dans ladite maison ou couvent, nous leur accordons et attribuons par notre susdite autorité, et en vertu des présentes, le droit d'élire dans leur sein pour leur prieur, sous-prieur, maître des novices et autres préposés, ceux qu'ils jugeront eux-mêmes en conscience être les plus capables de remplir ces emplois. Voulons et ordonnons que ces mêmes prieur, sous-prieur, professeurs et préposés par eux, élus de la susdite manière, ne soient point dans le cas d'être confirmés par aucun supérieur de l'Ordre, afin que la tranquillité de ceux qui ont fait l'élection ne soit point troublée, et que leur zèle pour la vie austère ne souffre point de diminution. Nous attribuons et accordons en outre aux susdits frères la faculté d'admettre dans leur maison ou couvent, ou d'en expulser les novices que, d'après les lumières qu'ils auront reçues de Dieu, ils jugeront mériter d'y être admis ou d'en être expulsés, sans que pour ce ils aient besoin du consentement d'autres supérieurs extérieurs dudit Ordre, et sans qu'à cet égard ils dépendent aucunement de leurs propres supérieurs ; en sorte que les frères de ladite maison ou couvent y existant, ne puissent être forcés en aucune manière d'admettre ou de recevoir aucun supérieur, ni aucun profès dudit Ordre ; non plus qu'aucun novice qu'ils jugeront ne leur pas convenir, et que de même les supérieurs dudit Ordre ne puissent point, sans le consentement des frères de ladite maison ou couvent, en faire sortir aucun d'entre eux et l'envoyer dans une autre maison ou couvent. Déclarons et établissons, par notre autorité, en vertu des présentes, ladite maison ou couvent de Charenton entièrement exempt de la visite et de la juridiction, tant du provincial de la province, dans tel temps que ce soit, que du Chapitre provincial. Nous entendons et voulons cependant que, par rapport à tous les points ci-dessus, l'autorité et la juridiction de Nous et du Saint-Siège, exercée soit par nous-même, soit par nos députés, ainsi que l'autorité et la juridiction des généraux dudit Ordre, dans quelque temps qu'elle soit exercée, pareillement, soit par eux-mêmes, soit par leurs députés sur ceux qui auront choisi ce genre de vie austère, demeurent en leur intégrité.

Nous arrêtons que ces mêmes présentes lettres seront à perpétuité stables et valides, et que nous voulons qu'elles soient et demeurent efficaces, qu'elles obtiennent et produisent leur effet pleinement et en tous points, que ceux qu'elles regardent et regarderont en tel temps que ce soit par la suite, s'y conforment pleinement à tous égards et en toutes choses, et les observent respectivement avec la plus grande exactitude. Voulons que dans tous les points ci-dessus et dans chacun d'eux, tous les juges quelconques ordinaires et délégués, ainsi que les auditeurs des causes du palais apostolique et les cardinaux de la sainte Eglise, aient à s'y conformer, etc., etc. (14 avril 1772.)

L.

Clément XIV autorise la sœur Térèse de Saint-Augustin à faire réciter l'Office de saint Valeehcy dans son monastère.

CLÉMENT XIV PAPE,

A notre très chère Fille en Jésus-Christ, la Princesse Louise-Marie de France.

Notre très chère Fille en Jésus-Christ, salut et bénédiction apostolique.

Vous nous avez donné dernièrement une nouvelle preuve de votre piété signalée, et qui nous était déjà connue, dans la requête que vous nous avez présentée pour obtenir la permission de réciter l'Office et de faire célébrer dans votre église la messe solennelle du saint martyr Valeehcy, dont nous avons envoyé le corps au monastère des religieuses Carmélites de Saint-Denis, après l'avoir retiré des catacombes de cette ville de Rome, où il reposait inscrit de son nom propre. Votre dévotion a jugé qu'il convenait de glorifier d'une façon particulière la puissance de Dieu qui est admirable dans ses saints; c'est donc avec une affection toujours prête à vous obliger que nous permettons par ces présentes, et de notre autorité apostolique, que chaque année, vous et les religieuses dudit monastère de Saint-Denis, vous récitiez l'Office de saint Valeehcy sous le rite double-majeur, au commun des martyrs non pontifes; et que vous en fassiez célébrer la messe dans votre église au jour qui sera fixé par notre vénérable frère Joseph, archevêque de Séleucie, notre Nonce à Paris. Nous nous flattons du reste que vous regarderez, dans cette concession, un nouveau témoignage de nos sentiments paternels pour vous, et comme un motif de plus pour les religieuses de votre monastère pour se perfectionner de jour en jour dans la pratique de toutes les vertus propres de leur état. Sur ce, notre très chère Fille en Jésus-Christ, nous vous donnons, à vous et auxdites religieuses, notre bénédiction apostolique.

Donné à Rome, à Sainte-Marie-Majeure, sous l'anneau du Pêcheur, le 18 septembre 1773, la cinquième année de notre pontificat.

M.

Clément XIV annonce à la pieuse Princesse le don qu'il lui fait du crucifix et des chandeliers d'argent qui avaient appartenu au Collège romain.

A notre très chère Fille en Jésus-Christ, Louise-Marie, Dame de France,

CLÉMENT XIV PAPE.

Très chère Fille,

Nous avons appris dernièrement que vous désiriez extrêmement, et que vous cherchiez à faire le plus tôt possible l'acquisition d'un crucifix et de six chandeliers d'argent, pour l'ornement de votre église des Carmélites de Saint-Denis. Rien n'a pu nous arriver de plus agréable que de trouver cette occasion pour vous envoyer sur-le-champ un présent qui fût conforme à votre piété, et qui manifestât les sentiments paternels dont nous sommes animé pour votre personne. A cet effet, nous avons remis le présent en question à notre vénérable frère Joachim de Bernis, cardinal de la sainte Eglise Romaine, et nous ne doutons pas que, suivant son zèle pour vous et pour nous, il ne vous le fasse passer en notre nom avec la plus grande diligence.

Nous vous prions donc instamment, très chère Fille en Jésus-Christ, comme nous vous offrons ce présent avec un cœur rempli d'affection et d'estime pour vous, de l'accepter avec des sentiments semblables. Quoique vous soyez instruite depuis longtemps de notre façon de penser à votre égard, nous sommes fort aise de vous en renouveler l'assurance, et surtout dans ce moment où nous entrons dans la sixième année de notre pontificat. Car ces sentiments nous sont garants des nouveaux secours que nous attendons de votre piété, secours qui soulageront notre faiblesse dans nos fonctions apostoliques, pendant tout le temps que l'Etre suprême daignera prolonger notre règne; et dans l'intention de rendre vos prières pour nous plus ferventes, nous attribuons au crucifix que nous vous envoyons le bénéfice salutaire des indulgences plénières pour les fêtes solennelles de Notre-Seigneur, de Notre-Dame, de saint Pierre, de saint Paul, de saint Louis, roi de France, et de sainte Térèse, votre sainte Mère ; et nous vous accordons, en vertu de notre autorité apostolique, l'effet de ces indulgences à vous, aux chères filles en Jésus-Christ les religieuses de votre monastère, et à tous les fidèles qui, après s'être confessés et avoir communié, prieront Dieu convenablement en la présence de cette sainte image.

Nous ne croyons pas qu'il soit nécessaire, notre très chère Fille en Jésus-Christ, que nous cherchions à vous apporter quelque consolation pour soulager votre douleur et votre affliction sur la mort du Roi, votre père chéri, de glorieuse mémoire ; car nous ne doutons pas que vous ne trouviez la paix de votre ame dans le Seigneur, et que suivant vos sentiments de religion, vous ne vous résigniez entièrement à sa très sainte volonté ; et nous sommes persuadé que vous vous occupez moins de la perte que vous avez faite, que vous ne songez au salut du Roi, votre père, de glorieuse mémoire, et à obtenir pour lui, par la ferveur de vos prières, les grâces de la miséricorde du Juge divin. De notre côté, nous nous acquittons de ce devoir de piété paternelle avec tout le zèle dont nous sommes capable, et nous ne discontinuerons jamais d'adresser au ciel les vœux les plus ardents en faveur de celui à qui, pendant la vie, nous avons toujours porté une affection particulière. Ainsi, en priant Dieu, dont la main s'est appesantie sur vous, qu'il vous remplisse de la consolation de son esprit, nous vous donnons affectueusement à vous, notre très chère Fille en Jésus-Christ, et aux religieuses Carmélites, vos sœurs en Jésus-Christ, notre bénédiction apostolique, comme un gage de notre amour paternel.

Donné à Rome, ce 4 juin 1774, dans la sixième année de notre pontificat.

N.

A son avènement au Saint-Siège, Pie VI, ayant reçu les félicitations de la révérende Mère Térèse de Saint-Augustin, lui témoigne ses sentiments.

PIE VI PAPE,

A notre très chère Fille en Jésus-Christ, la Princesse Louise-Marie de France.

Notre chère Fille en Jésus-Christ, salut et bénédiction apostolique.

Déjà depuis longtemps nous connaissions et admirions les excellentes vertus chrétiennes qui vous distinguent si éminemment, et surtout cette grandeur d'ame qui vous a fait abandonner le palais du Roi, votre auguste père, et renoncer aux délices de la Cour, pour vous consacrer à l'Epoux céleste et ne vivre désormais que pour lui, dans cette retraite, séjour de la sainteté. Aussi, depuis que la miséricorde du Dieu tout-puissant nous a élevé au souverain pontificat, dont aucun mérite de notre part ne nous rendait digne, considérant ce grand exemple de religion et de fermeté que vous avez donné à l'univers, nous nous proposions de vous écrire pour vous témoigner notre tendresse paternelle, jointe à l'estime de vos vertus. Nous étions occupé de ce projet, lorsque nous avons senti s'accroître dans notre cœur le désir de l'exécuter au plus tôt, par les témoignages de respect et de piété filiale, que vous nous avez fait présenter par la bouche de notre vénérable frère, le cardinal de Bernis, que nous aimons et estimons pour son mérite, et par notre très cher frère, le cardinal Bernardin Giraud, qui se fait une gloire de vous avoir donné le saint habit de la religion et de vous avoir admise à la profession religieuse, pendant qu'il était Nonce du Saint-Siège en France. Nous vous adressons donc ces lettres, notre très chère Fille en Jésus-Christ, pour vous saluer et vous assurer de toute l'étendue de notre tendresse paternelle; pour vous féliciter de votre partage, qui n'est autre que le Seigneur lui-même, et pour payer à votre généreux sacrifice le tribut d'éloges qui lui est dû. Nous en rendons grâces à Dieu, et nous vous exhortons à avancer tous les jours par des progrès soutenus et persévérants dans la voie de perfection où vous êtes entrée, et qui doit vous conduire un jour à une heureuse et éternelle union avec le divin Epoux. Nos sentiments pour vous s'étendent à tout l'Ordre du Carmel, et nous lui promettons, en votre considération, une protection spéciale et constante.

Nous confirmons toutes les grâces spirituelles qui vous ont été accordées par notre prédécesseur, disposé à vous octroyer encore toutes celles que votre piété et votre dévotion pourraient désirer.

En adressant pour vous au Dieu tout-puissant de continuelles prières, nous en adressons aussi pour la prospérité de notre très cher Fils en Jésus-Christ, le Roi très Chrétien, Louis-Auguste, votre neveu. Nous nous faisons un motif de consolation de ce que l'époque de son règne, plein de sagesse et de zèle pour la religion et pour le Saint-Siège apostolique, soit aussi celle de notre pontificat. Nous offrons encore nos vœux au ciel pour son auguste épouse et pour la famille royale. Sur ce, nous vous donnons, notre très chère Fille en Jésus-Christ, ainsi qu'à toutes vos sœurs, à votre confesseur, enfin à tous ceux qui tiennent par quelque ministère à votre monastère ou à votre personne, notre bénédiction apostolique.

Donné à Rome, du palais du Vatican, sous l'anneau du Pêcheur, le 5 avril 1775, la première année de notre pontificat.

O.

Pie VI ayant chargé Mgr Honnesti, son neveu et son camérier, qu'il envoie en France, de visiter de sa part l'auguste Carmélite, le lui annonce par ce Bref.

PIE VI PAPE,

A notre très chère Fille en Jésus-Christ, la Princesse Louise-Marie de France.

Notre très chère Fille en Jésus-Christ, salut et bénédiction apostolique.

Votre attachement pour nous, et votre dévouement bien connu au Siège apostolique, ne nous permettent pas de douter que vous ne nous donniez une nouvelle preuve de l'un et de l'autre, en recevant avec une bonté singulière notre très cher Fils Romuald Honnesti, notre camérier secret, que nous avons spécialement chargé de vous saluer de notre part, et de vous donner aussi des témoignages de notre paternelle bienveillance envers vous. Nous l'avons envoyé en France porter à nos très chers fils Dominique de La Rochefoucauld, archevêque de Rouen, et Louis de Guéméné, la barrette *cardinalizze*, marque distinctive de la dignité dont nous les avons depuis peu décorés. Le comte Honnesti est fils de notre sœur, et à ce titre, mais plus encore par l'espérance que nous donne de ses vertus futures la bonté de son caractère, nous lui portons une particulière affection. Persuadé que nous sommes de l'affabilité avec laquelle vous le recevrez, nous craindrions d'ajouter d'autres motifs de recommandation, surtout, notre très chère Fille, en jugeant de vos sentiments à notre égard, d'après les nôtres pour vous ; ils sont tels que doivent nous inspirer votre piété, votre amour pour la religion, votre courage et votre constance dans le parti que vous avez saintement embrassé, et où vous êtes un modèle éclatant de toutes les vertus religieuses.

Nous vous donnons, notre très chère Fille en Jésus-Christ, pour gage de notre tendresse pontificale, la bénédiction apostolique, qui sera aussi celui de tous les dons célestes que nous vous désirons.

Donné à Rome, à Sainte-Marie-Majeure, sous l'anneau du Pêcheur, le 30 septembre de l'année 1778, et de notre pontificat la quatrième.

P.

Pie VI confirme les indulgences accordées par son prédécesseur à la révérende Mère Térèse de Saint-Augustin.

PIE VI PAPE,

A notre très chère Fille en Jésus-Christ, la Princesse Louise-Marie de France.

Très chère Fille en Jésus-Christ, salut et bénédiction apostolique.

La joie avec laquelle vous avez reçu le présent sacré que nous vous avons envoyé, et les actions de grâces que vous nous rendez, nous démontrent de plus en plus, très chère Fille en Jésus-Christ, la constance de votre piété envers Dieu, et de votre respect envers cette chaire apostolique et envers nous. Dès auparavant nous étions très assuré que ces saintes dispositions régnaient dans votre cœur; cependant le nouveau témoignage que vous nous en donnez, fortifiant et multipliant tous les motifs de l'amour paternel que nous vous portons, nous comble d'une joie merveilleuse; ainsi disposé, pourrions-nous ne pas accueillir les demandes que la religion et la piété vous inspirent de nous faire, soit pour la confirmation, soit pour l'augmentation des grâces qui vous ont déjà été accordées? Pourrions-nous ne pas nous empresser de vous ouvrir les trésors de l'Eglise, et en votre faveur à vos sœurs en Jésus-Christ? De l'autorité apostolique, par les présentes lettres en forme de Bref, nous confirmons la grâce que Clément XIV, notre prédécesseur d'heureuse mémoire, vous avait accordée, savoir :

Quant à ce qui vous regarde, que toutes les fois que vous recevrez le très saint sacrement de l'Eucharistie, vous gagnerez chaque fois une indulgence plénière. Et quant à ce qui concerne vos autres religieuses, que tant que vous vivrez elles gagneront la même indulgence, toutes les fois qu'après s'être confessées, elles s'approcheront de la sainte table.

Non-seulement nous confirmons cette grâce, mais, voulant encore y ajouter toute l'extension que vous demandez, nous accordons et déclarons :

Qu'à la mort de chacune des religieuses qui auront été vos compagnes en Jésus-Christ, vous pourrez, et toutes les survivantes, appliquer à la défunte, par forme de suffrage, l'indulgence plénière de vos deux premières communions.

Mais, comme il ne serait pas convenable que, notre Indult étant limité à votre vie, vous ne jouissiez pas vous-même, lorsqu'il aura plu à Dieu de vous retirer de ce monde, d'un avantage que nous n'accordons aux autres, après leur mort, qu'en votre considération, nous prolongeons le terme de notre Indult, et voulons que toutes les religieuses qui, pendant votre vie, auront fait profession dans votre monastère, continuent à jouir de notre Indult, tant qu'elles vivront, et puissent ainsi assister votre ame du suffrage que vous désirez.

Nous conjurons Dieu très bon et très puissant, de vouloir bien renvoyer à de longues années le cas auquel nous pourvoyons, afin que dans un long exercice de toutes les vertus religieuses, par la grâce du Saint-Esprit, vos mérites, s'accumulant sans cesse, parviennent à leur dernier comble. En attendant l'effet de nos prières, très chère Fille en Jésus-Christ, recevez toujours ce Bref comme le gage de l'affection paternelle la plus particulière, et soyez intimement persuadée que rien ne peut nous faire plus de plaisir que l'occasion de vous entretenir, par quelque bienfait apostolique, dans l'entière confiance que vous nous témoignez ; et que, nous conformer aux vœux de votre piété, c'est nous satisfaire nousmême ; car, nous ne craignons pas de le dire hautement, il n'y a rien qui ne soit dû à vos royales vertus et à vos mérites : puissent-ils, par la grâce de Dieu, croître de jour en jour !

C'est dans cette intention, pour cet effet, et comme un gage de cette grâce que, de tout notre cœur, et dans la plénitude de notre affection paternelle, nous vous donnons, très chère Fille en Jésus-Christ, notre bénédiction apostolique, ainsi qu'à toutes les compagnes de votre vie religieuse.

Donné à Rome, à Saint-Pierre, sous l'anneau du Pêcheur, le 28 juin 1780, de notre pontificat l'an six.

Q.

Pie VI répond à la supplique de la pieuse Princesse, relative à la béatification de la bienheureuse Marie de l'Incarnation. (*Voir dans le cours de la Vie*, p. 168, tome II.)

R.

Réponse de Pie VI au clergé de France, touchant la supplique qu'il lui a adressée relativement à la béatification de la sœur Marie de l'Incarnation, fondatrice des Carmélites en ce royaume.

A notre très cher Fils en Jésus-Christ, Dominique de La Rochefoucault, cardinal-prêtre de la sainte Eglise Romaine, archevêque de Rouen. (1782)

Notre très cher Fils, salut et bénédiction apostolique.

La réponse que nous adressons au clergé de France assemblé, et à vous qui le présidez, vous fera connaître quels sont nos sentiments d'affection pour vous tous, et combien nous désirons que vos vœux soient remplis. Si quelque chose, notre très cher Fils, a été capable d'ajouter à la vivacité de ces sentiments, ce sont les lettres particulières que vous nous avez adressées. Vous nous y exposez que votre diocèse, où la vénérable sœur Marie de l'Incarnation a terminé sa carrière, et qui regarde comme un héritage glorieux les précieux restes de ses dépouilles mortelles, a un intérêt particulier au succès de vos demandes. Cette confiance que vous avez en nous vous donne un nouveau droit à notre bienveillance paternelle; vous devez être persuadé que nous sommes singulièrement touché de ce qui fait l'objet de vos désirs, qu'en proposant à la vénération publique cette épouse de Jésus-Christ, nous vous procurerons, à vous et aux fidèles commis à vos soins, un puissant secours dans son intercession. Nous souhaitons ardemment pouvoir faire ce que vous sollicitez auprès de nous; nous vous assurons que nous apporterons tous nos soins pour traiter cette affaire avec l'attention qu'elle mérite; et pour cela nous désirons ardemment que les personnes chargées de la poursuivre ne négligent rien de ce qui peut la conduire à sa fin, et exécutent avec la plus grande exactitude ce dont elles seront requises.

Il s'agit uniquement ici de la religion et de la gloire de Dieu; ainsi, c'est à Dieu et à Dieu seul qu'il appartient de nous éclairer et de nous conduire; rien ne doit être laissé à la volonté de l'homme; c'est pourquoi, après avoir fait tout ce qui sera en nous, nous ne cesserons de conjurer le Seigneur de nous accorder les lumières de son divin Esprit. Chargé de gouverner l'Eglise de Jésus-Christ, nous ne pouvons nous acquitter d'un devoir si difficile qu'en lui adressant continuellement nos prières dans des temps aussi malheureux.

Au milieu des dangers qui nous environnent de toutes parts, nous faisons une triste expérience de notre faiblesse; nos soins et nos travaux, quels qu'ils soient, ne peuvent apporter de remèdes à tant de maux. Quel avantage ne serait-ce donc pas pour nous de multiplier auprès de Dieu nos intercesseurs, afin qu'il accordât à son Eglise des secours encore plus abondants. Nous vous le disons avec vérité, vos désirs sont les nôtres, et nous avons le même intérêt que vous à prier le Seigneur qu'il daigne les remplir. Dans cette espérance, nous vous donnons, notre très cher Fils, avec la plus tendre affection, notre bénédiction apostolique, comme un gage de la bienveillance paternelle que nous avons singulièrement pour vous.

S.

Réponse de Pie VI à nos Visiteurs généraux sur le même sujet.

A nos très chers Fils de Rigaud et de Brassac, visiteurs généraux et apostoliques de l'Ordre des Carmélites en France.

A nos très chers Fils en Jésus-Christ, salut.

Bien loin, nos très chers Fils, de vous refuser la grâce que vous nous demandez dans un sentiment de zèle et de piété; savoir, que la cause concernant la béatification de la vénérable Servante de Dieu, entamée il y a déjà longtemps, soit instruite de nouveau dans notre Cour apostolique, nous sommes si disposé à nous occuper de ce soin, qu'il n'est point de travail, ni d'application que vous ne puissiez vous promettre de notre part, étant bien aise de donner cette marque de bienveillance, tant à notre très chère Fille en Jésus-Christ, Marie-Louise, Princesse royale de France, qu'au clergé actuellement assemblé à Paris, qui se sont adressés à nous dans la même intention, et dont les demandes sont d'un grand poids à nos yeux; et vous déclarant que nous sommes tout-à-fait porté d'inclination à procurer au saint Ordre des Carmélites et à la France ce nouvel éclat, fruit précieux de la sainteté, et à nous donner à nous-même, par là, ainsi qu'à toute la sainte Eglise, une nouvelle protectrice auprès de Dieu.

Et que pouvons-nous vous promettre autre chose, que les attentions de notre zèle et de notre vigilance dans une affaire de cette nature, qui intéresse tant l'Eglise et qui ne saurait dépendre en aucune manière des efforts de la sagesse humaine, mais uniquement du bon plaisir de Dieu. Aussi, préalablement à toutes les autres formalités requises en cette matière, et qui seront scrupuleusement observées, travaillons à obtenir par nos prières assidues, les lumières et l'assistance de l'Esprit saint; afin que, comme instrument de la Providence, nous puissions accomplir tout ce qui convient à la gloire du Seigneur. Nous désirons même ardemment que celui qui sera chargé d'être le solliciteur dans cette cause, y mette toute la diligence et toute l'activité convenables, et se munisse de toutes les pièces nécessaires pour en accélérer la fin. Vous pouvez juger par là du vif intérêt que nous prenons à cette cause, et pour vous en assurer encore davantage nous vous accordons, en signe de notre bienveillance, à vous, nos très chers Fils, ainsi qu'à l'Ordre des Carmélites de France, notre bénédiction apostolique.

Donné à Rome, à Sainte-Marie-Majeure, sous l'anneau du Pêcheur, le 25 décembre, l'an 1782, et de notre pontificat le huitième.

T.

Pie VI exalte la charité et le zèle de la révérende Mère Térèse de Saint-Augustin, à l'occasion de l'expulsion des Ordres religieux en Belgique.

A notre très chère Fille en Jésus-Christ, salut et bénédiction apostolique.

Nous n'avons pas besoin de vous dire que le chagrin où notre cœur paternel est plongé a redoublé lorsque nous avons vu, même dans la Flandre autrichienne, tant de religieuses forcées de sortir de leurs maisons et de leurs églises, et réduites à l'impossibilité de se conformer désormais aux règles de leurs instituts. Nous ne pouvons nous empêcher de vous témoigner combien notre chagrin a été adouci, en apprenant que plusieurs de ces religieuses, et particulièrement les Carmélites, vos sœurs en Jésus-Christ, ont, par votre protection, trouvé un asile dans ce royaume très chrétien, qu'elles y ont été reçues avec affection dans les monastères de leurs Ordres, et qu'elles ont ainsi recouvré le saint état qu'elles avaient embrassé.

Nous ne saurions trop vous féliciter d'une action si généreuse et de ses heureux effets. Il n'est pas d'éloges qu'elle ne mérite et que nous ne lui donnions. Nous reconnaissons maintenant plus que jamais les vues de Dieu sur vous; ce n'est pas seulement pour votre sanctification particulière qu'il vous a conduite dans la sainte retraite où vous vous êtes consacrée à lui, il vous destinait encore à être le refuge de ces pauvres étrangères qui, ne trouvant plus dans leur pays le chemin qu'elles avaient pris pour sauver leurs ames, l'ont retrouvé auprès de vous, et beaucoup plus fréquenté que chez elles.

Mais, en vous rendant nos actions de grâces du service important que votre piété a rendu à l'Eglise affligée, nous n'oublions pas la part qu'y a notre très cher Fils en Jésus-Christ, le Roi très Chrétien ; nous l'en remercions de tout notre cœur, ne cessant de nous réjouir de chaque nouveau degré de gloire et de prospérité dont Dieu récompense sa piété, son attachement à l'Eglise, sa magnanimité et toutes ses royales vertus. Quelle reconnaissance ne lui doivent pas, ainsi qu'à vous, les religieuses que vous vous êtes associées avec tant de bonté ! Nous souhaitons que leurs prières, inspirées par les plus vifs sentiments de gratitude, soient pleinement exaucées.

C'est dans cette intention que nous leur donnons aussi notre bénédiction apostolique. Nous vous la donnons aussi, notre très chère Fille en Jésus-Christ; nous la donnons au très bon et très sage Roi, votre neveu, et à tout le royaume ; et c'est du fond de notre cœur paternel, et comme le gage le plus ample de tous les biens que nous prions Dieu de verser sur vous.

Donné à Rome, à Sainte-Marie-Majeure, sous l'anneau du Pêcheur, l'an 1783, de notre pontificat le neuvième.

TABLE DES MATIÈRES.

CHAPITRE XX.

Visite du Roi à St-Denis. — La sœur Térèse de St-Augustin est élue prieure. — Elle perd une de ses novices.— Elle fait réparer les infirmeries du monastère. — Maladie et mort de Louis XV. Admirable conduite de notre vénérée Mère dans cette cruelle épreuve. — Louis XVI et Marie-Antoinette lui donnent des marques d'affection et de dévouement. — Maladie des trois princesses ses sœurs ; sentiments de notre vénérée Mère dans cette circonstance. — Elle projette de rebâtir l'église du monastère ; le Pape lui envoie des chandeliers pour le maître-autel. — Elle achète la chapelle du saint évêque d'Amiens et lui en laisse la jouissance jusqu'à sa mort. — Sa joie à l'avènement de Pie VI au Saint-Siège....... 1 — 30

CHAPITRE XXI.

Conduite personnelle de notre vénérée Mère dans sa charge de prieure ; vertus spéciales qu'elle y pratique. .... 31 — 63

CHAPITRE XXII.

Notre vénérée Mère dans l'exercice de sa charge de prieure ; sa conduite admirable ; les grandes vertus qu'elle y fait paraître........................... 64 — 109

CHAPITRE XXIII.

Notre vénérée Mère reçoit au Carmel une brebis que l'erreur avait jadis éloignée de ce saint asile ; vertus héroïques qu'elle pratique dans cette occasion mémorable. — Elle prodigue ses soins à la bonne sœur jusqu'à ce qu'elle ait reçu son dernier soupir. — Elle est réélue prieure à la fin de son premier triennat. — L'empereur d'Autriche, Joseph II, la visite et exalte ses vertus. — Mort de la Mère Anne de Saint-Alexis. — Elle donne une prieure à la communauté de Nevers et lui fait d'abondantes aumônes qui la retirent de l'état d'indigence où elle était tombée. — Elle fait exécuter de nombreuses réparations aux bâtiments du monastère. — Les six années de sa charge de prieure étant écoulées, elle est élue première dépositaire ; avec quelle exactitude elle s'acquitte des devoirs de cet emploi. — Secondée par Louis XVI, son neveu, elle fait rebâtir l'église du couvent. — Nos visiteurs constatent la parfaite régularité de la révérende Mère Térèse de Saint-Augustin........ .... 110 — 143

CHAPITRE XXIV.

La révérende Mère Térèse de Saint-Augustin s'emploie à la fondation d'Alençon, details sur cet établissement. — Elle réédifie plusieurs oratoires dans le monastère. — Elle reçoit trois corps saints offerts à sa piété. — Mort de Madame Sophie et de la Mère Térèse de l'Enfant-Jésus. — Notre vénérée Mère s'avance dans le détachement parfait. — Visite du Roi et de la Reine. 144 — 174

CHAPITRE XXV.

La suppression des Ordres religieux dans les Pays-Bas ayant été décrétée, notre vénérée Mère projette de faire venir en France toutes les religieuses obligées de quitter leurs monastères. — Elle obtient à cet effet l'autorisation de Louis XVI, et la permission de nos visiteurs pour ce qui concerne notre Ordre. — Elle déploie le zèle le plus ardent et la charité la plus tendre pour déterminer les religieuses bannies à accepter ses offres généreuses. — Elle aplanit toutes leurs difficultés, éclaire leur conscience, en leur communiquant les décisions des docteurs et du Souverain-Pontife qu'elle avait consultés. — Elle s'adresse au très révérend Père général qui seconde son zèle en l'admirant. — Pie VI la loue hautement, et témoigne sa satisfaction de la demande qu'elle avait faite pour recevoir à Saint-Denis les corps de nos Vénérables Mères Anne de Jésus et Anne de Saint-Barthélemy..... .... 175 — 206

CHAPITRE XXVI.

A l'occasion des évènements de la Flandre, notre vénérée Mère manifeste des sentiments admirables sur son attachement à sa sainte vocation. — Son zèle s'active encore lorsque le moment est venu pour les religieuses d'abandonner leurs monastères. — Elle accueille, à leur passage à Saint-Denis, toutes celles qui s'y rendent en arrivant en France. — Détails sur la réception des Carmélites de Termonde et des Clarisses de Gand. — Pie VI lui adresse un bref de félicitation... 207 — 220

CHAPITRE XXVII.

Détails sur les épreuves des Carmélites de Bruxelles. — Touchante sollicitude de notre vénérée Mère à leur égard; elle adoucit leur position par tous les moyens imaginables. — Départ de nos Mères de Bruxelles et leur arrivée à Saint-Denis........................ 221 — 246

CHAPITRE XXVIII.

Notre vénérée Mère reçoit la visite de plusieurs princes étrangers. — Elle remet dans la paix et la fidélité une

Carmélite flamande tentée de retourner dans sa patrie. — Son amour pour la solitude, qu'elle sait d'ailleurs sacrifier à ses devoirs. — Elle pourvoit à la décoration de l'église dont la construction est terminée. — Grâces qu'elle reçoit dans cette circonstance. — Coup d'œil sur son état de victime. — Elle le complète, en quelque sorte, par la séparation de la Mère Julie, appelée à une vie meilleure .... 247 — 274

CHAPITRE XXIX.

Notre vénérée Mère est élue prieure pour la troisième fois. — Elle charge la sœur Séraphine de surveiller sa conduite personnelle. — Trait frappant de son humilité lorsqu'on lui offre un travail fait avec ses cheveux. — Elle se défend de donner des conseils aux autres prieures qui les lui demandent. — Le très révérend Père général des Carmes d'Espagne réclame son intervention auprès de Charles III, dans une affaire délicate. — Elle fait sa retraite annuelle. — Madame Elisabeth sert la communauté à dîner. — Coup d'œil sur la piété de notre vénérée Mère. — Sa douleur à la vue des outrages faits à la religion. — Elle écrit à Mgr de Clermont pour l'engager à défendre la loi de l'abstinence.......... 275 — 300

CHAPITRE XXX.

Notre vénérée Mère est empoisonnée. — Une nouvelle désavantageuse à la religion, qu'on vient lui apprendre, la jette dans un profond abattement. — Elle tombe malade ; détails à ce sujet. — Sa précieuse mort... 301 — 334

CHAPITRE XXXI.

Inhumation de l'auguste prieure. — Témoignages de vénération des personnages les plus illustres et les plus dignes de foi. — Les fidèles réclament des objets qui lui aient appartenu........................... 335 — 363

CHAPITRE XXXII.

Etat de la communauté de Saint-Denis après la mort de notre vénérée Mère. — Dispersion de ses membres en

1793. — Spoliation des tombeaux des rois à l'abbaye.— Extraction du cercueil de la Princesse Carmélite; état de son corps qui fut jeté pêle-mêle dans une fosse ouverte pour recevoir les dépouilles royales les plus anciennes. — Soin de ses filles à conserver les objets qui lui avaient appartenu. — Le monastère de Saint-Denis ayant été transformé en caserne, la Mère Raphaël rétablit sa communauté à Paris, rue de Cassini. — En 1817, Louis XVIII fait retirer des fosses communes et reporter à l'abbaye les dépouilles des rois. — Objets conservés parmi ceux qui ont appartenu à notre vénérée Mère. — La communauté de Saint-Denis est transférée à Autun. .... 364 — 376

CHAPITRE XXXIII.

Faveurs spéciales par lesquelles Dieu a daigné honorer sa Servante. — Guérisons et autres grâces dues à sa médiation .... 377 — 405

Pièces justificatives .... 406 — 433

FIN DE LA TABLE.

www.ingramcontent.com/pod-product-compliance
Lightning Source LLC
Chambersburg PA
CBHW070614230426
43670CB00010B/1521